河北省社会科学基金项目

中国金融业发展及效率研究

庞如超 著

西北工业大学出版社

【内容简介】 本书通过构建计量模型,从国际视角对金融业发展与经济增长进行了实证分析;运用数据包络分析方法对我国财产保险公司运营效率进行了考察;从股票市场资本配置功能的角度出发,对沪深股市和香港股市的资本配置效率进行了比较分析;基于资金配置理论,对银行信贷资金的区域配置状况进行了考察;最后,通过差异量化指标,以河北省为例对我国金融业发展的区域差异进行了分析。

图书在版编目(CIP)数据

中国金融业发展及效率研究/庞如超著. —西安:西北工业大学出版社,2014.1

ISBN 978 - 7 - 5612 - 3912 - 4

Ⅰ.①中… Ⅱ.①庞… Ⅲ.①金融事业—经济发展—研究—中国 Ⅳ.①F832

中国版本图书馆 CIP 数据核字(2014)第 012911 号

出版发行:西北工业大学出版社

通信地址:西安市友谊西路 127 号　　邮编:710072

电　　话:(029)88493844　88491757

网　　址:www.nwpup.com

印 刷 者:陕西宝石兰印务有限责任公司

开　　本:850 mm×1 168 mm　　1/32

印　　张:8.5

字　　数:207 千字

版　　次:2014 年 4 月第 1 版　　2014 年 4 月第 1 次印刷

定　　价:28.00 元

前　　言

　　本书是按 2013 年河北省社会科学基金项目(项目编号：HB13JJ086)的最终研究成果编写的。经过课题组共同努力,在对金融类统计数据的深入挖掘、分析和处理的基础,基本厘清了我国银行业、证券业和保险业的发展状况。

　　本书基于金融业与经济发展的关系理论,对我国金融业的发展进行了梳理,通过构建计量模型从国际视角对金融业发展与经济增长进行了分析。金融业发展整体上促进了经济发展,对经济增长的影响还存在一定的局限性,发展与规范金融服务业,对发展中国家尤为重要。运用数据包络分析方法(DEA)对我国财产保险公司进行了研究,相比外资财产保险公司,中资财产保险公司在技术效率及规模效率上有着很大的优势,而在纯技术效率方面,外资公司明显高于中资公司。从股票市场资本配置功能的角度出发,对沪深股市和香港股市的资本配置效率进行了比较研究。我国沪深股票市场资本配置效率低下,与香港股票市场相差很大,大量资金被配置到投资回报率低的行业或地区,存在着较严重的资金错配现象;股票市场的资本配置状况与国家的产业政策和产业调整相关性较大,股票市场配置资源的市场机制受到抑制。银行业作为我国最主要融资渠道,其信贷资金的区域配置对我国经济发展起着重要作用,现阶段全国范围内信贷资金仍然主要流向东部发达地区,而中西部地区的部分省份信贷资金的增速有所放缓。随着银行业市场化进程不断推进,其自主行为的市场化和逐利性,势必会使东部与中西部地区省份之间的信贷资金失衡状况进一步加剧。最后,通过差异量化指标,以河北省为例对我国金融业发展的区域差异进行了分析,结果表明河北省金融定发展区域差异较明显,对经济增长有着直接的影响。目前,我国的市场化金融体制尚未完成,金融领域内还存在诸多问题,中国金融业也不可避免地要融入金融全球化的浪潮中,只有不断进行金融创新,才能提高我国金融机构的国际竞争力,也才能维护我国的金融安全和稳定。

本书对国内外相关文献进行了全面梳理,并对相关计量模型进行了考证,对相关经济数据进行了整理与挖掘,进行了大量的实证模型检验和分析。课题组成员精诚合作,顺利完成了研究任务。

庞如超作为课题负责人,设计了研究方案,撰写并修订了全部书稿;课题组成员刘凤茹、宋继革、冯香入和王炳章负责数据和资料的搜集和整理工作。本书在数据统计和资料搜集方面得到了中国人民银行台州支行魏博文先生、中国人民保险公司河北分公司何永嘉先生和中国信达资产管理公司河北分公司张春姹女士的大力支持,在此表示衷心感谢。

鉴于水平有限,书中难免存在不当之处,敬请读者批评指正。

庞如超

2014 年 1 月

目　　录

第1章　中国金融业发展概述 ……………………………… 1

1.1　中国金融业概况 …………………………………… 1

1.2　中国金融业发展现状 ……………………………… 9

1.3　金融业在经济增长中的作用 ……………………… 21

第2章　金融业发展与经济增长 …………………………… 26

2.1　经济增长与金融业发展指标设计的理论分析 ……… 26

2.2　指标体系设计原则和指标选择 …………………… 30

2.3　金融发展在经济增长中的作用：基于国际视角
的实证检验 …………………………………… 40

2.4　中国金融体系未来发展的政策建议 ……………… 68

第3章　中国股票市场资金配置效率比较研究 …………… 72

3.1　股票市场资本配置效率的内涵及界定 …………… 72

3.2　香港股票市场资本配置效率实证分析 …………… 77

3.3　沪深股票市场资本配置效率实证分析 …………… 89

3.4　沪深股票市场资本配置效率的影响因素分析 …… 110

3.5　完善我国股票市场的政策建议 …………………… 118

第4章　中国财产保险公司效率研究 ……………………… 121

4.1　保险公司效率的内涵及分类 ……………………… 122

4.2　基于DEA的中国财产保险公司效率的测算 ……… 124

4.3 中国财产保险公司效率分析 ······················· 144

4.4 中国财产保险公司效率的影响因素分析及提高途径······

··· 157

第5章 中国银行信贷资金区域配置研究··············· 168

5.1 中国信贷资金区域化配置的发展 ·················· 168

5.2 中国信贷资金配置失衡的实证研究 ··············· 176

5.3 中国银行信贷资金合理化配置的政策选择 ········· 185

第6章 中国区域金融发展差异研究——以河北省为例······ 190

6.1 河北省与发达省份金融发展比较研究 ············· 190

6.2 河北省区域金融发展的差异分析 ················· 197

6.3 河北省金融业发展的政策建议 ··················· 223

第7章 中国金融业发展与创新····················· 228

7.1 金融创新的必要性 ····························· 228

7.2 中美金融创新的现状比较 ······················ 231

7.3 中国金融创新存在的问题 ······················ 245

7.4 中国金融创新的路径选择 ······················ 249

参考文献··· 254

第1章 中国金融业发展概述

改革开放以来,我国金融业在改革创新中不断发展壮大,金融机构和从业人员数量大幅增加,金融规模明显扩大。各种不同性质的银行机构遍布全国,承担着吸收存款、发放贷款的职能,保险机构从小到大、证券机构从无到有呈现出快速发展势头,初步形成了银行、证券、保险等功能比较齐全的金融机构体系。金融业的不断发展壮大在优化资源配置、支持经济改革、促进经济平稳快速发展和维护社会稳定方面发挥了重要作用。

1.1 中国金融业概况

1.1.1 金融业分类

金融业是指经营金融商品的特殊行业,包括银行业、保险业、信托业、证券业和租赁业。金融业具有指标性、垄断性、高风险性、效益依赖性和高负债经营性的特点。指标性是指金融的指标数据从各个角度反映了国民经济的整体和个体状况,金融业是国民经济发展的晴雨表。垄断性是指金融业是政府严格控制的行业,未经中央银行审批,任何单位和个人都不允许开设金融机构。单位和个人,任何经营决策的失误都可能导致"多米诺骨牌效应"。效益依赖性是指金融效益取决于国民经济总体效益,受政策影响很大。高负债经营性是相对于一般工商企业而言的,其自有资金比率较低。

我国的金融业主要包括银行业、保险业、证券业和信托业、租赁业、典当业、财务公司、邮政储蓄等其他金融机构。

1. 银行业

根据《中华人民共和国银行业监督管理法》(2003 年 12 月)，我国银行业金融机构是指"在中华人民共和国境内设立的商业银行、城市信用合作社、农村信用合作社等吸收公众存款的金融机构以及政策性银行"。[①]

中华人民共和国成立后，经过几次改革，目前已形成了以中央银行、银行业监管机构、政策性银行、商业银行和其他金融机构为主体的银行体系。中国人民银行是中国的中央银行，在国务院领导下，制定和执行货币政策，防范和化解金融风险，维护金融稳定，提供金融服务；中国银行业监督管理委员会是银行业监管机构，负责对银行类金融机构进行监管；政策性银行是由政府发起、出资成立，为贯彻和配合政府特定经济政策和意图而进行融资和信用活动的机构；商业银行一般是指吸收存款、发放贷款和从事其他中间业务的盈利性机构，包括国有独资商业银行、股份制商业银行和城市商业银行，以及住房储蓄银行、外资银行、合资银行。共同组成我国银行体系的其他金融机构还包括信用合作机构、金融资产管理公司、信托投资公司、财务公司、租赁公司等。

2. 保险业

保险业是指将通过契约形式集中起来的资金，用以补偿被保险人的经济利益的行业。

保险是指投保人根据合同约定，向保险人支付保险费，保险人对于合同约定的可能发生的事故因其发生而造成的财产损失承担赔偿保险金责任，或者当被保险人死亡、伤残和达到合同约定的年龄、期限时承担给付保险金责任的行为。

---

① 《CEI 中国待业发展报告(2004)银行业》国家信息中心中国经济信息网，2005 年 3 月第 1 版。

（1）根据保险政策或经营目的的不同,可以将保险分为社会保险和商业保险。

（2）根据保险的业务类型,可以将保险公司分为人寿保险公司和非人寿保险公司两大类。

（3）根据保险公司是否是初级的,可以将保险公司分为直接保险公司和再保险公司,前者面向投保人。

（4）根据业务组织的法律形式,可以将保险公司分为国有独资保险公司、股份制保险公司、相互保险公司、个人保险组织（如英国的劳台社等）、合作保险公司和行业自保组织等。

3. 证券业

证券业是从事证券发行和交易服务的专门行业。它是证券市场的基本组成要素之一,主要经营活动是沟通证券需求者和供给者之间的联系,并为双方证券交易提供服务,促使证券发行与流通高效地进行,并维持证券市场的运转秩序。证券业主要由证券交易所、证券公司、证券协会及金融机构组成。

证券是用来证明券票持有人享有的某种特定权益的凭证。如股票、债券、本票、汇票、支票、保险单、存款单、借据、提货单等各种票证单据都是证券。按其性质不同,证券可以分为有价证券和凭证证券两大类。有价证券又可分为三种:①资本证券,如股票、债券等;②货币证券,包括银行券、票据、支票等;③财物证券,如货运单、提单、栈单等。凭证证券则为无价证券,包括存款单、借据、收据等。

4. 其他金融业

（1）信托业。信托,是指委托人基于对受托人的信任,将其财产权委托给受托人,由受托人按委托人的意愿以自己的名义,为受益人的利益或者特定目的,进行管理或者处分的行为。而资金信托,准确地说,是"集合资金信托",它的发起设立类似于基金。信托企业以代人理财为主要内容,以受托人身份经营信托投资业务的金融企业。

我国信托业主要包括信托投资、信托咨询及国际信托投资。在以"银、证、信、保"为四大支柱的现代金融体系中,信托业以其独特的功能和某些业务方面的特有优势,成为金融体系中一个不可或缺的组成部分。

(2)租赁业。我国的金融租赁业是指经中国人民银行批准以提供融资租赁业务为主的非银行金融机构。而融资租赁业务,是指出租人根据承租人对出卖人、租赁物的选择,向出卖人购买租赁物件,提供给承租人使用,向承租人收取租金的交易,它以出租人保留租赁物的所有权和收取租金为条件,使承租人在租赁合同期内对租赁物取得占有、使用和受益的权利。

(3)典当业。典当业,是中国乃至世界历史上最古老的金融行业,是现代银行业的雏形和源头。所谓典当,即是指当用户将其动产、财产权利作为当物抵押或者将其房地产作为当物抵押给典当业,交付一定比例费用,取得当金,并在约定期限内支付当金利息、偿还当金、赎回当物的行为。

确切地说,典当业本质上从事的是一种金融行业。随着市场经济的日益发展,企业和个人对资金融通的需求也越来越迫切。许多人在有融资需求时,往往只想到银行,但不一定能够如愿以偿地贷到款。而典当行正可以部分地解决小额资金的融通问题。典当与银行这两个不同的融资渠道,可以起到互相补充的积极作用。

(4)财务公司。财务公司又称金融公司,是为企业技术改造、新产品开发及产品销售提供金融服务,以中长期金融业务为主的非银行机构。各国的名称不同,业务内容也有差异。但多数是商业银行的附属机构,主要吸收存款。中国的财务公司不是商业银行的附属机构,是隶属于大型集团的非银行金融机构。

中国的财务公司都是由企业集团内部集资组建的,其宗旨和任务是为本企业集团内部各企业筹资和融通资金,促进其技术改造和技术进步。企业集团财务公司是中国企业体制改革和金融体制改革的产物。国家为了增强国有大中型企业的活力,盘活企业内部资金,增强企业集团的融资能力,支持企业集团的发展,促进产业结构和产品结构的调整,以及探索具有中国特色的产业资本与金融资本相结合的道路,于 1987 年批准成立了中国第一家企业集团财务公司,即东风汽车工业集团财务公司。此后,根据国务院 1991 年 71 号文件的决定,一些大型企业集团也相继建立了财务公司。

(5)基金业。基金有广义和狭义之分,从广义上说,基金是指为了某种目的而设立的具有一定数量的资金。例如,信托投资基金、单位信托基金、公积金、保险基金、退休基金、各种基金会的基金。在现有的证券市场上的基金,包括封闭式基金和开放式基金,具有收益性功能和增值潜能的特点。从会计角度透析,基金是一个狭义的概念,意指具有特定目的和用途的资金。因为政府和事业单位的出资者不要求投资回报和投资收回,但要求按法律规定或出资者的意愿把资金用在指定的用途上,而形成了基金。

根据基金单位是否可增加或赎回,可分为开放式基金和封闭式基金。开放式基金不上市交易(这要看情况),一般通过银行申购和赎回,基金规模不固定;封闭式基金有固定的存续期,期间基金规模固定,一般在证券交易场所上市交易,投资者通过二级市场买卖基金。

根据组织形态的不同,可分为公司型基金和契约型基金。通过发行基金股份成立投资基金公司的形式设立的,通常称为公司型基金;由基金管理人、基金托管人和投资人三方通过基金契约设立的,通常称为契约型基金。目前我国的证券投资基金均为契约型基金。

根据投资风险与收益的不同,可分为成长型、收入型和平衡型基金。

根据投资对象的不同,可分为股票基金、债券基金、货币市场基金、期货基金等。

1.1.2　我国金融业的发展改革历程

我国的金融业始创于革命根据地。最早的金融机构是第一次国内革命战争时期在广东、湖南、江西、湖北等地的农村信用合作社,以及1926年12月在湖南衡山柴山洲特区由农民协会创办的柴山洲特区第一农民银行。随着革命战争的发展,各革命根据地纷纷建立起农村信用合作社和银行。1948年12月1日,中国人民银行在河北省石家庄市成立。中华人民共和国成立后,革命根据地和解放区的银行逐步并入中国人民银行。政府没收了国民党的官僚资本银行,并对私营金融业进行了社会主义金融业改造,在此基础上建立起了高度集中统一的国家银行体系。同时,政府在广大农村地区,发动和组织农民建立了大批集体性质的农村信用合作社,并使它们发挥了国家银行在农村基层机构的作用。高度集中的"大一统"国家银行体系与众多的农村信用合作社相结合是20世纪50至70年代中国金融业的最显著特点。从1979年起,中国开始对金融业进行体制改革。中国人民银行摆脱了具体的工商信贷业务,开始行使中央银行的职能;国家专业银行逐一成立;保险公司重新成立,并大力发展国内外业务;股份制综合性银行和地区性银行开始建立;信托投资机构大量发展;租赁公司、财务公司、城市信用合作社、合作银行、证券公司、证券交易所、资信评估公司、中外合资银行、外资银行等都得到一定程度的发展,形成一个以专业银行为主体、中央银行为核心、各种银行和非银行金融机构并存的现代金融体系。

1.1978—1984年,改革开放初期的金融业改革发展历程和成就

1978年12月,中国金融改革开放拉开大幕。这段时间的发展成果包括中央银行制度框架基本确立,主要国有商业银行基本

成型,资本市场上股票开始发行,保险业开始恢复,适应新时期改革开放要求的金融体系初显雏形。

这段时间的主要标志性事件如下:①1979 年,中国人民银行开办中短期设备贷款,打破了只允许银行发放流动资金贷款的老框框。②1979 年 3 月根据《关于恢复中国农业银行的通知》,中国农业银行重新恢复成立。③1979 年 3 月,决定将中国银行从中国人民银行中分离出去,作为国家指定的外汇专业银行,统一经营和集中管理全国的外汇业务。国家外汇管理局同时设立。④1979年 10 月,第一家信托投资公司——中国国际信托投资公司——成立,揭开了信托业发展的序幕。

1983 年 9 月,国务院颁布《关于中国人民银行专门行使中央银行职能的决定》,中央银行制度框架初步确立。该决定同时规定"成立中国工商银行,承办原来由中国人民银行办理的工商信贷和储蓄业务"。从 1984 年 1 月 1 日起,中国人民银行不再办理针对企业和个人的信贷业务,成为专门从事金融管理、制定和实施货币政策的政府机构。同时新设中国工商银行,中国人民银行过去承担的工商信贷和储蓄业务由中国工商银行专业经营。至此,中央银行制度的基本框架初步确立。

1984 年 11 月 14 日,经中国人民银行上海分行批准,上海飞乐音响股份有限公司公开向社会发行不偿还的股票。这是中国改革开放后第一张真正意义上的股票,标志着改革开放后的中国揭开了资本市场的神秘面纱。

2.1985—2001 年,金融业的改革发展历程和成就

这段时期的发展体现在,金融开始向法制化发展,金融体系更加完善,中国人民银行领导下的商业银行的职能开始逐渐明晰,业务范围开始扩大,银行金融机构开始建立,资本市场开始发展,股票交易、期货贸易等陆续规范。这使金融体系更加适应市场经济需求,并为推动经济高速发展奠定了基础。

　　1985 年 1 月 1 日,实行"统一计划,划分资金,实贷实存,相互融通"的信贷资金管理体制。1986 年 1 月,国务院发布《中华人民共和国银行管理暂行条例》,中国银行业监管向法制化方向迈出了重要的一步。1986 年 7 月,中国人民银行颁布《城市信用合作社管理暂行规定》。城市信用合作社的发展从此步入正轨。1986—1988 年的 3 年间,我国的城市信用合作社规模迅速壮大,构成了我国城市信用合作社现行体制的基本框架。

　　1990 年 11 月,第一家证券交易所——上海证券交易所——成立,自此,中国证券市场的发展开始了崭新的篇章。1992 年 10 月,国务院证券委员会(简称国务院证券委)成立;同年 10 月底,中国证券监督管理委员会(简称证监会)宣告成立。国务院证券委和证监会的成立迈出了我国金融业"分业经营、分业监管"的第一步,标志着中国证券市场统一监管体制开始形成。

　　1993 年 12 月,国务院颁布《关于金融体制改革的决定》,明确了中国人民银行制定并实施货币政策和实施金融监管的两大职能,并明确提出要把我国的专业银行办成真正的商业银行。至此,专业银行的发展正式定位为商业银行。

　　1994 年 3 至 4 月,三大政策性银行成立,标志着政策性银行体系基本框架建立。1995 年是金融体系法制化的一年,标志着金融监管进入了一个新的历史时期,开始向法制化、规范化迈进。1996 年 7 月,全国农村金融体制改革工作会议召开,农村金融体制改革开启。1996 年 9 月起,全国 5 万多个农村信用合作社和 2 400 多个县联社逐步与中国农业银行顺利脱钩。1998 年 11 月,中国保险监督管理委员会(简称保监会)成立,这是保险监管体制的重大改革,标志着我国保险监管机制和分业管理体制得到进一步完善。1999 年 5 月,上海期货交易所正式成立。1999 年 7 月,《中华人民共和国证券法》正式实施,这对资本市场发展起到巨大作用。

3.2002 年至今,加入世界贸易组织后的金融发展历程及成就

2001 年 12 月,中国正式加入世界贸易组织,金融业改革步伐加快,并正式分步骤对外开放。2003 年 3 月 10 日《关于国务院机构改革方案的决定》,批准国务院成立中国银行业监督管理委员会(简称银监会)。至此,中国金融监管"一行三会"的格局形成。

中央银行在三次变革后,实现了货币政策与银行监管职能的分离,同时,银监会、证监会和保监会全方位覆盖银行、证券、保险三大市场,分工明确、互相协调的金融分工监管体制形成,中国金融业改革发展进入一个新纪元。2003 年 12 月,中央汇金公司成立,从而明晰了国有银行产权,完善公司治理结构,督促银行落实各项改革措施,建立起新的国有银行的运行机制。2004 年 2 月,《中华人民共和国银行业监督管理法》正式颁布实施。2004 年 2 月,香港特别行政区正式开展人民币业务。2004 年 6 月,《中华人民共和国证券投资基金法》正式颁布实施。自 2005 年 7 月 21 日起,我国开始实行以市场供求为基础、参考一篮子货币进行调节、有管理的浮动汇率制度。人民币汇率不再盯住单一美元,形成更富弹性的人民币汇率机制;2006 年 2 月底中国外汇储备达 8 537亿美元,首次超过日本,跃居世界第一。2008 年 12 月 16 日,国家开发银行股份有限公司挂牌,我国政策性银行改革取得重大进展。

1.2　中国金融业发展现状

1.2.1　银行业发展现状

截至 2010 年年底,我国银行业金融机构共有法人机构 3 769家,营业网点 19.3 万个,从业人员 299.1 万人。其中,政策性银行3 家,国有大型商业银行(工商银行、农业银行、中国银行、建设银行、交通银行)5 家,邮政储蓄银行 1 家,股份制商业银行 12 家,城

市商业银行 147 家,农村商业银行 85 家,农村合作银行 223 家,农村信用社 2 646 家,金融资产管理公司 4 家,外资法人金融机构 40 家,信托公司 63 家,企业集团财务公司 107 家,金融租赁公司 17 家,货币经纪公司 4 家,汽车金融公司 13 家,村镇银行 396 家。截至 2010 年年末,我国银行业总资产高达 95.3 万亿元,同比增长 18.6%,是 1978 年的 195 倍,年均增长 19.2%。[①]

1. 现代银行体系基本确立

我国银行业从原来只有中国人民银行一家,发展到已拥有数千家法人性质的银行业金融机构。既有商业银行,又有政策性银行;既有大型商业银行,又有中小商业银行;既有主要服务于城市的城市信用社、城市商业银行,又有主要服务于农村的农村信用社、农村商业银行和合作银行;既有传统意义上的银行业金融机构,又有如村镇银行、贷款公司和农村资金互助社等新型银行业金融机构;既有中资银行业金融机构,又有外资银行业金融机构。银行业机构提供的金融服务也不断丰富和完善,从简单的存、贷、汇业务,到现在多样化、个性化的金融服务,传统银行业务模式发生重大转变,金融超市功能开始逐步显现。与 30 年前相比,我国银行业组织体系更加健全,机构种类更加丰富,市场竞争更加充分,服务功能更加完善。

2. 银行业整体竞争力显著提升

(1)经营规模迅速扩大。自改革开放以来,我国商业银行一方面通过强化资本管理、调整资产结构以及适度控制风险资产的增长速度达到节约资本使用的目的,另一方面则通过股份制改革上市、定向增发、发行债券(次级债和混合资本债)、引入战略投资者等方式广开增资之门。银行业金融机构资产总量快速增加,截至 2010 年 6 月末,银行业金融机构资产总额为 87.2 万亿元,负债总

---

① 数据来源:《中国金融统计年鉴》。

额为 82.3 万亿元,分别是 2003 年银监会刚成立之时资产和负债总额的 3.2 倍和 3.1 倍(见图 1-1)。在总资产中,5 家国有大型商业银行占比为 51.0%,股份制商业银行占比为 14.1%,城市商业银行占比为 6.6%,其他金融类机构占比为 28.3%。

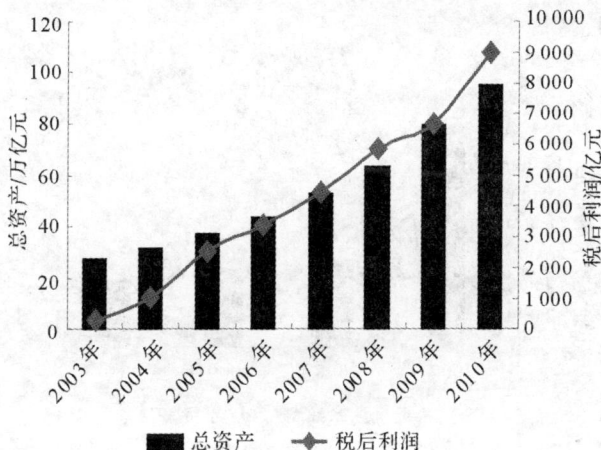

图 1-1 2003—2010 年银行业金融机构总资产及税后利润

(2)资产质量显著改善,抗风险能力进一步提高。随着我国金融改革的不断深入,银行业金融机构不断强化信贷管理,加快财务重组步伐,加大不良贷款核销力度,再加上银监会对银行资产质量的监管日趋科学和严格,资产质量显著改善。从不良贷款情况看,主要商业银行的不良贷款余额和不良贷款率实现持续双降,2010年年末商业银行不良贷款率为 1.14%,不良贷款余额为 4 293 亿元,比 2004 年减少了 12 230.7 亿元,年均下降 25.7%(见图 1-2)。

(3)盈利水平大幅提升。近年来,在我国经济持续快速发展的大背景下,受不良资产剥离、业务迅速扩张、存贷利率扩大、中间业务快速发展和税收负担下降等因素的综合作用,中资商业银行的盈利规模保持快速增长的势头,盈利能力持续提高。2010年,银行业金融机构实现税后利润为8 991亿元,同比增长34.5%。2010年大型商业银行利润为5 151亿元,约占银行业整体利润的六成,占全球前1 000家大型银行利润的10%左右;股份制商业银行利润达到1 358亿元。

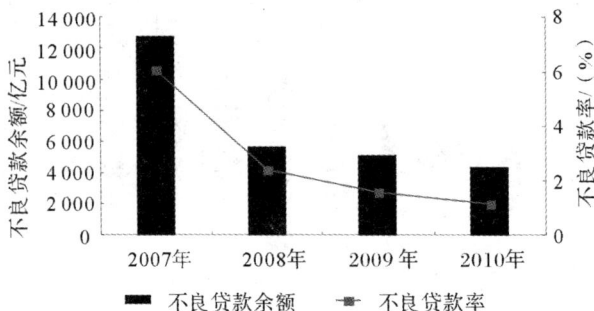

图1-2 2007—2010年商业银行不良贷款余额和不良贷款率

3.银行业公司治理和风险管理明显改善

价值意识、资本约束意识、风险管理意识和品牌意识深入人心,经济资本、经济增加值和经风险调整后的资本回报等先进管理方法得到重视和应用。银行业公司治理基本框架已建立并不断完善,风险管理组织体系的独立性和专业性持续增强,业务操作流程不断优化。部分商业银行已经开始按照巴塞尔新资本协议的要求开发内部评级法系统。银行业金融机构积极响应银监会的倡导,主动改变业务流程和组织架构,努力满足小企业多样化、个性化和"三农"发展的融资需求,创新金融产品和金融服务,业务功能也大大扩展。

4. 银行业审慎监管框架逐步成熟

近年来,银监会建立了包括资本充足率、拨备覆盖率、杠杆率、大额风险集中度比例控制、流动性比率等在内的全面风险监管指标体系;探索实施宏观审慎监管,提出了逆周期资本监管和动态拨备的监管框架,强化银行信贷市场和资本市场的防火墙,加强股东监管和关联关系控制和利益冲突监管,提出了房贷比率控制等一系列简单、透明、有效的监管政策;出台了"三个办法、一个指引",对贷款风险管理和支付流程进行了革命性改革。中国银监会成为巴塞尔银行监管委员会和金融稳定理事会正式成员,综合监管能力也逐步得到国际认可。

1.2.2　保险业发展现状

截至 2004 年年底,全国共有保险公司 68 家,其中保险集团公司 5 家,中资保险公司 27 家,外资保险公司 36 家,外资保险公司达到了保险公司总数的 52.9%。截至 2010 年末,全国共有保险公司 148 家,其中,保险集团公司 8 家,财产险公司 56 家,人身险公司 68 家,再保险公司 7 家,保险资产管理公司 9 家,保险专业中介机构 2 550 家。

1. 保险行业实力显著增强,竞争格局基本形成

1980 年恢复国内保险业务时,我国只有企财险、货运险、家财险、汽车险等几个保险业务种类。此后随着国内保险业风险管理技术的进步和经营管理能力的提高,业务领域逐步从财产损失保险扩展到人寿保险、责任保险、信用保证保险、意外伤害保险、健康保险等领域,目前已基本形成涵盖所有可保风险领域的业务和产品体系。保险业恢复经营以来,我国保费收入年均增长超过20%,是国民经济中发展最快的行业之一。2008 年实现原保费收入 9 789 亿元,世界排名第六位,中国已逐步成长为新兴的保险大国。

(1)资产规模不断壮大。1949 年人民保险公司成立之初,仅有资本金约 200 万元。目前,全国保险公司总资产达到 3.7 万亿元。市场体系日益完善,从由国有保险独家经营保险业务,到目前全国共有保险公司 120 多家,初步建成了多种组织形式和所有制形式并存,公平竞争、共同发展的保险市场体系。

(2)保费收入持续增长。1980—2008 年,全年累计实现保费收入从 4.6 亿元增加到 9 784.2 亿元,年平均增长速度约 31.5%,是国民经济中发展最快的行业之一。2010 年全年累计实现原保险保费收入 14 527.97 亿元,同比增长 30.44%。其中,财产险业务原保险保费收入 3 895.64 亿元,同比增长 35.46%;寿险业务原保险保费收入 9 679.51 亿元,同比增长 29.8%;健康险业务原保险保费收入 677.47 亿元,同比增长 18.03%;人身意外险业务原保险保费收入 275.35 亿元,同比增长 19.69%。

2. 保险深度和保险密度逐步提高

1980 年,我国保险深度(年保费收入/GDP)为 0.1%,保险密度(人均保费收入)为 0.47 元/人,2004 年分别增加到 2.7% 和 332 元/人。2008 年,我国保险深度和保险密度分别达到 3.1% 和 737 元/人。与 2004 年相比,保险深度增长 15.6%,保险密度增长 122%。从表 1-1 可以看出,2004—2008 年,我国保险深度稳定在较高的水平,保险密度逐步增加,反映了我国保险市场的开发程度在逐步提高。

表 1-1　2004—2008 年我国保险密度和深度表

时间	2004	2005	2006	2007	2008
保险密度/(元・人$^{-1}$)	332	377	429	533	737
保险深度/(%)	2.7	2.7	2.6	2.6	3.1

资料来源:《中国金融业发展研究报告》。

3.体制机制发生积极变化

自改革开放以来,我国的保险业就分别从经营体制改革、公司体制改革、资金管理体制改革、保险监管体制改革四方面,进行了有条不紊的改革。

(1)保险业务经营体制改革。1996 年,为了适应保险业快速发展和防范风险的需要,建立了保险分业经营体制,对财产险、寿险实行专业化经营。人民保险、平安保险、太平洋保险等综合性保险公司相继完成产寿险分业经营体制改革。同时,为了提升保险业服务经济社会的能力与水平,对农业保险、健康保险、养老保险等业务领域探索实行专业化经营,专业性的保险公司开始逐渐成立。保险中介市场也逐步发育完善。

(2)公司体制改革。坚持从实际出发,采取“三步走”的战略,积极吸引外资和民营资本参股,引进境外战略投资者,优化股权结构,公司治理结构和运行机制不断完善。

(3)保险资金管理体制改革。实现了保险资金专业化集中运用,保险资产管理公司从无到有,目前达到 10 家,管理资产占保险业全部资产的 82.6%;从资金运用结构看,实现了从银行存款为主向债券投资为主的转变。

(4)在保险监管方面,二十世纪八九十年代保险管理体制属“金融型”,即“银行管保险”。1980 年保险机构恢复之初,仍然沿用 1964 年以来的建制,中国人民保险公司直接属于中国人民银行,为局级专业公司,其管理体制也基本上沿袭 20 世纪 50 年代的总、分、支公司垂直领导形式。但是,随着保险机构的迅速壮大和业务领域的不断扩展,作为全国唯一的国家独资的保险企业,其经营管理体制上“统得过死”“责、权、利不清”的弊端逐渐显露出来。因此,1998 年 11 月 18 日,原中国人民保险公司分拆成立中国人民保险公司和中国人寿保险公司后,成立了保监会。保监会为国务院直属事业单位,根据国务院授权对中国保险业履行行政管理职能,并实施市场监管。这是保险监管体制的重大改革,标志着我国保险监管机制得到了进一步完善。自保监会成立以来,它对中国保险业的规范发展起到了重大的促进作用。

1.2.3　证券业发展现状

从 20 世纪 70 年代末期开始实施的改革开放政策,启动了中国经济从计划体制向市场体制的转型。证券市场在转型过程中应运而生,成为推动所有制变革和优化资源配置方式的重要力量。随着市场经济体制在中国的逐步建立,对市场化资源配置的要求日益增加,中国资本市场和证券业逐步发展壮大,目前已经成为世界最大的新兴市场和促进我国金融体制改革和国民经济发展的重要力量。

截至 2011 年 11 月底,我国境内共有证券公司 108 家,总资产 2.2 万亿元以上,净资产 4 800 亿元以上;证券营业部 4 500 多家,从业人员 22 万人以上。2011 年,证券公司总资产规模合计 1.57 万亿元,同比减少 20.3%;平均每家证券公司总资产为 144.04 亿元。全部证券公司净资产规模合计为 6 303 亿元,同比增加 11.28%;平均每家证券公司净资产为 57.83 亿元。

2011 年证券公司实现营业收入 1 360 亿元,同比下降 28.83%;实现净利润 394 亿元,同比下降 49.23%。在营业收入的细项数据方面,2011 年证券行业代理买卖证券业务净收入达 689 亿元,证券承销与保荐及财务顾问业务净收入为 241 亿元,受托客户资产管理业务净收入为 21 亿元,证券投资收益(含公允价值变动)为 50 亿元。经纪、承销保荐及财务顾问业务依然是证券公司主要收入来源,所占比例分别为 51% 和 18%。从统计数据来看,证券行业收入结构正在逐步优化。传统上作为证券公司收入来源支柱的经纪业务占比逐步下降,而随着创业板的开启,投资银行业务收入占比继 2010 年大幅提高后继续提高了近 4%。

1. 市场规模迅速扩大

2008 年,资本市场全年融资 3 396 亿元,居历史第二位。截至 2008 年年底,上交所和深交所共有 1 625 家上市公司(包括 A 股和 B 股),比 1992 年年末增加 1 572 家,比 2004 年年末增加 288 家;市值规模是 1992 年年末的 116 倍,是 2004 年年末的 3 倍多,达 12.1 万亿元,从原来的新兴市场第三位变成了新兴市场第一位;市值占全年国内生产总值的 38.6%,比 1992 年提高了 34.7%,比 2004 年提高了 15.4%,2007 年末股票市值更是超出当年国内生产总值 32.7%,创历史新高。2008 年,沪、深股市累计成交额为 26.7 万亿元,是 1992 年的 391 倍,是 2004 年的 6 倍。1992 年以来股票市场主要运行指标见表 1-2。

表 1-2　股票市场主要运行指标

时间	1992	2004	2005	2006	2007	2008
上市公司数量/家	53	1 377	1 381	1 434	1 550	1 625
上市公司总市值/万亿元	1.05	3.7	3.2	8.9	32.7	12.1
成交额/亿元	683	42 334	31 665	90 469	460 556	267 113
境内股票市场筹资额/亿元	315	863	338	2 464	7 723	3 535
投资者股票账户数/万户	835	7 216	7 336	7 854	13 886	15 198
股票市值与 GDP 比率/(%)	3.9	23.2	17.6	42.7	132.7	40.37

数据来源:《中国证券期货统计年鉴》,中国证监会。

2. 资产规模扩大,行业结构优化

2008 年年末,国内证券业(含证券交易所、证券登记结算公司、证券公司、基金管理公司、期货交易所、期货经纪公司和证券咨询机构)总资产规模达 1.6 万亿元,比 2004 年年末增长 2.5 倍,其中证券和咨询公司总资产为 14 610 亿元,期货公司总资产为 927 亿元,基金管理公司总资产为 365 亿元。从总资产规模来看,证券和咨询业虽仍然高居榜首,但在证券业总资产中的占比从 2004 年的 93.5% 下降至 2008 年的 91.9%,下降了 1.6 个百分点;期货业和基金业总资产在证券业总资产中的占比均有所上升。从资产增长情况来看,期货业和基金业发展相对较快,4 年间增长 3 倍多,但由于这两个行业起步较晚,基础相对薄弱,对整个证券业增长的贡献率仅为 8.8%。证券咨询业一统天下的局面正在逐步改善,投资渠道不断多元化,行业结构得到优化。

3. 多层次市场体系和多样化产品结构逐渐形成

深交所于 2001 年开始探索筹建创业板,并于 2005 年 5 月先行设立中小企业板,2008 年有 69 家中小企业在境内发行,中小企业占新增上市公司的 92%,截至 2008 年年底,已有 273 家公司在中小板上市,累计筹资 418 亿元。资本市场还陆续推出了可转换公司债券、银行信贷资产证券化产品、住房抵押贷款证券化产品、企业资产证券化产品以及权证等新品种。这些产品的出现丰富了资本市场的交易品种,适应了投资者的不同需求。2008 年,有 30 家上市公司发行公司债券 998 亿元,占融资总额的 43%。全年有 171 家公司通过并购重组向上市公司注入优良资产 3 272 亿元。

4. 股权分置改革取得重大进展,流通股比例大幅增加

2004 年年末,中国上市公司总股本为 7 149 亿股,其中非流通股份 4 543 亿股,占总股本的 64%,国有股份在非流通股份中占74%。2005 年,在党中央、国务院的领导下,中国证监会启动了股

权分置改革。截至 2008 年年底,沪、深两市总股本达到 24 323 亿
股,是 2004 年的 3.4 倍,其中流通股 24 189 亿股,占总股本的
99.5%,比 2004 年提高了 63.5%,流通股中有超过一半的股份已
实现上市流通,其余 48.5%已完成股改的流通股尚未解禁。股权
分置改革彻底解决了中国证券市场长期存在的国有股、法人股、流
通股利益分置、价格分置的问题,各股东享有相同的股份上市流通
权和股价收益权,各类股票按统一市场机制定价,并成为各类股东
共同的利益基础。

1.2.4　金融创新引领金融业进步

1. 金融监督管理不断加强

中国人民银行作为金融宏观管理部门,除承担金融调控职能
外,还承担了金融稳定、金融市场、支付结算、征信管理、反洗钱等
监督管理职责。银监会、证监会和保监会分别履行对银行业、证券
业和保险业的行业监管职责。中国人民银行、三家监管当局和财
政部相互协调、密切配合,在加强金融监管、防范和化解金融风险、
保护投资者合法权益方面做了大量工作,有力地维护了金融体系
稳定,促进了金融业稳健发展。

2. 金融市场在创新和规范中发展

目前,我国已经建立了以货币市场、银行间外汇市场、证券市
场、期货市场、保险市场、黄金市场等为主体的、较为完整的、多层
次的金融市场体系。随着中国市场化改革和对外开放的不断深
入,金融市场产品创新明显加快,除了传统的金融工具外,ABS、
MBS 和 CDO 等银行类创新产品,开放式基金等证券类创新产品,
以及与风险管理相关的金融衍生品不断涌现。金融市场参与主体
日益多元化,不仅包括商业银行、社会保障基金、信托公司、保险公
司、证券公司和非金融机构,还引入合格的境外机构投资者

（QFII）。金融市场的深度和广度日益扩大，并在货币政策传导、资源配置、储蓄转化为投资、风险管理等方面发挥了日益重要的基础性作用。

3. 金融改革进程加快推进

2003 年以来，中国政府启动了新一轮的金融改革。目前，农村信用社改革取得了明显成效，历史包袱得到初步化解，经营状况开始好转，支持"三农"的实力进一步提高。国有商业银行股份制改革取得阶段性成果，中国工商银行、中国建设银行、中国银行、交通银行的财务可持续能力显著增强，现代公司治理结构开始发挥作用。股份制商业银行、城市商业银行和其他中小金融机构的改革与重组也在加快推进之中。

4. 金融运行规则日趋健全

为适应开放经济条件下中国金融业稳健发展的需要，2003 年12 月 27 日，第十届全国人民代表大会常务委员会第六次会议审议通过了《中国人民银行法》和《中华人民共和国商业银行法》修正案，制定了《中华人民共和国银行业监督管理法》，同时，《中华人民共和国证券法》《中华人民共和国保险法》《中华人民共和国票据法》《中华人民共和国信托法》和《中华人民共和国证券投资基金法》以及《中华人民共和国破产法》等相关的金融法律法规也在制定和完善中。此外，中央银行和金融监管部门根据国际惯例，结合中国实际情况，实施审慎监管标准，制定了大量的金融业部门规章和规范、指导性文件，为金融业改革、开放和发展提供了良好的法律、制度保障。

5. 金融业对外开放稳步推进

改革开放以来，尤其是加入世界贸易组织以来，中国金融业对外开放步伐明显加快，按照承诺开放了对外资银行、外资保险公司的地域限制和业务限制，证券市场先后开设了针对外国投资者的

B 股市场,允许部分国有大型企业在海外上市,允许中外合资企业在 A 股市场融资,并在 A 股市场实施 QFII 制度。截至 2004 年年末,共有 19 个国家和地区的 67 家外资银行在我国设立了 211 家营业性机构,合格境外投资者队伍达到 27 家,中国境内外资保险公司达 37 家。此外,还开放了汽车融资金融服务,4 家外资汽车租赁公司相继成立;扩大了境外金融机构入股中资金融机构的比例,中国建设银行、中国银行、交通银行、深圳发展银行等引入了国际战略投资者。

6. 金融基础设施的现代化水平明显提高

中国现代化支付系统建设取得了突破性进展,基本建立了覆盖广泛、功能齐全的跨市场、跨境支付结算体系,人民币在香港和澳门实现清算安排。以网络为基础的电子资金交易系统不断完善,实现了银行间债券市场券款兑付(DVP)清算,为投资者提供了安全、高效、便捷的资金交易和清算服务。中央银行建立和完善了一系列的金融监控信息系统,支付清算、账户管理、征信管理、国库管理、货币金银管理、反洗钱监测分析、金融统计监测管理信息和办公政务等实现了信息化。商业银行的综合业务处理、资金汇兑、银行卡服务等基本实现了计算机联网处理和数据集中处理,自助银行、网络银行、电子商务、网上支付结算等新型金融服务迅速发展。

1.3　金融业在经济增长中的作用

现代社会经济发展速度越来越快,与此同时,金融业也正以更加快速的增长趋势逐渐发展着,这种相互伴随的发展是相互依存的,其中,金融发展对经济增长的作用是多方面的,主要表现在以下几个方面。

1. 金融是现代经济中对宏观经济进行调节的重要杠杆

现代经济主要是市场机制对资源配置起基础作用的经济,它的显著特征是宏观经济调控间接化。而金融却在建立和完善国家宏观调控方面起着重要的作用。金融也联系着经济发展的各个领域,它能够更加全面地反映经济活动的运行,与此同时,利率、汇率、信贷等金融手段对微观经济的影响也不容忽略,国家进行宏观调控时,可以通过中央银行来制定各种货币政策,运用金融调控手段,调控货币供应量,从而调节经济的发展规模、速度以及结构,最终促进经济增长。

2. 金融能够提高投融资水平和效率

金融对区域经济发展有两方面的促进作用:一是可以增加要素总量,起到要素的集聚效应;二是通过提高要素生产率,比如资本的生产效率、投融资效率等来促进经济发展。金融具有资本积累效应与资本配置效率,后两者对经济发展具有决定性意义。

在资本的总量集聚上,金融发展可以为经济的发展提供充足的资本积累,在以哈罗德-多马模型、索洛模型等为代表的传统经济增长理论中,资本积累是经济增长的主要源泉。而金融可以通过更好地动员储蓄,作用于资本积累,进而对经济增长起到推动作用。金融能够提高储蓄和资本积累水平,提高投融资水平能力,金融发展对投资的扩大具有直接决定作用,影响投资的供给效应和需求效应,并通过投资的乘数效应,加速经济发展。

金融市场可以通过两种形式起到资本的集聚效应。一种是直接融资形式,另一种是间接融资形式。在直接融资方面,如通过证券市场可以提高全社会的资金集聚水平。在间接融资上,由于银行等信用中介的存在,可以通过更好地聚集现有的金融资源和更好地动员可用的储蓄,并通过贷款规模的扩大,促进资本积累水平的增加。

在资本配置效率上,金融直接决定着投融资的效率。融资效率也就是资本集聚的效率。通过金融的发展,可以提高融资转换为投资的效率。比如储蓄转化为投资的效率和证券市场融资效率等,这意味着投资效率的提高。储蓄并不是全部被转化为投资进而促进经济发展的,在实现中往往有相当部分储蓄在转化为投资的过程中被浪费掉了。一个低效率、甚至是无效的金融体系是造成这种浪费的主要原因。如果金融发展能够降低这种浪费,也就是储蓄能够转换为投资的比率,就能提高经济增长率。竞争机制的缺乏、某些制度限制等因素都是造成金融低效的原因,从而使得储蓄在转化为投资的过程中被白白浪费掉了。另外,金融的发展,尤其是证券市场的发达,可以提高直接融资的效率。

3. 金融可以改变企业组织结构和企业规模

如果没有金融的支持,企业的成长和规模扩张是不可能实现的,而大型跨地区甚至跨国企业往往也是一个地区的经济支柱。企业的规模扩张大致有两种形式,一种是通过要素投入实现生产规模的不断扩大,另一种是通过收购兼并或资产重组实现经济规模的扩大。在前一种情况下,企业往往要借助银行或资本市场来实现;而后一种情况大多是通过资本市场完成的——这种扩张的效率更高、成本更低、周期更短,但要求企业更加熟悉金融和资本市场。

4. 金融能够促进区域经济的产业结构优化和升级

金融的发展及深化对产业结构影响可从两方面解释:首先,金融业的发展直接体现为金融业的产出较大,这在统计核算中不仅表现为国内生产总值的扩大,同样表现为第三产业增长加快,第三产业占比增大,产业结构优化。金融发展本身就是经济发展的一部分。金融与区域经济发展之间互为因果、相互作用、相互促进。一方面,金融产业本身就是区域经济中的重要组成部分,因此,从这一角度而言,发展金融产业本身同发展经济是一个概念。另一方面,经济发展程度越高,其对金融发展的需求也就越大。随着经济的不断发展,金融产业占国内生产总值的比例也会呈现出逐渐升高的趋势。因此,金融发展与区域经济发展之间互为因果,相互促进。金融产业占比的提高就是产业结构优化和升级的一个重要表现。其次,金融业的发展可以促进各产业不同程度的增长,实现产业结构的优化。区域经济结构调整及优化的重要内容之一就是资本在不同产业的流动及通过一定宏观调控方式进行再配置。

金融对产业结构的形成和调整起到了重要作用,其主要作用传递机制如下:金融—影响储蓄和投资—影响资金(资本)结构—影响生产要素分配结构—影响产业结构。金融可以通过资本的优化配置,促进产业结构优化、升级。产业结构的失衡及调整的困难成为区域经济发展的制约因素,与此相伴的是金融发展的滞后,两者具有明显的相关性;而金融业得以较快地发展则为产业的优化提供资金及资本支持,为产业结构调整营造良好的资本环境,从而加快产业结构优化。

金融可以通过调整信贷方向和结构,集中资金,加大对基础设施、基础产业、支柱产业和高新技术产业的投资力度,促进产业结构升级;也可以通过引导优势企业上市融资,以上市公司发展带动产业结构升级。一个非常典型的例子是上海市政府。在过去的一两年时间里,上海市政府有计划、有步骤地对上海上市公司实行资产重组,使20多家非上市公司的高科技企业通过重组成为上市公司。

　5.金融业可将投资的风险进行转移和分散

一般而言,投资者在投资时会面对两种选择:要么选择流动性较高但风险较大的投资,要么选择风险较小但与此同时流动性较弱的投资。相对而言,一般的投资者更倾向于风险厌恶型的投资,因此在投资时他们会选择流动性较强的投资(流动性较弱的投资往往会面临着无法随时收回投资以及收益的风险),进而金融中介即可在此将这种一般性风险进行管理和分散。例如,银行面临的流动性风险相对于单个投资者而言较弱,因此银行总会保留一定的资金于生产领域(存款准备金),以应对生产领域的资金需求,进而间接促进经济的增长。

第2章　金融业发展与经济增长

在现代经济体系中,金融业的地位日益突出。目前,金融业发展已成为经济增长的重要因素,具有强大的作用力,几乎足以影响甚至决定整个国民经济的发展速度和程度。金融业的发展已经成为衡量一国经济发展速度、健康性和社会文明进步程度的重要指标之一,金融业发展理论也成为经济理论的一个不可或缺的组成部分。

对金融业发展与经济增长关系的实证研究很大程度上依赖于经济学家对金融中介和金融市场的认识,信息不对称和交易成本的存在导致了金融中介和金融市场的产生,而金融中介和金融系统的发展又有助于金融系统功能的完善,要素积累速度的增加,经济系统配置资源的宏观效率的提高。本章对影响经济增长的金融系统进行归类分析,在此基础上构建影响经济增长的主要金融业发展指标体系;并对金融业发展和经济增长指标的数据进行定义,然后就分析金融业发展对经济增长影响程度的实证方法做出选择。

2.1　经济增长与金融业发展
指标设计的理论分析

金融系统的发达程度可以用金融系统的规模、金融系统的结构和金融系统的效率三维指标来度量。金融系统规模指标提供的是金融市场或金融中介发展的深度方面的信息;金融系统的结构指标提供的是资源配置和各种金融机构相对重要性方面的信息;

金融中介和金融市场的产生和发展会对金融系统的规模、金融系统的结构以及金融系统的效率产生影响。金融业发展指一国金融结构的改变,包括金融工具、金融机构、金融市场以及由人为或自然因素带来的金融活动等金融结构的演变。最早对金融业发展进行考察的是哥德史密斯。根据金融系统被分为金融市场和金融中介来分析,当代社会金融体系可以分为以德日为代表的"银行导向型"金融结构与以美国为代表的"市场导向型"金融结构。本章实证分析便是基于当代金融体系的这两种基本类型而进行相关指标的设计,主要对"银行导向型"(金融中介)与"市场导向型"对经济增长产生作用的微观机制及两者对经济增长的影响方式进行理论分析,选定实证分析指标,并对相关指标数据进行初步的统计性描述。

1. 金融中介或金融市场产生的微观机制

金融系统包括金融市场和金融中介。根据现代金融发展理论,无论是金融市场还是金融中介,其产生的原因在于金融市场中存在摩擦。金融市场的摩擦主要有两种:由信息不对称导致的金融市场摩擦和交易成本导致的金融市场摩擦。

金融的本质是不确定状态条件下在时间和空间对稀缺资源进行配置。交易成本贯穿于不确定性条件下资源配置过程中的每一个环节。在不确定性条件下,交易双方事前要承担信息收集成本和信息处理成本;在交易签约后,要承担监督成本;等等。相对于交易成本所产生的金融市场摩擦而言,由信息不对称所导致的金融市场摩擦要重要得多。逆向选择和道德风险会使得经济偏离帕累托最优状态,使投资不足和无效投资成为可能。根据内生增长理论,由信息不对称所导致的金融市场摩擦,会对资本积累和技术进步产生影响,从而也会对长期经济增长产生影响。这种金融市场的不完善也有可能对经济增长产生不利的影响,使得金融危机频繁发生。金融市场和金融中介因金融市场摩擦而产生,一个运行良好的金融系统可以减少交易成本,减弱信息不对称的负面影响,对储蓄率、投资决策、技术创新和长期经济增长有直接或者间接的影响。信息不对称和交易成本直接影响金融市场和金融中介运行的效率,决定金融系统的规模、结构和效率,从而对金融发展产生重大影响。

2.银行导向型结构与经济增长

银行导向型结构对经济增长的影响主要表现在以下两个方面:

(1)促进储蓄向投资转化,优化资源配置,促进经济增长。银行部门通过负债业务把社会上暂时闲置的资金聚集起来,再通过其资产业务投向社会经济生活的各个部门,从而克服特定经济单位资金运动中收支不平衡的矛盾:一方面使一个单位的投资可以大于其储蓄,摆脱自身储蓄能力的限制;另一方面为储蓄者带来增值,使得储蓄不仅是财富的储藏,还能增加收益。可见,银行部门为经济单位进行储蓄和投资提供了一种机制,有利于全社会储蓄和投资总水平的提高。而且,这种储蓄资金的转移也是帕累托改进的过程:资金盈余方把多余资金以收取一定利息为条件借给资金短缺方,而资金短缺方可以用借贷来的资金从事生产或消费,并为此支付利息,这一交易使双方的效用都得到提高;这一融资过程还有助于资金从生产率较低的部门流向生产率较高的部门,实现资源的优化配置。

(2)银行部门还可以通过对企业信息的获得和对企业公司治理等方面的影响促进经济增长。信息不对称问题在经济生活中广泛存在,然而对于单个储蓄者而言,获取有关投资项目信息和监督企业经营生产活动的成本是非常高的。银行在获取投资项目信息和监督企业方面具有规模经济性,从而可以有效降低信息成本;此外,银行和客户企业之间的长期关系有助于解决因合约不完备造成的动态不一致性问题,使得企业有激励克服机会主义行为,以便获得长远利益。在以银行为主导的结构中,银行信贷是企业外部资金的主要来源,由于具有对无法履行债务的企业进行清算的权力和能力,因此银行可以据此对企业的经营进行控制,监督企业的投资行为,建立良好的企业治理环境,提高资金使用效率,从而使企业效益变得更好。

　　3. 市场导向型结构与经济增长

　　市场导向型结构对经济增长的影响主要表现在以下两个方面:

　　(1)分散风险,提供流动性,筹集资金。戴蒙德和戴伯维格认为,金融市场可以通过减少信息成本来降低流动性风险,资本市场可以将真实资本转换为虚拟资本,投资者在投资长期项目的同时,不会失去将其资金转向储蓄的机会。投资者可以通过证券的买卖调整投资组合,减少不确定性风险,提高资本分配的效率,从而促进经济增长。

　　(2)减少信息不对称。因信息不对称将产生逆向选择和道德风险,影响资源的有效配置。金融市场则通过其有效的二级市场证券价格帮助投资者区分投资机会的好坏,大大降低了资本配置的交易成本,提高其配置效率,特别在一些大的、流动性强的证券市场,投资者可以根据股票的价格获得公司的信息,并隐藏起私人信息而获利。正是由于信息的获利能力,会促使投资者收集公司信息,并监督公司的运行,这样将会改善资源的分配,促进经济增长。

　　与此同时,无论是市场导向型结构还是银行导向型结构,为资金需求者提供的资金,都会成为其科技成果转化的重要推动力。总的来说,金融体系的存在和发展,在满足融资能力的同时,通过风险分散管理,激励资金对高新技术产业的供给,推动产业结构高级化,促进经济增长。

2.2　指标体系设计原则和指标选择

2.2.1　指标体系设计原则

1. 科学性原则

科学性是指指标体系的设置要具有科学性和合理性,要能全面反映金融业发展的客观现实,即金融业发展的评价指标必须要能准确表达金融业发展的内涵。因此,要求评价指标的建立必须有客观依据,从科学的角度系统而准确地理解和把握金融业发展的实质。评价指标是否科学,一方面取决于评价指标是否符合客观实际,是否符合已被实践证明了的科学理论;另一方面取决于评价指标评价的结果是否能够经受时间的验证。在金融业发展评价指标的选择上,还要特别注意评价引导的行为是否符合金融业发展的目标,对经济增长有促进作用。

2. 系统性原则

系统性原则,即把金融业发展看作一个系统,从系统论的角度考虑评价问题。进行金融业发展评价指标的选择要根据金融业发展系统的特点,使选择的指标形成一个具有层次性和内在联系的指标系统。各指标之间和各层次指标之间应该有明确的内在联系。因此,选择的指标体系覆盖面要完整,能全面综合地反映金融业发展的各种要素,凡是与金融业发展相关度很大的主要方面都应设置指标,特别是互相矛盾的方面,必须同时列出,不可残缺,同时还应当简明。指标不宜过多,从整体上对金融业发展进行完整评价。

3. 层次性原则

层次性强调的是系统内部各个部分之间的关系,设计的指标体系必须是有序结构,上一层次的项目要全面覆盖下一层次的项目,下一层次项目要完整体现上一层次的本质内容。由于金融业发展系统由金融自身发展和其他决定子系统组成,要描述和评价金融业发展程度和状况,就应该在不同层次上选择不同的指标,进而对不同层次的金融业发展状况进行评价,即应能够区分影响金融业发展的不同层次上的因素,为对影响因素的进一步分析打下基础。

4. 独立性

如果把上下层次之间的关系比作"隶属关系",那么同一层次各指标之间则是"专业分工"的关系,它们必须"分工明确",各自从不同的侧面表现目标的价值,不设重复指标,不设交叉重叠指标。纵向的层次有序性和同一指标层各指标间的独立性相结合,使指标体系层次结构具有严密的逻辑性,舍其一将造成逻辑混乱。

5. 信息可取性

设计指标体系的目的不是作理论探讨,而是要付诸实施。设计指标体系时一定要注意指标信息的可取性,即可行性,这样的设计方案才可具体实施。因此,所设计的指标体系,尤其是在指标层,要注意所设计的指标的指标值能否利用现有的数据或相关指标的数据经过简单的换算得到。金融业发展评价指标体系要尽可能量化,以利于进行资料的统计分析。但对于一些难以量化,而又意义重大的指标,也可以用定性指标来描述。但本章的评价指标选择时,考虑到定性指标取得数据的难度,暂时未采用定性指标。

6. 动态性原则

金融业发展既是一个发展目标,又是一个发展过程,在发展的一定时期内指标体系应该保持相对稳定,较长时期内指标体系应随着发展的进程适时变化。

2.2.2　金融业发展指标体系的构建

结合以上作用于经济增长的金融要素,并参考上述指标体系设计原则,本章选取了下列指标。

1. 经济发展指标(Y)

我们以实际 GDP 增长率作为衡量经济增长的指标,用 Y 表示。国际上通常采取两种方法来衡量经济增长。一些学者使用实际 GDP 作为表示经济增长的指标,另一些学者使用实际人均 GDP,指出人均 GDP 数据比 GDP 总值数据可能出现的错误更少,因为一些影响 GDP 水平的估计的误差也影响对人口的估计,这样误差可能被抵消。由于一部分样本国家缺乏人均 GDP 的季度数据,为了便于与后面指标的实证研究统一口径,因此本章还是选择国内生产总值增长率作为衡量经济增长的指标变量。

2. 金融发展指标(FD)

本章以金融深化程度,即广义货币供应量对名义 GDP 的比例(M_2/GDP),来反映金融业发展。在有关金融业增长的文献中,对衡量金融业发展的指标提出过不同的选择。哥德史密斯提出用金融相关比率(Financial Interrelations Ratio,FIR)来衡量金融业发展的指标,它是某一时点上一国金融工具市场总值 F(或一定时期内金融活动总量)与实物形式的国民财富的市场总值 W(或一定时一期内经济活动总量)之比,用公式表示为 $FIR = F/W$。McKinnon(1973)提出了以 M_2/GDP 衡量一国金融业深化的数量指标,它反映了一国金融业发展的深度和货币金融体系的支付中介和动员储蓄职能。Sims,King 和 Levine 以及 Cole 等都曾采用货币总量占国内生产总值的比率,如 M_2/GDP 或 M_3[①]/GDP 来衡量金融业发展,根据数据的可得性以及由于很多国家没有 M_3 的统计资料,因此,我们使用 M_2/GDP 作为衡量金融发展的指标。

———————————

① $M_3 = M_2 +$ 其他金融机构的储蓄存款和定期存款(现阶段我国划分为三个层次:$M_0 =$ 流通中现金,$M_1 = M_0 +$ 活期存款,$M_2 = M_1 +$ 准货币(定期存款+储蓄存款+其他存款))。

该指标计算方法：$FD=\dfrac{M_2}{GDP}\times 100\%$

计算该指标时，因数据获取上 M_2 没有消除价格变化因素，所以指标中使用的 GDP 为名义 GDP。以下关于市场证券化率与银行信贷指标的计算也采用一致的处理。

3. **市场证券化率（SV）**

该指标主要反映一国各类证券总市值与该国国内生产总值的比率，实际计算中证券总市值通常用股票总市值来代表。证券化率越高，意味着证券市场在国民经济中的地位越重要，因此它是衡量一国证券市场发展程度的重要指标。

发达国家由于市场机制高度完善，证券市场历史较长、发展充分，证券化率整体上要高于发展中国家。根据世界银行提供的数据计算，2008 年年末美国的证券化率为 256.73%，日本的证券化率为 119.49%。关于发展中国家的证券化率，其中印度为 86.22%，巴西为 45.13%，中国证券市场经过十多年的发展，该指标从 1998 年的 27.93% 上升至 2008 年年底的 141.72%。利用证券化率这一指标分析各国证券市场发展的程度与潜力时，需要注意以下两个问题：

第一，证券化率并非完全与经济发展水平成正比，它还受到国家金融体制、经济政策等因素的影响。例如，日本 20 世纪 90 年代传统上以银行融资为主，证券融资发展缓慢，因此虽然经济高度发达，但 1998 年年末的证券化率却只有 24.58%。而一些发展中国家，由于重视证券融资，证券化率提高很快，1995 年年底马来西亚的证券化率为 284.38%，智利为 124.87%，在世界上都处于前列。

第二，证券化率在短期内具有不稳定性。证券化率与股市市值相关，股市市值又与股票价格相关，而股票的价格水平短期内波动性较大，在新兴市场尤其如此。因此证券化率的提高，与股价水平的上涨有密切关系，并不一定表明证券市场在国民经济中地位的提高。例如,我国在 2007 年股市发生膨胀式上涨,达到了 246.91%,而 2008 年随着股指的下跌该指标降低至 141.72%。

该指标的计算方法为

$$SV = \frac{S(股票总市值)}{GDP} \times 100\%$$

数据处理上使用与金融发展指标一致的方法。

4. 银行信贷指标(DCB)

本书利用银行信贷指标,及由国内银行提供信用占 GDP 的比重来表示间接融资的主要中介机构银行给经济提供信用规模的大小。该指标越高,意味着该国银行系统在国民经济的地位就越重要。因此它是衡量一国银行系统发展程度的重要指标。

该指标的计算方法为

$$DCB = \frac{C(银行部门提供的国内信用)}{GDP} \times 100\%$$

数据处理上使用与金融发展指标一致的方法。

2.2.3　样本选择与数据来源

1. 样本选择

为了更加实际地反映各国金融经济状况以及符合本研究的实际情况,在数据的可获得性前提下,样本选择主要考虑以下几个方面:

第一,国际化视角的选择。本研究的主要目的是从宏观层面上对金融发展及金融结构在不同的经济发展程度期间所起的作用,金融发展在不同的经济发展程度下是“需求跟随”还是“供给引导”,金融发展对经济增长产生影响的边际影响在不同时期的变化规律等问题进行求证。在指标说明的基础上,为了更准确地反映以上问题,对不同国家经济增长与金融发展进行研究的“国际化视角”的选择显然是较适合的。

　　第二,数据样本范围最大程度反映不同经济、金融发展程度。本研究选取了 1999—2010 年 14 个国家和地区的上述指标的面板数据作为样本数据,其中包括发达国家和地区:加拿大,美国,日本,中国香港;发展中国家:韩国(因其于 2009 年才被联合国判定为发达国家,故在样本区间内将之划分为发展中国家),阿根廷,巴西,印度,印度尼西亚,中国,墨西哥,罗马尼亚,泰国。由于数据的可获得性,最不发达国家只选取了赞比亚一个国家。为了从国际化视角更好地体现不同的经济、金融发展状况,在样本国家选取上考虑传统的发达国家、新兴的发达国家与发展中国家,传统发达国家如加拿大、美国等,新兴发达国家如韩国等。

　　第三,考虑不同金融结构类型。分别选取了两种不同金融结构发展的典型代表国家(银行主导型的日本及市场主导型的美国)和处于这两者之间、金融体系混合发展的其余数十个国家,从而反映不同金融结构对经济增长的不同影响。

　　第四,注重对数据相对完整的发达国家与地区经济发展不同阶段金融发展作用的考察对比分析。为了进一步分析更长时期发达国家与地区金融服务于经济增长之间的关系,再选取 1990—2010 年的数据进行分析。同时为了分析更全面的金融发展对经济增长产生影响的边际影响变化规律,本研究还选取了 1963—2010 年 5 个发达国家的上述指标共 480 个面板数据作为样本数据,具体包括加拿大、美国、日本、澳大利亚和新加坡。

　　另外为了对相关指标进行对比说明,本研究还选取了以上国家 1990—2010 年的数据。部分发展中国家数据缺失,则利用均值法予以补齐。这些数据主要用来进行简单的描述统计,以上处理不会影响最后实证分析的结果。

　　2. 数据来源

　　本研究所用数据均来自"世界银行数据库"的"世界发展指数数据库"及样本国家中央银行和国家统计局网站。

2.2.4 变量的描述性统计

在确定好变量,并对变量进行量化赋值之后,有必要掌握所选取样本数据的基本特征。为此,首先对变量和样本进行描述性统计分析,并据此为后面的实证研究提出理论假设。以下各表分别为对全部样本、非发达国家、发达国家与地区数据进行的描述性统计表(见表2-1~表2-3)。

表 2-1 全部样本国家与地区描述性统计表

1999—2010 年	Y	FD	SV	DCB
均值	4.048 24	83.224 99	113.27 34	106.63 34
方差	3.964 843	67.329 01	41.141 56	78.576 33
1990—2010 年				
均值	4.653 238	76.199 67	46.416 32	107.571 5
方差	4.073 621	50.371 04	58.030 73	71.970 66
截面数据	14	14	14	14

表 2-2 非发达国家描述性统计表

1999—2010 年	Y	FD	SV	DCB
均值	4.499 947	53.840 75	117.99 83	67.586 24
方差	4.352 041	35.553 18	47.713 47	39.715 14
1990—2010 年				
均值	5.132 343	56.801 82	28.129 68	76.343 61
方差	4.350 389	32.576 65	38.796 96	38.166 76
截面数据	10	10	10	10

表 2-3　发达国家与地区描述性统计表

1999—2010 年	Y	FD	SV	DCB
均值	2.918 971	156.685 6	101.461 1	204.251 2
方差	2.465 285	72.049 38	7.115 9 97	65.725 97
1990—2010 年				
均值	3.603 769	118.690 2	86.4727 8	175.975 6
方差	3.167 058	56.220 81	71.757 48	80.954
截面数据	4	4	4	4

从表 2-1～表 2-3 样本数据描述性统计结果可以看出,在选取的样本中,1999—2010 年的数据共选取了 14 个国家和地区的 4 个指标值共 672 个数据,其中发展中国家为 9 个,落后国家为 1 个,本研究合称为非发达国家,此类国家数据为 480 个。其余为 4 个发达国家和地区的数据,共 192 个。1990—2010 年的数据共选取了同样 14 个国家和地区的相关数据。部分国家数据缺失,则采用均值法予以补齐,因此类数据只做简单描述性统计,在具体实证过程中并未采用,故对实证结果并无影响。

从 GDP 增长率看,整体,非发达国家,发达国家与地区平均 GDP 增长率数据分别从 1990—2010 年的 4.6%,5.1%,3.6%下降到了 1999—2010 年的 4.04%,4.49%,2.91%。这说明近 10 年来世界经济的增长速度出现了一定程度的减缓,并且发达国家与地区的 GDP 增长率相对而言下降得最快,达到了 19.1%。另外,世界经济整体还是向上增长的(见图 2-1)。

第一,从金融角度分析,无论是样本数据整体,还是发达国家金融深度的指标,在两个时间区间内都出现了不同程度的增长。发达国家这一指标从近二十年的 118%上涨到了 156%,说明发达国家经济的货币化程度有了很大的发展。相反,从非发达国家均

值数据分析,该指标出现了小幅的缩水,近十年的平均值为 53.8,
低于 1988—2008 年的平均值 56.8。这说明非发达国家金融深度
改革还有很长的路要走。

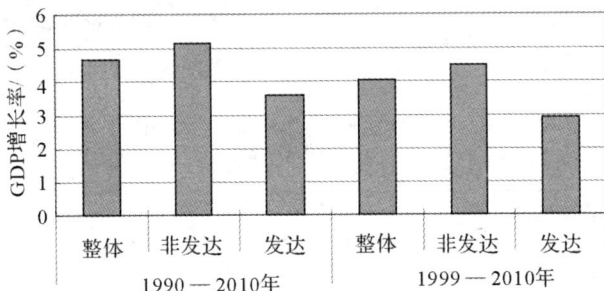

图 2-1　GDP 增长率均值示意图

　　第二,关于市场证券化率,该指标无论是整体,还是非发达国
家、发达国家与地区的趋势来看都是上涨的,其中非发达国家该指
标值的上涨速度非常快,近十年的均值为近二十年均值的 4 倍。
另外,从发达国家数据来看,其股票市值占 GDP 的比例只出现了
小幅的增长。这说明资本市场的发展,尤其是股票市场的发展在
非发达国家发展迅猛,而发达国家则相对稳定,这是由其股票市场
处于不同的发展程度所决定的。

　　第三,对于国内银行提供的信用指标,非发达国家出现了一定
程度的下降。这是因为非发达国家注重发展资本市场而出现的现
象,相反,发达国家该指标值出现了一定程度的增长,说明在资本
市场比较完善的情况下,发达国家也加大了银行信贷对经济的支
持力度。以上三点可以从图 2-2 看出。

　　第四,关于银行主导型、市场主导型的国家描述。本研究选取
了较典型的 2 个国家作比较。一个是以银行为主导的日本,另一
个是以市场为主导的美国。图 2-3 和图 2-4 为两国市场证券化

率、银行信用指标的对比图,从图中可以明显看出美国证券市场线
与日本银行信用指标线分别位于两图的上方。

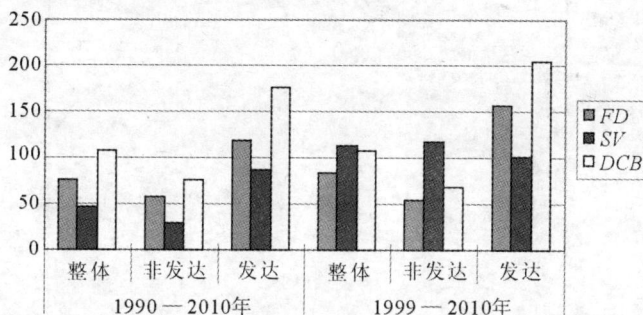

图 2-2 金融变量变化趋势对比图

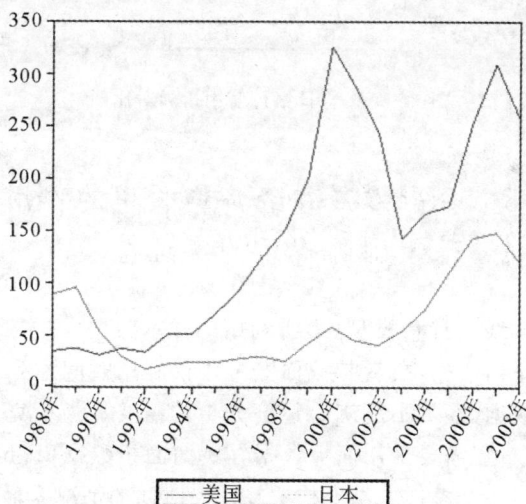

图 2-3 美、日市场资本化率对比图

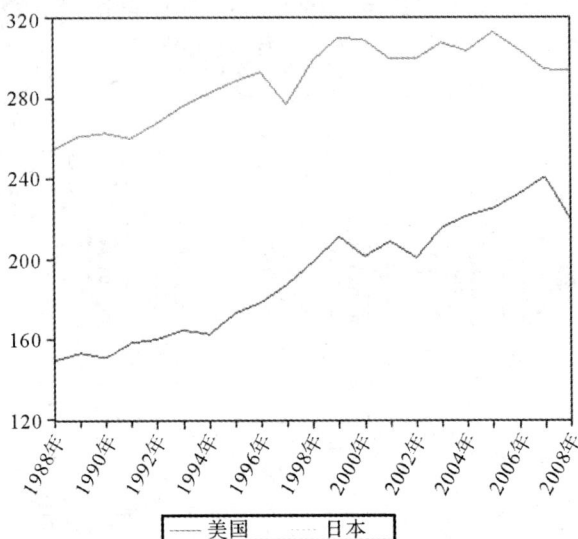

图 2-4　美、日银行信用指标对比图

2.3　金融发展在经济增长中的作用：基于国际视角的实证检验

　　在经典线性计量模型中，所利用的样本数据（样本观测值）或者是时间序列数据，或者是截面数据。仅利用时间序列数据或只利用截面数据，经常不能满足经济分析的需要。为了克服这两类数据的局限性，需要采用面板数据。所谓面板数据（Panel Data），是用来描述一个总体中给定样本在一段时间的情况。通过对样本中每一个样本单位进行多重观察，得到一个数据集，这种多重观察既包括对样本单位在某一时期（时点）上多个特性的观察，也包括对样本单位的这些特性在一段时间上的连续观察。面板数据可以克服时间序列分析受多重共线性的困扰,能够提供更多的信息。面板数据能更好地识别和度量单纯的时间序列和单纯的横截面数据所不能反映的影响因素。

2.3.1　面板单位根检验

面板数据模型在回归前需检验数据的平稳性。一些非平稳的经济时间序列数据往往表现出共同的变化趋势,而这些序列间本身不一定有直接的关联,此时,对这些数据进行回归,尽管有较高的 R^2,但其结果是没有任何实际意义的。这种情况称为虚假回归或伪回归(Spurious Regression)。平稳的真正含义是一个时间序列剔除了不变的均值(可视为截距)和时间趋势以后,剩余的序列为零均值,同方差,即白噪声。因此单位根检验有三种检验模式:既有趋势又有截距、只有截距、以上都无。

因此,为了避免伪回归,确保估计结果的有效性,必须对各面板数据的平稳性进行检验,而检验数据平稳性最常用的办法就是单位根检验。在非平稳的面板数据渐进过程中,Levin 和 Lin(1993)很早就发现这些估计量的极限分布是高斯分布,这些结果也被应用在有异方差的面板数据中,并建立了对面板单位根进行检验的早期版本。后来经过 Levin 等(2002)的改进,提出了检验面板单位根的 LLC 法。该方法允许不同截距和时间趋势,异方差和高阶序列相关,适合于中等维度(时间序列介于 25~250 之间,截面数介于 10~250 之间)的面板单位根检验。Im 等(1997)还提出了检验面板单位根的 IPS 法,但 Breitung(2000)发现 IPS 法对限定性趋势的设定极为敏感,并提出了面板单位根检验的 Breitung 法。Maddala 和 Wu(1999)又提出了 ADF - Fisher 和 PP - Fisher 面板单位根检验方法。

由上述综述可知,可以使用 LLC, IPS, Breitung, ADF - Fisher 和 Hadri 检验 5 种方法进行面板单位根检验。

1. 面板数据单位根检验的相关理论说明

(1)LLC 检验(Levin,Lin 和 Chu,2002)。LLC 检验原理仍是采用 ADF 检验式形式。但使用的却是 Δy_{it} 和 y_{it} 的剔出自相关和确定项影响的、标准化的代理变量。具体做法:① 先从 Δy_{it} 和 y_{it} 中剔出自相关和确定项的影响,并使其标准化,成为代理变量。② 用代理变量做 ADF 回归,$\hat{\varepsilon}_{ij}^* = \rho \hat{\varepsilon}_{ij}^* + v_{it}$。LLC 修正的 $\hat{t}_{\hat{\rho}}$ 渐近服从 $N(0,1)$ 分布。

$$\hat{t}_{\hat{\rho}} = \frac{t_{\hat{\rho}} - (N\hat{T})S_N \hat{\sigma}^2 s(\hat{\rho}) \mu_{m\hat{T}}^*}{\sigma_{m\hat{T}}^*} \to N(0,1) \qquad (2-1)$$

其中,$t_{\hat{\rho}}$ 表示标准的 t 统计量;N 是截面容量;$\hat{T} = T - (\sum_i k_i / N) - 1$($T$ 为个体容量);S_N 是每个个体长期标准差与新息标准差之比的平均数;$\hat{\sigma}^2$ 是误差项 v_{it} 的方差;$s(\hat{\rho})$ 是 $\hat{\rho}$ 标准误差。

(2)Breitung 检验。Breitung 检验法与 LLC 检验法类似。先从 Δy_{it} 和 y_{it} 中剔出动态项 Δy_{it-j},然后标准化成代理变量,最后用 ADF 回归 $\hat{\varepsilon}_{it}^* = \rho \hat{\varepsilon}_{it-1}^* + v_{it}$,检验单位根。用每个个体建立的单位根检验式的误差项之间若存在同期相关,上述面板数据的单位根检验方法都不再适用。这主要是因为统计量的分布发生变化,检验功效降低。为此提出一些个体同期相关面板数据的单位根检验方法。

(3)IPS 检验(Im,Pesaran 和 Shin,2003)。IPS 检验克服了 LLC 检验的缺陷,允许面板中不同个体(序列)的 ρ_i 不同。构造面板 IPS 检验用统计量 $Z_t = \dfrac{[\bar{t}_{\hat{\rho}} - E(\bar{t}_{\hat{\rho}})]}{\sqrt{\mathrm{Var}(\bar{t}_{\hat{\rho}})/N}}$,$Z_t$ 渐近服从 $N(0,1)$ 分布。临界值与 N,T 以及检验式中是否含有确定项有关。

(4) ADF - Fisher 检验。崔仁(2001)提出了两种组合 p_i 值检验统计量。这两种检验方法都是从 Fisher 原理出发,首先对每个个体进行 ADF 检验,用 ADF 统计量所对应的概率 p_i 和构造 ADF-Fisherχ_2 和 ADF-Choi Z 统计量。原假设 H_0 是存在单位根。在原假设成立条件下,

$$ADF - Fisher\chi^2 = -2\sum_{i=1}^{N} \lg (p_i) \rightarrow \chi^2(2N) \qquad (2-2)$$

$$ADF - Choi\ Z = \frac{1}{\sqrt{N}} \sum_{i=1}^{N} \Phi^{-1}(p_i) \rightarrow N(0,1) \qquad (2-3)$$

其中,$\Phi^{-1}(\cdot)$ 表示标准正态分布累计函数的反函数。

如果概率 p_i 是通过 PP 检验计算出来的,还可以得到 PP-Fisher χ^2,PP-Choi Z 两个统计量。因为这 4 个统计量计算的都是每个个体单位根检验尾部概率的和,所以如果这个值很小,应该落在 Fisher χ^2 和 Choi Z 统计量的拒绝域;如果这个值很大,则落在 Fisher χ^2 和 Choi Z 统计量的接受域。

(5)Hadri 检验(Hadri,2000)。Hadri 检验的原假设是面板中的所有序列都不含有单位根。计算步骤是用原面板数据的退势序列(残差)建立 LM 统计量 Z。

Hadri 给出,在一般假定条件下,

$$Z = \frac{\sqrt{N}(LM - a)}{b} \rightarrow N(0,1) \qquad (2-4)$$

其中,$a = 1/6, b = 1/45$,Hadri 检验的原假设是没有单位根的。

2.单位根实证检验结果

根据以上关于单位根检验的理论,利用 Eviews 6.0 检测可得表 2-4 ～ 表 2-6,分别表示所选全部 14 个国家与地区(10 国模型),10 个非发达国家与 4 国发达国家与地区(4 国模型)相关面板数据的单位根检验结果。

从表 2-4 ～ 表 2-6 可知,当用不同的方法分别对所有国家与地区和非发达国家的变量进行单位根检验时,无论是检验回归式中包括常数项还是同时包括常数项和趋势项,当对 Y 原值进行检

验时,检验结果都表明不能拒绝"存在单位根"的零假设;当对 Y, FD, SV, DCB 的一阶差分进行检验时,检验结果都可以强烈地拒绝"存在单位根"的零假设。因此,上述 5 种检验说明各变量一阶差分是不存在单位根的,综合判定 Y 和 FD, SV, DCB 的面板数据为一阶协整。由于面板数据的不稳定性,应用最小二乘法可能导致伪回归,所以必须分析相关变量的协整关系,进而分析理论模型的长期关系。

表 2 - 4　　全部所选国家与地区变量单位根检验结果

变量	LLC 法		IPS 法		ADF - Fisher 法		Breitung 法	Hadri 法	
	C	C,T	C	C,T	C	C,T	C,T	C	C,T
Y	−4.05	−10.45	−2.37	−6.74	47.72	89.26	−0.71	2.99	9.10
	0.000	0.000	0.009	0.000	0.011	0.000	0.236	0.001	0.000
$\triangle Y$	−19.22	−30.97	−13.06	−10.48	162.33	121.13	−4.16	3.85	20.43
	0.000	0.000	0.000	0.000	0.000	0.000	0.000	0.001	0.000
FD	−4.34	−4.85	−0.78	−1.18	40.60	39.01	0.422	7.22	6.42
	0.000	0.000	0.216	0.118	0.058	0.087	0.663	0.000	0.000
$\triangle FD$	−5.49	−6.51	−2.82	−3.56	50.55	42.45	−1.53	1.10	6.04
	0.000	0.000	0.002	0.000	0.005	0.039	0.062	0.135	0.000
SV	−1.42	−3.39	3.99	−0.75	34.17	37.00	−0.68	8.45	6.60
	0.08	0.000	1.000	0.227	0.195	0.118	0.247	0.000	0.000
$\triangle SV$	−6.58	−8.08	−3.91	−1.99	61.01	49.10	−4.07	4.41	10.98
	0.000	0.000	0.000	0.024	0.001	0.008	0.000	0.000	0.000
DCB	−3.72	−4.77	−0.69	−0.73	39.15	40.44	2.47	6.33	5.76
	0.000	0.000	0.24	0.23	0.078	0.060	0.993	0.000	0.000
$\triangle DCB$	−6.99	−6.94	−4.44	−4.12	73.27	72.99	−3.33	2.08	11.14
	0.000	0.000	0.000	0.000	0.000	0.000	0.000	0.018	0.000

注:C 代表常数项,C,T 分别代表常数项和趋势项,$\triangle$ 表示一阶差分。检验滞后阶数软件自动选择。

表 2 - 5　非发达国家变量单位根检验结果

变量	LLC法		IPS法		ADF-Fisher法		Breitung法	Hadri法	
	C	C,T	C	C,T	C	C,T	C,T	C	C,T
Y	−2.82	−7.19	−1.707	−4.45	32.87	53.86	0.025	2.52	7.38
	0.002	0.000	0.043	0.000	0.034	0.001	0.510	0.005	0.000
ΔY	−16.34	−29.46	−11.28	−10.44	117.87	92.30	−3.05	3.38	18.05
	0.000	0.000	0.000	0.000	0.000	0.000	0.001	0.001	0.000
FD	−4.36	−2.64	−4.49	−0.16	36.96	21.35	−1.28	5.87	6.62
	0.000	0.004	0.067	0.436	0.011	0.376	0.100	0.000	0.000
ΔFD	−4.30	−6.48	−2.16	−1.86	34.08	36.09	−3.46	4.53	5.79
	0.000	0.000	0.015	0.031	0.025	0.015	0.000	0.000	0.000
SV	−3.19	−3.58	3.54	−1.17	21.27	30.85	−1.21	7.15	5.57
	0.000	0.000	0.999	0.119	0.381	0.057	0.112	0.000	0.000
ΔSV	−5.75	−7.19	−3.63	−1.70	45.92	36.44	−4.479	3.79	9.19
	0.000	0.000	0.000	0.043	0.001	0.013	0.000	0.000	0.000
DCB	−2.61	−4.01	0.68	−0.12	19.02	27.92	2.55	5.57	6.75
	0.004	0.000	0.752	0.452	0.520	0.111	0.994	0.000	0.000
ΔDCB	−5.22	−9.16	−2.98	−3.98	46.87	54.89	−3.14	1.95	5.48
	0.000	0.000	0.001	0.000	0.000	0.000		0.025	0.000

注:C 代表常数项,C,T 分别代表常数项和趋势项,Δ 表示一阶差分。检验滞后阶数软件自动选择。

表 2 - 6　发达国家与地区变量单位根检验结果

变量	LLC法		IPS法		ADF-Fisher法		Breitung法	Hadri法	
	C	C,T	C	C,T	C	C,T	C,T	C	C,T
Y	−2.63*	−8.59*	−1.72**	−5.50*	14.85**	35.40*	−2.52*	1.60	8.53*
ΔY	−10.11*	−8.62*	−6.60*	−3.09*	44.45*	28.82*	−3.19*	1.47	8.05*

续 表

变量	LLC 法		IPS 法		ADF-Fisher 法		Breitung 法	Hadri 法	
	C	C,T	C	C,T	C	C,T	C,T	C	C,T
FD	− 0.67	− 5.34*	0.89	− 1.90**	3.63	17.65**	− 3.02*	3.89*	3.03*
ΔFD	− 3.63*	− 1.25	− 1.81**	0.13	16.46**	6.36	− 0.85	− 0.17	3.18*
SV	2.00	− 0.24	1.87	0.47	12.90	6.14	0.28	4.30*	3.82*
ΔSV	− 3.16*	− 4.27*	− 1.71**	− 1.06	16.09**	12.65	0.19	0.78	6.65*
DCB	− 3.54*	− 2.98*	− 2.31*	− 1.15	20.12*	12.52	− 0.09	3.27*	2.27**
ΔDCB	− 4.84*	− 2.56*	− 3.70*	− 1.58	26.39*	18.09*	− 2.43*	1.03	7.54*

注:C代表常数项,C,T分别代表常数项和趋势项,△表示一阶差分。 * , * * 分别表示 1% 和 5% 置信水平上具有显著性。

2.3.2　面板协整检验

1.面板协整检验的相关理论

面板数据模型的协整检验方法分为两类:① 由 EG(Engle-Granger)两步法推广而成的面板数据协整检验方法。如 Pedroni 协整检验法、Kao 协整检验法。② 由 Johansen 统计量推广而成的面板数据协整检验方法。如 Fisher 协整检验法。

面板数据模型的协整检验按原假设不同分为两类:① 原假设为"不存在协整关系"。如 Pedroni 协整检验法、Kao 协整检验法。② 原假设为"存在协整关系"。如 Choi(崔仁)协整检验法。

面板数据模型的协整检验按数据结构还可以分为序列无结构突变的协整检验和序列有结构突变的协整检验。① 结构稳定时面板协整检验:部门独立的面板协整检验和部门依赖的面板协整检验。前者主要是同质面板协整检验 Kao(1999),异质面板协整检验 McCoskey 和 Kao(1999)、Pedroni(1995,1997,2001,2003)、Joakim Westerlund(2005)、Larsson 等 (1998)；后者是 Matei Demetrescu 等 (2005)。② 结构突变的面板协整检验,主要是 Banerjee 和 Carrion I Silvestre(2004)、Westerhund(2005)、Luciano Gutierrez(2005)。

本研究主要利用 Kao 协整检验法,下面进行详细说明,其余方法略。

为了便于说明,假设只有两个变量 x 和 y,并且两个变量都是包含单位根的非平稳过程,则检验模型设定如下:

$$y_{it} = \alpha_i + \beta_{x_{it}} + e_{it} \qquad (2-5)$$

其中,$i=1,2,\cdots,N$ 代表截面单位;$t=1,2,\cdots,T$ 代表时间单位;α 和 β 为参数;e_{it} 是随机误差项。为了判断 x 和 y 之间是否存在面板协整关系,首先运用 OLS 估计式(2-5)的残差 $\hat{e}_{it}$,然后设法检验 $\hat{e}_{it}$ 是否包含单位根,或者说是否为平稳过程。若 $\hat{e}_{it}$ 是平稳过程,则表明 x 和 y 之间存在面板协整关系;若 $\hat{e}_{it}$ 是非平稳过程,则表明 x 和 y 之间不存在协整关系。为此,Kao(1999) 分别运用了 DF 和 ADF 检验。

在满足 Kao(1999) 所提出的假设条件的基础上,以上五个统计量收敛于标准正态分布 $N(0,1)$。如上文所述,Kao 检验的零假设是 $\rho=1$,即 $\hat{e}_{it}$ 是非平稳过程,x 和 y 之间没有协整关系。若 Kao 检验统计量大于 $N(0,1)$ 分布临界值,则说明零假设不成立,x 和 y 之间存在面板协整关系,否则接受 x 和 y 之间不存在协整关系的零假设。

如果以上检验表明 x 和 y 之间存在面板协整关系,Kao 和 Chiang(2000) 提出了 OLS,FM 和 DOLS 三种估计方法估计协整参数 β。为了消除可能存在的内生性和序列相关性问题对 OLS 估计的不利影响,可以利用 FM 和 DOLS 估计方法。

2. 面板协整检验实证结果

依据上述方法,对 Y, FD, SV 和 DCB 的协整关系进行 Kao ADF 检验。结果见表 2－7。

表 2－7   所有国家与地区面板协整检验结果

模型选择	统计量(ADF)	
	t 统计量	效率
14 国模型	－4.743 031**	0.000 0
10 国模型	－4.087 193**	0.000 0
4 国模型	－6.814 875	0.000 0

注:＊＊表示在 1％的检验水平上具有显著性,没有趋势项,采用 Bartlett 进行核估计。

根据表 2－7 的面板协整检验结果,14 国模型、10 国模型和 4 国模型的 KaoADF 统计量均在 1％的检验水平上拒绝原假设,表明 Y, FD, SV 与 DCB 之间存在显著的协整关系。

2.3.3　MRFE 模型选择与估计

1. 面板数据相关模型的理论说明

面板数据模型的选择通常有三种形式:第一种是混合估计模型(Pooled Regression Model)。如果从时间上看,不同个体之间不存在显著性差异;从截面上看,不同截面之间也不存在显著性差异,那么就可以直接把面板数据混合在一起用普通最小二乘法(OLS)估计参数。第二种是固定效应模型(Fixed Effects Regression Model)。如果对于不同的截面或不同的时间序列,模型的截距不同,则可以采用在模型中添加虚拟变量的方法估计回归参数。第三种是随机效应模型(Random Effects Regression Model)。如果固定效应模型中的截距项包括了截面随机误差项和时间随机误差项的平均效应,并且这两个随机误差项都服从正态分布,则固定效应模型就变成了随机效应模型。

下面分别对以上分析涉及模型作详细说明:

(1)混合最小二乘(Pooled OLS)估计。混合 OLS 估计方法是在时间上和截面上把 NT 个观测值混合在一起,然后用 OLS 法估计模型参数。给定混合模型

$$y_{it} = \alpha + X'_{it}\beta + \varepsilon_{it}, \quad i = 1,2,\cdots,N; t = 1,2,\cdots,T \quad (2-6)$$

对混合模型通常采用的是混合最小二乘(Pooled OLS)估计法。

(2)固定效应模型估计。固定效应模型分为 3 种类型,即个体固定效应模型、时点固定效应模型和个体时点双固定效应模型。因本书主要用到个体固定效应模型,故对其进行详细阐述,其他方法略。

如果一个面板数据模型定义为

$$y_{it} = \alpha_i + X'_{it}\beta + \varepsilon_{it}, \quad i = 1,2,\cdots,N; t = 1,2,\cdots,T \quad (2-7)$$

其中,α_i 是随机变量,表示对于 i 个个体有 i 个不同的截距项,且其变化与 X_{it} 有关系;X_{it} 为 $k \times 1$ 阶回归变量列向量(包括 k 个回归量);β 为 $k \times 1$ 阶回归系数列向量,对于不同个体回归系数相同;y_{it} 为被回归变量(标量);ε_{it} 为误差项(标量),则称此模型为个体固定效应模型(Entity Fixed Effects Model)。

个体固定效应模型的估计方法有多种,首先设法除去 α_i 的影响,从而保证 β 估计量的一致性。假定有面板数据模型

$$y_{it} = \beta_0 + \beta_1 x_{it} + \beta_2 z_i + \varepsilon_{it}, \quad i = 1,2,\cdots,N; t = 1,2,\cdots,T$$
$$(2-8)$$

其中,β_0 为常数,不随时间、截面变化;z_i 表示随个体变化,但不随时间变化的难以观测的变量。上述模型可以被解释为含有 N 个截距,即每个个体都对应一个不同截距的模型。令 $\alpha_i = \beta_0 + \beta_2 z_i$,于是式(2-8)变为

$$y_{it} = \alpha_i + \beta_1 x_{it} + \varepsilon_{it}, \quad i = 1,2,\cdots,N; t = 1,2,\cdots,T \quad (2-9)$$

　　这正是个体固定效应模型形式。对于每个个体回归函数的斜率相同(都是 β_1),截距 α_i 却因个体不同而变化。可见个体固定效应模型中的截距项 α_i 中包括了那些随个体变化,但不随时间变化的难以观测的变量的影响。α_i 是一个随机变量。因为 z_i 是不随时间变化的量,所以当对个体固定效应模型中的变量进行差分时,可以剔除那些随个体变化,但不随时间变化的难以观测变量的影响,即剔除 α_i 的影响。

　　(3)随机效应模型。对于面板数据模型

$$y_{it} = \alpha_i + X'_{it}\beta + \varepsilon_{it}, i = 1, 2, \cdots, N; t = 1, 2, \cdots, T \quad (2-10)$$

　　如果 α_i 为随机变量,其分布与 X_{it} 无关;X_{it} 为 $k \times 1$ 阶回归变量列向量(包括 k 个回归量);y_{it} 为被回归变量(标量),ε_{it} 为误差项(标量),这种模型称为个体随机效应模型(随机截距模型、随机分量模型)。其假定条件是 $\alpha_i \sim \text{iid}(0, \sigma_a^2)$,$\varepsilon_{it} \sim \text{iid}(0, \sigma_\varepsilon^2)$ 都被假定为独立同分布,但并未限定何种分布。

　　同理也可定义时点随机效应模型和个体时点随机效应模型,但个体随机效应模型最为常用。

　　2.面板模型的选择

　　面板数据建模的一项重要任务就是判别模型中是否存在个体固定效应。以个体随机效应模型 $y_{it} = \alpha_i + X'_{it}\beta + \varepsilon_{it}$ 为例,无论是固定效应还是随机效应模型,α_i 都被看作是随机变量,并都有假定条件 $E(y_{it} \mid \alpha_i, X_{it}) = \alpha_i + X'_{it}\beta$

　　下面介绍两种检验方法,F 检验和 Hausman 检验。

　　(1)F 检验原理。F 统计量定义为

$$F = \frac{(SSE_r - SSE_u)/m}{SSE_u/(T-k)} \quad (2-11)$$

其中,SSE_r 表示施加约束条件后估计模型的残差平方和;SSE_u 表示未施加约束条件的估计模型的残差平方和;m 表示约束条件个数;T 表示样本容量;k 表示未加约束的模型中被估参数的个数。

在原假设"约束条件真实"条件下,F 统计量渐近服从自由度为 $(m, T - k)$ 的 F 分布。

$$F \sim F(m, T - k) \qquad (2-12)$$

以检验建立混合模型还是个体固定效应模型为例,介绍 F 检验的应用。建立如下假设:

$H_0 : \alpha_i = \alpha$。 模型中不同个体的截距相同(真实模型为混合模型)。

$H_1 :$ 模型中不同个体的截距项 α_i 不同(真实模型为个体固定效应模型)。

F 统计量定义为

$$F = \frac{(SSE_r - SSE_u)/[(NT - k) - (NT - N - k)]}{SSE_u/(NT - N - k)} =$$

$$\frac{(SSE_r - SSE_u)/N}{SSE_u/(NT - N - k)} \qquad (2-13)$$

其中,SSE_r 表示约束模型,即混合估计模型的残差平方和;SSE_u 表示非约束模型,即个体固定效应模型的残差平方和;约束条件为 N 个;k 表示公共参数个数。

(2)Hausman 检验。对同一参数的两个估计量差异的显著性检验称作 Hausman 检验,简称 H 检验。H 检验由 Hausman 1978 年提出,是在 Durbin 和 Wu 基础上发展起来的,因此 H 检验也称作 Wu-Hausman 检验,和 Durbin-Wu-Hausman 检验。

假定面板模型的误差项满足通常的假定条件,如果真实的模型是随机效应模型,那么 β 的离差变换 OLS 估计量 $\hat{\beta}_W$ 和可行 GLS 法估计量 $\tilde{\beta}_{RE}$ 都具有一致性。如果真实的模型是个体固定效应模型,则参数 β 的离差变换 OLS 法估计量 $\hat{\beta}_W$ 是一致估计量,但可行 GLS 估计量 $\tilde{\beta}_{RE}$ 是非一致估计量。那么,当对一个面板模型同时进行离差变换 OLS 估计和可行 GLS 估计时,如果回归系数的两种估计结果相差小,说明应该建立随机效应模型;如果回归系数的两种估计结果相差大,说明应该建立个体固定效应模型。可以通过 H 统计量检验($\hat{\beta}_{RE} - \hat{\beta}_w$)的非零显著性,检验面板数据模型中是否存在个体固定效应(见表 2 - 8)。

原假设与备择假设如下:

H_0:个体效应与回归变量无关(个体随机效应模型)。

H_1:个体效应与回归变量相关(个体固定效应模型)。

表 2 - 8　Hausman 检验结果对比表

	离差变换 OLS 估计	可行 GLS 估计	估计量之差
个体随机效应模型	估计量具有一致性	估计量具有一致性	小
个体固定效应模型	估计量具有一致性	估计量不具有一致性	大

3. F 检验与 Hausman 检验实证检验结果

综上所述,采用 F 检验决定选用混合模型还是固定效应模型,然后用 Hausman 检验确定应该建立随机效应模型还是固定效应模型(见表 2 - 9)。

表 2 - 9　F 检验与 Hausman 检验实证检验结果

	14 国模型		10 国模型		4 国模型	
F 检验	统计值	概率	统计值	概率	统计值	概率
	4.962 976	0.000 0	2.315 814	0.021 0	0.240 981	0.913 8
Hausman 检验	统计值	概率	统计值	概率	统计值	概率
	40.269 409	0.000 0	11.334 600	0.023 1	*	*
模型选择	固定效应模型		固定效应模型		混合估计模型	

注:* 理解为空或不进行 Hausman 检验。

4. MRFE 模型估计实证结果

通过表 2-9 可知,以全部样本国家与地区和 10 个非发达国家数据建模,F 检验与 Hausman 检验结果显示强烈拒绝原假设,应选择固定效应模型。而以 4 个发达国家与地区数据建模不能通过 F 检验,故应选择混合估计模型。在此分析结果的基础上,分别对不同区域进行分析建立模型。为进一步分析发达国家与地区在不同时间段各变量之间的影响关系,本书还选取了 1990—2010 年 4 个发达国家与地区的数据建模,结果见表 2-10。

表 2-10　MRFE 模型描述

	所有样本国与地区(14)	非发达国家(10)	发达国家与地区(4) 1999—2010 年	发达国家与地区(4) 1990—2010 年
C	0.67 *	-1.95 *	26.08 ***	4.25 ***
$FD(-1)^{▲}$	0.031 **	0.091 ***	-0.008 ***	0.030 ***
SV	0.029 ***	0.031 ***	-0.018 ***	0.025 ***
DCB	-0.032 **	-0.044 **	-0.015 ***	-0.016 ***
$AR(1)$	0.217 ***	0.159 *	0	0
R^2	0.73	0.77	0.78	0.72
D-W	1.94	2.06	1.84	2.16

注:$(-1)^{▲}$ 代表该指标的滞后期为一期,代表前一期的 FD 对当期的 Y 的影响程度。*** 代表 1% 的置信水平上具有显著性,** 代表 5% 的置信水平上具有显著性,* 代表 90% 的置信水平上具有显著性。

表 2-11 为 14 个国家和地区固定效应模型中横截面固定影响系数。

表 2 – 11   14 个国家和地区横截面固定影响系数 λ_i

阿根廷	$-1.442\ 935$	韩国	$0.925\ 727$
巴西	$-0.787\ 189$	墨西哥	$-0.733\ 470$
加拿大	$1.007\ 887$	罗马尼亚	$-2.991\ 810$
中国香港	$2.507\ 283$	泰国	$-0.216\ 940$
印度	$1.705\ 757$	赞比亚	$-1.501\ 448$
印度尼西亚	$-1.697\ 456$	中国	$4.215\ 357$
日本	$0.572\ 623$	美国	$3.451\ 179$

5.误差修正模型

为了进一步考虑金融各变量的短期动态变化对经济影响的效果,本书建立了误差修正模型对其说明。误差修正模型是用来解释因变量的短期波动是如何决定的。在长期关系成立的条件下,可以通过建立误差修正模型来考察各变量间的短期关系。通过短期关系检验,可以进一步说明短期内发达国家、非发达国家金融发展是否可以成为推动力。因此,建立误差修正模型如下:

$$\Delta Y_{it} = c_i + \sum_{i=1}^{m} \theta_j \Delta y_{t,t-j} + \sum_{i=1}^{m} \alpha_j \Delta fd_{t,t-j} + \sum_{i=1}^{m} \beta_j \Delta sv_{t,t-j} +$$

$$\sum_{i=1}^{m} \chi_j \Delta dcb_{t,t-j} + \lambda ECM_{i,t-m-1} + \varepsilon_{it} \qquad (2-14)$$

其中,Δ 表示一阶差分,ECM 为均衡误差,表示各经济变量在短期波动中偏离长期均衡关系的程度;系数 λ 体现均衡误差对 Y_{it} 控制,表示各经济变量回到均衡点的调整速度;α_j,β_j,χ_j 分别表示短期内金融深度、市场证券化率、银行信用指标对各经济变量的影响程度。当它们显著不为零时,则说明在短期内均衡关系也成立,即金融发展在短期内也能对经济增长产生推动作用,反之则无作用。为了分析短期金融变量对经济的影响,结合实际情况滞后项选择的是 1。表 2－12 是根据上述模型构建的 *ECM* 模型结果。

表 2－12　误差修正模型结果

变量	14 国模型		10 国模型		4 国模型	
	系数	P 值	系数	P 值	系数	P 值
$\Delta Y_{t,t-1}$	－ 0. 345 567	0. 000 0	－ 0. 044 977	0. 542 8	－ 0. 849 486	0. 000 0
$\Delta Y_{t,t-2}$	－ 0. 270 908	0. 000 0	－ 0. 060 171	0. 275 5	－ 1. 235 391	0. 000 0
$\Delta fd_{t,t-1}$	0. 052 304	0. 208 8	0. 157 073	0. 388 0	0. 065 820	0. 013 8
$\Delta fd_{t,t-2}$	0. 028 619	0. 414 1	－ 0. 053 405	0. 387 8	－ 0. 014 388	0. 650 6
$\Delta sv_{t,t-1}$	0. 161 642	0. 001 3	0. 147 195	0. 246 5	0. 699 439	0. 091 5
$\Delta sv_{t,t-2}$	－ 0. 099 133	0. 057 6	－ 0. 106 334	0. 011 1	－ 0. 378 645	0. 301 0
$\Delta dcb_{t,t-1}$	0. 0108 44	0. 640 2	0. 048 928	0. 087 5	－ 0. 033 950	0. 205 1
$\Delta dcb_{t,t-2}$	－ 0. 018 173	0. 394 6	0. 012 397	0. 625 2	－ 0. 045 832	0. 057 0
$ECM_{t,t-3}$	－ 0. 833 99	0. 071 8	－ 0. 610 903	0. 000 0	－ 0. 904 789	0. 005 6
R^2	0. 244 304	0. 451 609	0. 734 461			
D － W	2. 366 984	2. 085 946	1. 850 499			

　　结果显示,*ECM* 系数的符号为负,且在 10% 的显著性水平下不为零,符合反向修正的原理。在其他变量中,我们可以看到在非发达国家,虽然金融深度与市场证券化率的短期波动对经济增长率的波动有影响,但是其效果不显著,而银行信用指标的短期变化对经济增长波动的影响较为显著,说明在非发达国家与地区,金融发展和资本市场对经济影响还存在一定的阻滞,并且对银行体系的依赖还是非常明显的。造成这一结果的原因是多方面的。从实证本身来看可能是受样本数量限制的结果,从现实情况来看主要是非发达国家与地区市场机制的建设还很不完善,缺乏畅通的投融资渠道,难以提高金融体系的融资效率。相反,我们可以从发达

国家与地区的金融深度、证券市场、银行市场对经济影响的显著表现看出金融服务业发展的重要性。同时从误差修正模型中 ECM 系数可以看出来，当短期波动偏离长期平衡时，发达国家与地区（－0.904）将比非发达国家（－0.611）以更大的力度将非均衡状态拉回到均衡状态，这也是金融市场完善所体现出来的优越性。

6. 因果性分析

对各变量同期数据进行的回归只反映变量间的同期相关性（Contemptuous Correlation）。要对变量间的因果性进行分析，可以利用 King 和 Levine(1993) 的方法。为了具体分析金融发展变量对经济增长的影响关系，在以上分析的基础上有必要检验金融两者的因果关系，以确认它们的影响方向。下面用 Granger 因果检验来做以上分析，为了分析金融发展变量（FD）与经济增长变量（Y）之间因果关系，基于两者数据，经过 F 检验，Hausman 检验之后建立以下两个模型：

$$Y_{it} = \alpha_{it} + \beta_1 FD_{it} + \beta_2 FD_{it-1} + \beta_3 Y_{it-1} + \mu_{it} \qquad (2-15)$$

$$FD_{it} = \alpha_{it} + \gamma_1 Y_{it} + \gamma_2 Y_{it-1} + \gamma_3 FD_{it-1} + \mu_{it} \qquad (2-16)$$

根据 F 统计量或者 Chi 平方统计量检验联合假设 $\beta_1 = \beta_2 = 0$，从而判断是否存在 FD 到 Y 方向的因果关系。同理，检验假设 $\gamma_1 = \gamma_2 = 0$，来判断是否存在 Y 到 FD 方向上的因果关系。利用 Eviews 软件提供的 Wald 约束检验功能，得到了检验结果见表 2 - 13。

从检验结果可以看出，一方面，金融发展无论是在整体样本国家与地区，还是发达国家与地区、非发达国家金融发展都是经济发展的原因，说明金融发展对经济的刺激作用是明显的。而另一方面，整体数据与非发达国家数据的检验结果显示，经济增长是金融发展的原因未能通过检验，说明其影响程度尚不明显。但是发达国家与地区的经济增长是金融发展的原因，说明完善的金融体系使得发达国家与地区的金融与经济发展之间相互影响。

表 2-13　Granger 因果检验结果

假设		F 检验值	Chi 检验值	1% 显著水平
金融发展是经济增长的原因	全部样本国家与地区	5.052 660	10.105 32	接受
	发达国家与地区	56.748 85	113.497 7	接受
	非发达国家	8.295 998	16.592 00	接受
经济增长是金融发展的原因	全部样本国家与地区	0.310 548	0.621 095	不接受 (＊0.733 6)
	发达国家与地区	10.763 90	21.527 80	接受
	非发达国家	0.369 631	0.739 261	不接受 (＊0.691 0)

注：＊表示通过检验概率。

2.3.4　金融要素对经济增长边际影响的实证分析

虽然有较多学者研究各类要素对经济增长的影响,但对金融要素的边际变化规律问题的研究还处于空白阶段,而金融要素边际效应变化规律问题及金融制度的发展对经济增长的影响休戚相关。第二次世界大战以来,国际金融体系的变化,各国融资方式的变化,金融危机、货币危机、债务危机的发生,资本市场的快速发展与完善,等等一系列金融制度的变化对经济增长产生了重大的影响。本章将以实证的方法对金融要素边际效应变化规律及金融制度变迁对经济增长产生影响及其周期性予以证实。从 MRFE 模型中可以得知,发达国家 1990—2010 年金融深度对经济的影响相对于 1999—2010 年的数据有明显的下降趋势,如果将金融作为经济增长的要素进行分析,是否会和其他要素一样存在边际影响变化递减的规律,是本节要回答的问题。

1. 模型与数据、指标选取说明

本节将设计实证模型以分析金融发展变量对经济增长变量的边际影响。为了针对性地分析金融发展对不同国家和地区经济增长的效应,建立如下面板数据模型:

$$Y_{it} = C + \alpha_{it} FD_{it} + \varepsilon_{it}; \quad i = 1, 2, \cdots, N; t = 1, 2, \cdots, T$$

$$(2-17)$$

其中,i、t 分别表示 i 国在 t 期该指标的数据;C 为常数;α 为 FD 变量的系数。其中变量 FD 与 Y 的含义与 MRFE 模型中相同。

本书从指标上分析,主要是分析 FD 对 Y 的边际影响效果。如果两变量直接影响系数及 α_{it} 为正,说明边际效应为正以及随着金融增长发展速度对经济增长产生的边际效应为正,反之则为负。该系数的绝对值越大,代表边际效果越明显。从几何角度分析,系数表示该点切线的斜率,切线越陡表示边际变化效果越明显。

由于数据的可得性,本书共选取了 1963—2010 年 5 个发达国家的上述指标的 480 个面板数据作为样本数据,具体有加拿大、美国、日本、澳大利亚和新加坡。本书所用数据均来自“世界银行数据库”的“世界发展指数数据库”。

2. 面板单位根检验

在对经济增长与金融发展均衡关系进行检验之前,首先需要进行回归序列的平稳性检验。所谓面板单位根检验是指将面板数据中的变量各横截面序列作为一个整体进行单位根检验。由于面板数据的单位根检验到目前为止还没有完全统一,为了检验的稳健性,本书采用了 5 种单位根检验方法,主要有 LLC 检验、IPS 检验、Breitung 检验、Fisher 检验(包括 ADF 和 PP 检验)和 LMH 检验。检验结果见表 2-14。

表 2-14　所选变量数据的单位根检验结果

变量	LLC 法		IPS 法		ADF-Fisher 法		Breitung 法	Hadri 法	
	C	C,T	C	C,T	C	C,T	C,T	C	C,T
Y	-7.95*	-9.94*	-7.04*	-7.73*	68.26*	67.88*	-5.35*	6.23*	5.08*
ΔY	-16.69*	-15.94*	-16.65*	-16.01*	173.19*	174.21*	-6.17*	0.57	7.00*
FD	2.38	3.06	4.70	2.15	2.32	6.09	2.27	9.78*	5.41*
ΔFD	-6.02*	-6.52*	-6.64*	-6.45*	68.72*	58.69*	-2.23**	0.98	6.54*

注:C代表常数项,C,T分别代表常数项和趋势项,△表示一阶差分。*,**分别表示 1% 和 5% 置信水平上具有显著性。

　　从表2-14可知,在用不同的方法分别对变量进行单位根检验时,无论是检验回归式中包括常数项还是同时包括常数项和趋势项,当对 Y 原值进行检验时,检验结果都表明不能拒绝"存在单位根"的零假设;当对 Y,FD 的一阶差分进行检验时,检验结果都可以强烈地拒绝"存在单位根"的零假设。由此,上述 5 种检验说明各变量一阶差分是不存在单位根的,综合地判定 Y 和 FD 的面板数据为一阶协整。由于面板数据的不稳定性,应用最小二乘法可能导致伪回归,所以必须分析相关变量的协整关系,进而分析理论模型的长期关系。

　　3.面板协整检验

　　在面板单位根检验的基础上,接着进行面板协整检验,以检验各个非平稳时间序列之间是否存在协整关系。本研究采用 Pedroni(1999,2004) 的方法,以回归残差为基础构造出 7 个统计量进行面板协整检验,其中除了 Panel v-stat 为右尾检验之外,其余的统计量均为左尾检验。考虑了样本数据中各国间协整向量的差异以及各国的固定效应,表 2-15 显示了面板协整检验结果。Pedroni(1997) 的 Monte Carlo 模拟实验结果显示,对于大于 100 的样本来说,所有的 7 个统计量的检验效果都很好并且很稳定。

从表 2-15 的协整检验结果看,样本数据的两个统计量在 1% 的显著性水平下拒绝"不存在协整关系"的原假设。因此可以认为 Y 与 FD 在长期趋于一致,即非平稳时间序列 Y 与 FD 之间存在协整关系。依据上述方法,对 Y,FD 的协整关系进行协整检验。结果见表 2-15。

表 2-15　　面板协整检验结果

统计量	统计值	概率
Panel v-Statistic	2.670 010	0.003 8
Panel rho-Statistic	−10.040 26	0.000 0
Panel PP-Statistic	−7.954 895	0.000 0
Panel ADF-Statistic	−5.850 313	0.000 0
Group rho-Statistic	−7.670 868	0.000 0
Group PP-Statistic	−8.382 183	0.000 0
Group ADF-Statistic	−6.101 542	0.000 0

4. 模型检验与估计

在面板数据分析模型形式的选择方法上,我们经常采用 F 检验决定选用混合模型还是固定效应模型,然后用 Hausman 检验确定应该建立随机效应模型还是固定效应模型。通过 F 检验得到该模型统计值为 0.350 7,不能通过 F 检验,故选择混合估计模型。

为了分析随着时间变化金融要素边际效应变化规律,故采取时变系数模型,模型中自变量系数随着单位时间的变化而变化。具体模型设定如式(2-17)所示。模型拟合结果见表 2-16。

表 2－16　　金融要素影响经济增长模型拟合结果

变量	系数	标准差	t 值	概率
FD—1963	0.112 560	0.030 222	3.724 423	0.000 3
FD—1964	0.128 311	0.029 313	4.377 349	0.000 0
FD—1965	0.100 918	0.027 535	3.665 147	0.000 3
FD—1966	0.104 480	0.030 761	3.396 467	0.000 8
FD—1967	0.120 101	0.029 951	4.009 853	0.000 1
FD—1968	0.130 726	0.026 517	4.929 898	0.000 0
FD—1969	0.124 608	0.026 128	4.769 118	0.000 0
FD—1970	0.145 112	0.026 224	5.533 499	0.000 0
FD—1971	0.144 380	0.026 861	5.375 075	0.000 0
FD—1972	0.204 786	0.062 228	3.290 925	0.001 2
FD—1973	0.076 419	0.021 984	3.476 136	0.000 6
FD—1974	0.098 782	0.020 669	4.779 142	0.000 0
FD—1975	0.092 674	0.020 408	4.541 096	0.000 0
FD—1976	0.019 746	0.020 665	0.955 520	0.340 6
FD—1977	0.025 307	0.020 247	1.249 930	0.212 9
FD—1978	0.059 186	0.019 978	2.962 542	0.003 5
FD—1979	0.057 417	0.019 609	2.928 110	0.003 8
FD—1980	0.060 617	0.019 096	3.174 393	0.001 8
FD—1981	0.059 968	0.018 634	3.218 170	0.001 5
FD—1982	0.036 482	0.018 318	1.991 577	0.047 9
FD—1983	0.044 555	0.017 908	2.487 986	0.013 8
FD—1984	0.017 152	0.016 928	1.013 249	0.312 3

续 表

变量	系数	标准差	t 值	概率
FD—1985	0.030 332	0.016 534	1.834 490	0.068 2
FD—1986	0.051 539	0.016 494	3.124 732	0.002 1
FD—1987	0.036 229	0.016 394	2.209 849	0.028 4
FD—1988	0.027 383	0.015 862	1.726 326	0.086 0
FD—1989	0.041 922	0.015 357	2.729 779	0.007 0
FD—1990	0.058 934	0.015 198	3.877 800	0.000 1
FD—1991	0.045 302	0.014 834	3.053 867	0.002 6
FD—1992	0.038 167	0.014 582	2.617 398	0.009 6
FD—1993	0.017 675	0.014 502	1.218 818	0.224 5
FD—1994	0.018 231	0.014 346	1.270 836	0.205 4
FD—1995	0.027 275	0.014 040	1.942 714	0.053 6
FD—1996	0.033 602	0.013 822	2.431 054	0.016 0
FD—1997	0.027 235	0.013 551	2.009 872	0.045 9
FD—1998	0.028 340	0.013 304	2.130 100	0.034 5
FD—1999	0.028 093	0.013 031	2.155 964	0.032 4
FD—2000	0.003 379	0.012 540	0.269 486	0.787 9
FD—2001	0.021 844	0.012 194	1.791 429	0.074 9
FD—2002	0.031 585	0.012 035	2.624 425	0.009 4
FD—2003	0.001 802	0.011 683	0.154 232	0.877 6
FD—2004	0.015 141	0.011 015	1.374 558	0.171 0
FD—2005	0.015 515	0.011 116	1.395 692	0.164 5
FD—2006	0.030 281	0.011 222	2.698 365	0.007 6

续 表

变量	系数	标准差	t 值	概率
FD—2007	0.023 811	0.011 114	2.142 417	0.033 5
FD—2008	0.025 558	0.010 895	2.345 981	0.020 1
FD—2009	0.024 205	0.011 042	2.192 020	0.029 7
FD—2010	0.005 703	0.011 217	0.508 390	0.011 8

从时变系数模型的系数概率来看,绝大部分都在 5‰ 的置信水平上具有显著性,数据拟合效果较好,因没有考虑经济模型中其他影响因素,该模型 R^2 等于 0.43。根据表 2-16 可以绘制 FD 对 GDP 增长率影响的系数及边际变化规律趋势图,如图 2-5 所示。

图 2-5 所示为金融发展变量对经济增长变量边际变化影响,横轴为时间,纵轴为影响系数 α_t。从指标上看,主要是分析 FD 对 Y 的边际影响效果。如果两变量直接影响系数及 α_t 为正,说明边际效应为正及随着金融增长发展速度对经济增长产生的边际效应为正,反之则为负。该系数的绝对值越大,代表边际效应越明显。从几何角度分析,系数表示该点切线的斜率,切线越陡表示边际变化效果越明显。由表 2-16 和图 2-5 可得知,从 1963 年至 1972 年,金融因素对经济增长的边际变化影响呈现明显加强趋势,可从 1971 年开始该影响急剧减弱,并呈现波动态势,同时系数指标值一直处于横轴以上,说明金融要素投入的提高对经济增长仍然存在正面的促进作用。

图 2-6 为普通要素边际报酬变化趋势曲线图,图 2-5 曲线的变化趋势与之较符合,可知金融要素影响经济增长的边际变化规律符合边际效应递减规律。

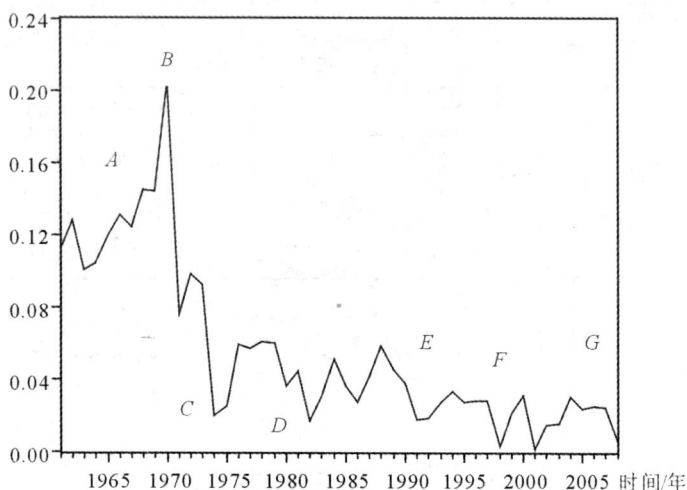

A：布雷顿森林体系积极发挥作用

B：布雷顿森林体系逐渐崩溃

C：1976 年牙买加体系建立，金融秩序恢复

D：1982 年债务危机

E：20 世纪 90 年代初日本经济泡沫破灭

F：1997 年东南亚金融危机爆发

G：2008 年全球金融海啸爆发

图 2-5　FD 对 GDP 增长率影响的系数变化趋势图

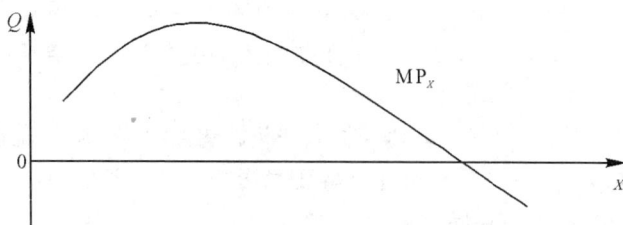

图 2-6　边际报酬递减规律描述曲线

2.3.5　实证结果分析

第一,经过上述实证分析可知,首先,从表 2-16 可知,在各模型的调试过程中,$FD(-1)$ 对 Y 的影响效果比较明显,而 FD 对 Y 的影响效果不明显,说明金融对经济的实际影响是具有时滞性的。上一期的金融深度指标在模型上对 GDP 增长率的影响更加明显。这说明金融服务业不仅仅是被动的适应经济发展,而且现代金融服务业还具有先导作用。同时其中两模型都加入了一阶自回归项 $AR(1)$,说明经济的发展是具有连续性,存在自相关的。

第二,从选定的 14 个国家和地区得到的模型可知,上一期金融深化指标、股票市值占 GDP 的百分比升高 1 个百分点,由银行提供的国内信用占 GDP 的百分比降低 1 个百分点时,GDP 增长率升高 0.031,0.029,0.032 个百分点。

从 10 国模型来看,这几个变量的变化方向与 14 国模型也呈现相同的趋势,但金融深化程度对经济增长的影响更加显著,为 0.091,同时股票市场市值对经济影响也较之 14 国模型更大 (0.031),而 DCB 对经济增长的效应也更加明显,达到了 0.044。从反映金融服务业发展水平的三个指标 FD,SV,DCB 整体来看,其影响系数之和 14 国模型为 0.1 左右,10 国模型为 0.15 左右。

从基于 1999—2010 年数据建立的 4 国模型显示金融深度的变化对经济存在很小的负作用,系数为 -0.008。并且股票市值与国内信用占 GDP 比值的变化与 GDP 增长率的变化也是负相关的。此实证结果验证了 1996 年东南亚金融危机,20 世纪 90 年代日本金融、经济泡沫破灭及近年来源于美国波及全球大部分国家与地区的金融危机对国家与地区经济的负面效应。这说明金融市场在积极促进经济发展的同时,也应适度调整其发展规模与进程,不能脱离经济实体盲目发展。如过快的加速经济体系的货币化程度,股票市场的过度繁荣等不仅不能促进经济发展,还会带来负面效益。从两指标的变化趋势图观察也可以得到类似结果,在此由于篇幅的原因,未能详细给出。另一方面,从基于更长时期(1990—2010 年)数据建立的 4 国模型却显示金融深度指标的变化与股票市值变化与经济增长率是呈正相关的趋势,说明发达国家在金融市场发展与完善的过程中对经济整体上是起到了良好的促进作用的。

综上所述,金融服务业整体上是可以促进经济发展的,但其影响还是非常有限的,各国应加大金融服务业的关注力度,此外信用的提供应更加多元化,不仅仅要依靠银行体系,更要重视其他金融机构和体制的资金导向作用,提高进入服务业的效率,这也符合哥德史密斯关于金融结构与金融发展的相关论述。

第三,从以上分析可知发达国家与地区各金融指标的变化对经济变化的影响没有发展中国家明显,但从选取的 14 个国家中发达国家的横截面固定影响系数均大于 0,其中美国的值最大,为3.45,说明发达国家与地区,尤其是美国金融业的发展相对于发展中国家与地区对经济发展的促进作用是更大的。其余的大部分发展中国家中,由于各国国情不同,使得该系数的值差距较大,其中中国的系数达到了 4.21,为所选取国家和地区中的最大值,说明近年来我国金融业的发展、金融体系改革很好地促进了国民经济的整体发展。另外印度、泰国的该系数也为正值。选取的最不发达国家赞比亚为－1.34,说明该国金融服务业的发展是处于较落后的阶段的,没有很好地发挥金融对经济的促进作用。

第四,从 Granger 因果检验结果显示,非发达国家金融发展是经济发展的原因,反之则不是。这说明这些国家金融发展在显著地影响其经济的发展,金融当局应大力发展金融服务业,以期发挥更大的作用,同时应着力调控经济发展对金融发展的影响途径,使得金融发展适应经济发展速度。这点我们可以从发达国家因果检验结果得到启示。

第五,金融要素边际效应的变化规律。从图 2-5 与图 2-6 的对比及表 2-16 模型回归系数可知,金融要素对经济增长影响的边际效应符合西方经济学里生产要素的边际效应递减规律。从样本区间来看,1963—1972 年一直处于边际效应递增的阶段,最高影响系数达到了 0.204,金融深化程度每增加 1 个百分点,经济增长率将提高 0.204 个百分点,其影响程度可想而知,但和一般生产要素一样,随后呈现边际效应递减规律,系数出现下滑的趋势,逐步减小至 2010 年的 0.005,在此过程中出现了多次波动,但该值一直维持在 0 以上。从以上分析可知,针对金融要素影响经济增长的边际效应变化规律问题可得出以下几点规律:①该边际效应符合边际报酬递减规律;②当代经济金融要素边际效应处于较小且大于 0 的状态,说明金融对经济的影响虽然达到了一个相对满足但未产生负面效应的状态;③边际效应存在一定的波动,但幅度于 20 世纪 70 年代中期后趋于平稳。

第六,金融制度变迁对经济影响估计。从金融制度变迁对经济影响来对图 2-5 的曲线波动规律加以解释,我们可以得出,金融制度变迁对经济增长产生了重要的影响。①第二次世界大战后布雷顿森林体系的建立与发展为全球金融业,全球经济的复苏与发展发挥了重要的作用,这点可以从图 2-5 中 20 世纪 60 年代系数迅速增长的趋势得到证实。②由于布雷顿森林体系固有的致命弱点,及著名的特里芬难题,该体系的逐步崩溃使得图中曲线于 20 世纪 70 年代初期出现急剧下滑。直至 1976 年“牙买加协议”的签订才出现回升,并且影响的波动幅度较之前小,但是波动频率升高,这也是由“牙买加体系”的特殊性所决定的。③从曲线走向来看,1982 年左右、20 世纪 90 年初、1997 年和 2008 年都出现了低谷,分别是因为受到债务危机、日本经济泡沫破灭、东南亚金融危机,以及金融海啸的影响。这说明国际金融制度的变迁影响着金融要素对经济增长的边际效应的变化。

第七,金融影响经济的周期性问题。从图 2-5 曲线波动趋势还可以看出,牙买加体系建立以后金融影响经济作用波动幅度虽然变小,但是波动频率更加频繁,从 1974—1982 年、1982—1991 年、1991—1998 年、1998—2008 年平均每 7～10 年出现一次低谷。虽然这些都是受到相关金融事件影响而产生的,但金融作为影响经济增长的重要因素,也呈现出了一定的周期性规律。

2.4　中国金融体系未来发展的政策建议

实证研究结果表明,金融发展已经成为促进发展中国家经济增长的最重要因素之一。因此,制定并实施适宜的未来金融发展战略对中国经济的可持续发展具有重要的战略意义。中国金融体系对资本配置效率的影响,是政府相关金融政策所带来的负效应和正效应综合作用的一个结果。在金融体系中处于绝对优势地位的银行部门在资本配置效率方面的低效率,以及股票市场对中国经济增长的相对贡献都揭示了中国未来金融发展的政策取向。为了提高中国金融体系的整体效率,扩大包括股票市场、债券市场在内的资本市场在中国金融体系中的作用,逐步向市场主导型的金融体系方向发展应成为中国未来金融发展政策的核心。中国金融体系的未来转型仍然需要政府的大力推动,需要政府与市场合作。由于发展中国家金融发展是促进经济增长的原因,所以推动金融体制改革的政策将有利于我国经济的持续增长。

1.完善、扩大金融市场作用

基于以上的实证结果可得知,发展中国家金融市场面临的主要问题是资本市场尤其是股票市场对经济增长促进作用有限,扩大资本市场在我国金融体系的作用对长期经济增长存在明显的正面效应和发展空间。具体可以从以下两个方面进行考虑。

(1)推进股票市场改革,提高股票市场效率。我国股票市场主要存在以下三个问题。第一,我国股票市场不完善,股票市场应有的功能没有得到发挥。由于法律的滞后和投资者心态的不成熟,在我国的股票市场中,投机成分和非理性成分较多。我国股票市场股价的变动与公司经营业绩的关系不大,股票价格不能及时、准确、全面地反映公司的经营业绩,这大大限制了股票市场功能的发挥。第二,股票市场的无序发展,非经济因素影响股票交易行为和股票价格。由于我国股票市场很不规范,国内政治因素,股民心理因素以及国际气候等很可能在股票价格变动中起着决定作用,非经济因素对股票市场交易行为和交易价格的影响比经济因素强。第三,政府行为的非理性以及股票市场资金的非生产性用途。政府在股票市场上的政策时松时紧,政策缺乏连续性和透明度。政府监管不力,政府托市,历史遗留问题,政府决策效率较低等因素影响股票市场。股票市场的不完善也使得有资格获准上市的公司将筹措的资金不是用于生产型项目或者指定项目上,而是转为消费或者证券经营机构营运的用途。鉴于以上所述问题,政府应从完善法律制度、加强理性投资宣传和教育、加强非经济因素对股票市场影响的监管、维持政策的连续性和透明度、加强筹措资金的跟踪与使用状况、维护中小投资者利益等方面入手,净化市场环境,树立投资者信心,从而推进股票市场改革,提高股票市场效率。

(2)实现货币市场与资本市场的对接与协调发展。货币市场与资本市场是不可分割的整体,然而在中国,这两个市场长期处于一种分而不离的状态,不仅给两个市场之间带来了运行效率问题,也造成了货币宏观调控缺乏力度、约束软化等后果。因此,我国应逐步取消资金流动的壁垒,培育成熟、规范的货币市场与资本市场,健全和完善相关的法律制度以及相关协调机制,在开放条件下改革、完善汇率形成机制,使汇率成为货币市场和资本市场的一个新的对接因素等方法,逐步实现货币市场与资本市场的协调发展。

除此之外,还可以从全面发展货币市场各子市场,缩小子市场之间差距,建立信用评级体系,提高金融市场的透明度等方面完善、扩大金融市场作用。

2.加强控制金融监管,控制金融发展规模,防范金融风险

现有理论过于强调金融体系有利的一面,而对金融发展的危害性认识不够。金融发展过度以及推行不良的金融发展政策可能导致金融危机。这点可以从本书对金融要素对经济增长边际影响的实证分析结果中看到。从20世纪70年代中期开始,发展中国家陆续开始推行结构性的经济自由化改革和宏观经济稳定化计划,但这类尝试都未曾在短期内达到预期的效果,反而引起了一系列的宏观经济问题。爆发于2008年,至今影响仍未褪去的金融危机,美国政府的过度放松监管也负有不可推卸的责任。故一国金融发展的速度应与经济发展的速度相适应。为此,我国可以从以下几方面入手,加强控制金融监管,控制金融发展规模,防范金融风险。

(1)加强金融立法,完善金融监管法规。我国虽已出台《中华人民共和国中国人民银行法》《中华人民共和国商业银行法》《中华人民共和国保险法》《中华人民共和国证券法》等多部法律法规,但都不同程度上存在部分内容过时的问题,因此应继续完善金融法规建设,其主要原则是尽量减少对金融业务发展的限制,但对金融风险防范和监管必须要细化。

(2)协调监管机构,强化金融监管。在三大监管机构独立行使监管职能的同时,为了协调各个监管机构,提高监管质量和效率,必须形成政策协调、信息共享机制。

(3)改进金融监管方法,提高金融监管效率。金融监管的信息渠道应规范化、制度化,以获取大量优质金融信息;金融监管的手段、方式应现代化,例如金融监管机构应顺应信息技术发展在增加监管复杂性这一趋势,加快建立风险监管分析系统;创新金融监管方法;实现市场准入管理向持续性监管转移;监管重点应有合规性

监管,专项经营性风险监管;实行监管的激励相容,即激励相容监管应当符合而不是违背投资者和银行经理利润最大化目标的监管。

3.加快银行体制改革,提高银行体系效率

从以上实证分析可得知,银行信用指标对经济增长呈现负的影响,也就是说,银行部门的信贷增加反而导致了资本配置效率的下降。这说明,在此期间,银行部门在对迅速创造货币做出贡献的同时,却没能实现将金融资源向最具生产力的部门引导,反映了银行部门的信贷资金分配不当的事实。然而银行体系是我国金融体系的主体,银行体系的健康发展直接影响我国金融体系的稳定。而要保持银行业的经营稳定,首先必须拓宽银行资本金来源,提高银行资本充足率,增强银行抵御风险的能力。从长远来看,要实现银行监管的有效性,促进我国银行体系安全、稳健、高效地运行,还应从监管法规和制度上要求商业银行进行必要的、充分的信息披露,并加强银行业内部控制机制和外部监管建设。同时应加快金融安全网的建设,金融安全网作为防范和管理危机的一道防线,可以增强金融体系的信心,减少金融危机带来的影响。当前我国银行在完备内部激励约束机制,加强风险控制等制度化措施的同时,还应建立起一套系统科学的银行体系的动态预警监测系统,定量化地识别银行体系面临的各类风险,建立市场化的风险防范和对冲机制。

第3章 中国股票市场资金配置效率比较研究

　　我国沪深股票市场自成立以来,经过了二十多年的发展,已经初具规模。股票市场为我国经济发展和企业规模的扩大募集了大量资金,拓展了社会资金转化为投资的渠道,提高了企业的直接融资比例。股票市场的发展还推动了国有企业产权制度的变革,优化了企业股权结构,促进了产业结构的优化和升级。但我国股票市场还处于转型期的新兴市场,还存在着各种低效率的现象。如股票发行制度的行政审批,上市公司治理水平不高造成的经营绩效低下,中介机构的非理性行为导致的上市公司质量得不到保证。股票市场的质量,特别是资本配置效率与市场的规模及我国经济增长的不匹配。发达国家的经济增长主要得益于资本配置效率的改善和提高,而我国的经济增长还是一种粗放型增长方式,主要来自资源消耗的大量增加和投资的扩张。与经济增长形成对比的是大多数上市公司资金利用效率低下,经营状况呈恶化状态,并未实现逐步淘汰落后工业,扶持高盈利、高成长的行业。股票市场规模扩大并不代表资本配置效率的提高,有效配置资本才是建立股票市场的最终目的。股票市场的有效性体现在它对产业资本形成的影响上,推动产业升级和结构调整。

3.1　股票市场资本配置效率的内涵及界定

1. 资本

　　在西方经济学理论中,资本是投入(生产资料)的一部分,投入包括劳务、土地和资本。从企业会计学理论来讲,资本是指所有者投入生产经营,能产生效益的资本。按照马克思主义政治经济学的观点,资本是一种可以带来剩余价值的价值,它在资本主义生产关系中是一个特定的政治经济范畴,它体现了资本家对工人的剥削关系,因此,资本并不完全是一个存量的概念。然而今天我们来单独研究宏观经济存量核算时,"资本"泛指一切投入再生产过程的有形资本、无形资本、金融资本和人力资本。

在本研究范畴内,股票市场中的资本是指上市公司在股票市场通过出售股权,向投资者所融资本。在股票市场这样的一种特殊制度框架内,其核心是在市场机制的作用下,为资本提供一种流动和配置机制,而其他资源的流动和配置是伴随或者依附在资本上实现的。比如,通过资本在不同上市公司间的分配和使用,引导并实现土地、物资、人力、知识等资源在不同部门之间投入和流动。因此,资本配置是股票市场最核心的功能。

2. 资本配置

资本配置是指将企业资本在不同来源之间进行组合,在不同用途之间进行分配。企业资本配置涉及财务活动的全过程。在筹资中,资本的配置主要解决筹资来源结构的合理安排问题;在投资中,资本的配置主要解决资本的合理分配问题。资本配置之所以必要在于资本的稀缺性。资本的稀缺性客观上要求人们对资本进行合理的配置,即企业在遇到资本稀缺性制约的情况下,合理安排资本来源结构,将有限的资本用到最需要的地方。资本的优化配置能够优化融资结构、投资结构,提高资本的产出率。

本研究范畴内,资本配置是指股票市场通过首次公开发行股票(Initial Public Offerings, IPO)、配股、增发把资本配置到投资回报率高的行业、地区和公司,从而达到资本配置最优化。股票市场的资本配置是在股票市场的运行机制下,通过一级市场和二级市场对资本的流向做出比较和选择,将市场中有限的资本在不同的地区、行业和公司间分配和使用，以获得最大的投资回报。

3.股票市场资本配置效率的内涵

股票市场利用股票的发行市场和二级交易市场进行资本配置，借助这种方式，资本被分配到不同的地区或行业和企业中。资本配置是股票市场最核心的功能，该功能的实现状况是衡量一个市场是否成熟的关键。现代金融学理论中，金融市场的最大作用就是对资本进行有效配置，具体来说就是把原来分散在不同持有者手中的资本通过市场的方式聚集起来，然后将资本通过市场交易有效地配置到需要资本的企业中。企业通过对资本的有效利用，扩大产出、提高生产效率，从而促进国民经济的增长。不管是西方学者还是国内学者都普遍认为，股票市场最重要的功能，或者说，核心功能就在于能够优化资本的有效配置。

股票市场资本配置效率就是指股票市场通过股票价格引导资本的流动，从而实现货币资本在不同的行业、地区或公司之间实现最优配置的程度。股票市场的资本配置，表现为投资者通过购买证券将手中的金融资源转移到资本需求者手中。具体又包含两个方面：一是通过发行市场使资本向不同的行业或企业流动，实现资本向业绩优秀、经营良好、盈利前景好的公司或地区的优化配置，从而推动产业结构的优化和升级。二是通过二级市场对企业控制权的争夺来影响二级市场的价格信号，从而引导资源进行再配置。一般而言，上市公司股价越高，表明企业目前经营状况良好，未来发展趋势看好。企业可以从股票市场上筹集到更多资本用于扩大再生产，这样，资本就流动到发展前景较好的行业和企业。

股票市场上的资本配置功能是通过价格机制来实现的，这种价格机制在一级发行市场上体现在上市公司的经营业绩上；在完全竞争市场中，经营业绩好的公司能够筹得较多的资本。价格机制在二级市场上体现在各上市公司的股票价格上。理论上，二级市场上市公司股票的价格代表了企业的价格，股价的变化会引导投资者投入资本的流向变化。

4. 股票市场资本配置功能的作用过程

股票市场的资本配置功能是股票市场提供一种合适的机制引导社会资金的合理流向。正如陆家骡(2000)所阐述的:"作为金融资源,良好的金融体系会合理地配置经济资源以形成高效率的产出能力,而糟糕的金融体系则会把资源分配给低效率的生产部门。同时,金融体系还必须监督资金的运用,以保持资金运用具有持续的效率。所有这些功能的发挥都会促进其他动态金融资源的形成和经济增长。"

金融市场提供某种激励投资者收集信息的机制,并通过价格的变动实现信息资本化,这种经过信息资本化的价格信号引导了企业资本的有效配置。Grossman 和 Stiglitz 建立模型,分析了股票价格,收集投资者分散的信息,提供资源配置的有效信号。正如 Fama(1976)所指出的"有效资本市场是资本主义的重要组成部分。在此类体系中,理想的情况是存在这样的一个市场,其中价格是资本配置的准确信号。那就是,当公司为其经济活动融资而发行有价证券时,它们可以预期得到'公平'价格;当投资者在代表着公司经济活动所有权的有价证券中选择时,他们被假定在支付'公平'价格条件下行事。简而言之,如果资本市场要在配置资源方面运行流畅,则有价证券的价格必须是价值的指示器"。[①] 股票价格中隐含的企业物质信息越多,表示投资者对企业经营行为的关注度越高,股票市场对企业的价格评估越准确,企业越能根据股票市场的价格及其他信息反馈来采取合适的投资策略,企业更容易设计合理的融资方案募集资金。一般来说,企业的融资额越大,该企业股票价格中隐含的特质信息越多,而企业的投资选择越接近最优。

---

① 转引自周小全《资本市场效率论》,中国财政经济出版社,2008。

　　通过以上分析,可以得到股票市场资本配置功能作用的过程,如图 3-1 所示。首先反应企业特质信息和融资决策进入股票市场;投资者对获得的信息进行分析和判断,并通过市场进行投资行为,反映于价格波动;企业通过股票市场反馈信息和募集资金,指导企业进一步的融资和投资决策,引导资金流向优质企业和投资回报率高的项目;优质企业融得资金投资好的项目;企业经营绩效信息进入股票市场,引起投资者再次对企业的重新评估。

　　通过股票市场配置功能,资金流向好的企业;企业通过投资项目获得收益,最终促进经济的增长。因此,研究股票市场资本配置效率,在于是否能够引导资金配置到好的企业或行业。

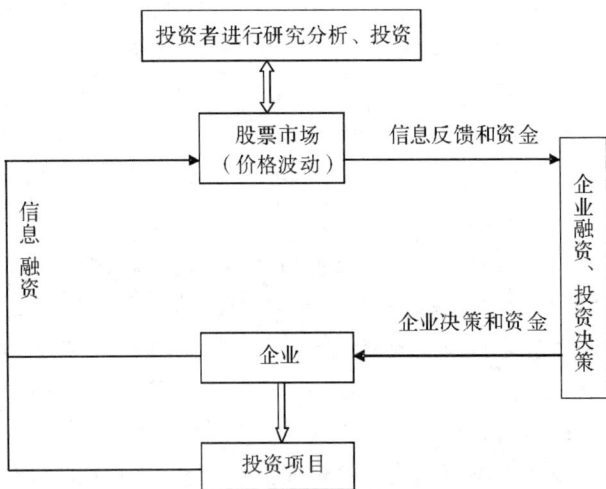

图 3-1　股票市场资本配置过程

　　在对股票市场资本配置效率的衡量上,根据股票市场资本配置的过程,我们从股票发行市场上进行考察。通过股票市场的运行机制,把市场上有限的金融资源配置到高回报、高收益的企业、行业或地区,资本能够按照经济效率在不同地区、行业和企业之间流动,最终达到优化资源配置的目标。投资者通过购买股票,把资金汇集到股票市场,上市公司通过发行股票募集资金。可以看出,衡量股票市场资本配置效率的高低,可以通过考察股票市场是否把更多的资本配置到高盈利、高效率的地区、行业和优质企业,而低效率的经济主体流出资本。如果股票市场资本配置偏离这个原则,把资本配置到投资回报率低的部门,使资本的使用效率低下,即出现资本"错配"现象,表明股票市场的资本配置效率低。因此,通过考察资本在我国不同行业和地区间的配置状况,进而和香港股票市场资本配置状况进行比较,来评判我国沪深股票市场资本配置效率。

3.2 香港股票市场资本配置效率实证分析

3.2.1 香港股票市场介绍

香港的股票交易,最早有记载的是在 1866 年,但在 20 世纪 70 年代以前,规模都不大。其演变过程大致为 1947 年 3 月,由战前两所证券交易所合并成立的香港证券交易所开业;1962 年 12 月,成立远东证券交易所;1971 年 3 月,金银证券交易所开业;1972 年 1 月,九龙证券交易所开业。至此,达到香港证券股票交易的鼎盛时期,按 1982 年股票市值计算,排到世界第八位。但四家交易所同时开业,交易规则各异,在市场国际化方面,以及与政府和各界沟通方面,有很多困难。大户、做手及业内把持股市,呼风唤雨,使得香港股票市场一直未能突破瓶颈,成为真正具有世界性的股市。这种情况一直到 1986 年 4 月 2 日,香港政府通过了合并四家交易所的法案,成立了新的香港联合交易所(简称联交所 The Stock Exchange of Hong Kong Limited)。香港联合交易所是亚洲除日本之外最大的证券市场。香港股票市场已经成为一个开放型、国际化和多元化的大型市场。在 20 世纪 90 年代初,香港股票市场就已被世界银行的附属机构国际金融公司列为成熟市场,并跻身世界十大市场。发展至今,香港股市证券市场已成为亚洲主要融资中心,资本国际化程度高是香港股市的主要特点,2008年成为世界第七大股市;另外,港元与美元挂钩的货币制度是香港股票市场一大特色,也极大地吸引了国际投资者的关注。

截至 2010 年年末,香港股票主板上市公司为 1 244 家,股票市场总值达 20.9 万亿港元,总成交额达 17.07 万亿港元,集资总额为 8 454.86 亿港元,年成交流通比率为 80.40%,平均市盈率为16.67倍。创业板上市公司为 169 家,市场市价总值为 1 346.11亿港元,总成交额 1 336.65 亿港元,集资总额为 132.35 亿港元,平均市盈率为 31.1 倍,年流通比率为 98.85%。香港股票市场近几年的发展情况见表 3-1。

表 3-1　香港股市概况——主板及创业板

年份	上市公司数目/家	上市证券数目/家	新上市公司数目/家	总发行股本/亿港元	市价总值/亿港元	集资总额/亿港元
1999	708	1 212	38	2 258.66	473 473.6	1 497.03
2000	790	1 349	90	2 889.24	48 624.4	4 673.37
2001	857	1 189	88	3 286.26	39 463.06	644.28
2002	968	1 586	117	3 873.39	36 113.19	1 105.14
2003	1 027	1 785	73	4 090.76	55 478.48	2 137.6
2004	1 086	2 176	70	4 410.57	66 958.93	2 818
2005	1 126	2 649	67	7 127.47	81 799.37	3 017.06
2006	1 165	3 383	62	9 010.97	133 377.1	5 245.38
2007	1 232	6 092	84	9 638.92	206 975.4	5 904.12
2008	1 261	5 731	49	9 805.59	102 987.53	4 271.87
2009	1 319	6 616	73	10 435.19	178 743.08	6 420.33
2010	1 413	7 900	113	12 401.14	210 769.58	8 587.21

数据来源:香港联交所网站。

3.2.2 行业资本配置效率实证分析

1. 总体状况分析

香港股票市场是企业筹资的一个重要场所,它是金融体系中最重要和影响最大的市场之一。长期以来,香港股市为金融业、公用事业、地产、酒店、工业、服务业等提供了高额融资,但其资金分布却不平均。由表3-2可知,在香港股票市场中,比重最大的是金融业,其次是综合企业和房地产业,三个行业的市值所占比例最高时达到了85%;特别是金融业的市价总值在1997年以后增长迅速,2006年所占比例达到39.57%。香港经济的特点,决定了金融业和房地产业的重要地位。由于综合企业中的很多公司也是涉及房地产经营的,所以香港股票市场为房地产业募集的资金超过了股票市场集资的一半。

香港上市公司的构成随着经济的发展发生了明显的变化。房地产业曾经是香港经济的重要支柱,但是,1997年亚洲金融危机爆发波及香港房地产市场的泡沫破裂,反映在股票市场上,房地产业的股票市值大幅缩水。相反,亚洲金融危机在内地的支持下并没有对香港金融业造成太大影响,香港回归为香港的金融业注入了新的活力,金融业市值所占比例逐年上升。香港股市的行业构成变化反映了香港经济的转型过程。香港经济在过去的几十年中,经历了两次转型:第一次是20世纪50年代至70年代中期,在朝鲜战争和对华禁运的形势下,迫使香港走上工业化的道路,香港实现了第一次经济转型,转变为以港产品出口为主的自由港。同时期,香港股市相继成立了四家交易所,为企业融资提供了重要场所。第二次是1978年以后,主要在中国进入改革开放新时期所提供的巨大商机的条件下,香港实现了第二次经济转型,转变为以服务业经济为主的自由港。这也对香港的经济结构产生了重大影响,因内地劳动力、生产资料等成本低的优势,香港将劳动密集型加工制造业转移到内地沿海地区。内地改革开放政策也推动了香港金融、旅游等服务行业的飞速发展,使香港成为一个大型国际金融服务中心。从1991年开始,金融业市价总值所占比重逐步增加,2006年金融业市价总值占比达到了39.57%。现在香港面临着第三次经济转型,由于传统经济结构的支柱和主要增长点之一地产业遭受严重挫折,需要建立新经济结构和新增长点。那就是将高科技融入到传统的服务业和制造业中,发展高增值产业。香港股市在香港经济发展和国际金融中心建设过程中,发挥了不可取代的重大作用。

表 3-2 恒生行业分类系统股份市值
总价分布趋势(2005—2010年)   单位:亿港元

行业分类＼年份	2005	2006	2007	2008	2009	2010
能源业	4 817.95 5.94%	8 129.21 6.14%	1 5234.48 7.42%	7 117.66 6.94%	1 2908.04 7.26%	1 6872.81 8.06%
原材料业	1 155.29 1.42%	2 930.963 2.21%	5 986.701 2.92%	1 834.33 1.79%	5 386.92 3.03%	6 883.04 3.29%
工业制品业	8 98.68 1.11%	1 348.75 1.02%	3 309.401 1.61%	1 296.09 1.26%	2 699.68 1.52%	4 624.85 2.21%
消费品制造业	5 099.11 6.28%	7 834.344 5.91%	1 3874.61 6.76%	6 631.18 6.47%	16 471.87 9.27%	22 158.51 10.58%
服务业	6 017.44 7.42%	9 121.135 6.88%	14 745.42 7.18%	59 55.33 5.81%	11 905.42 6.70%	16 956.76 8.10%
电讯业	10 311.9 12.71%	18 278.55 13.80%	33 675.86 16.40%	18 762.11 18.30%	18 036.35 10.15%	19 424.63 9.28%
公用事业	3 739.93 4.61%	4 663.591 3.52%	6 125.925 2.98%	4 356.61 4.25%	6 404.95 3.60%	7 164.69 3.42%

续　表

年份 行业 分类	2005	2006	2007	2008	2009	2010
金融业	30 039.8 37.03%	52 424.47 39.57%	64 159.09 31.24%	35 718.64 34.84%	61 235.56 34.46%	68 856.28 32.88%
地产建筑业	9 168.88 11.30%	15 282.98 11.54%	29 254.19 14.24%	12 751.43 12.44%	24 657.06 13.88%	26 475.34 12.64%
资讯科技业	2 579.01 3.18%	3 935.72 2.97%	6 588.916 3.21%	2 493.32 2.43%	8 352.41 4.70%	8 278.71 3.95%
综合企业	7 305.32 9.00%	8 538.394 6.44%	1 2410.04 6.04%	5 618.47 5.48%	9 634.42 5.42%	11 727.2 5.60%
总额	81 133.3 100.00%	132 488.2 100.00%	205 364.6 100.00%	102 535.89 100.00%	177 692.7 100.00%	209 422.8 100.00%

数据来源:香港联交所网站。

2.行业资本配置效率实证过程

(1)模型的构建。Jeffrey Wurgler(2000)选取了 65 个国家,通过计量模型对每个国家的资本配置效率进行了考察,然后进行比较。他提出"资本配置效率的提高意味着在高资本回报率的行业(项目)内继续追加投资,在低资本回报率的行业(项目)内及时削减资金流入",并以此思想,建立了定量描述资本配置效率的模型。

$$\ln \frac{I_{ict}}{I_{ict-1}} = \alpha_t + \beta_t \ln \frac{V_{ict}}{V_{ict-1}} + \varepsilon_{it} \qquad (3-1)$$

其中,I 代表某个行业固定资产存量;V 代表行业实现的增加值;i 表示行业的编号,c 代表国家,t 表示年份;回归系数 β_t 就是投资增长率对增加值增长率的弹性指标,即该国家的资本配置效率,它刻画了一个国家或市场上对那些成长性行业投资增长和衰退性行业投资削减的程度。同样该模型也适用于考察股票市场的资本配置效率。

股票市场资本配置效率高低,即资本是否实现更多地配置到投资回报率高的行业(部门),而减少对投资回报率低的行业(部门)的资本配置。同样,可以借鉴 Jeffrey Wurgler 的模型,来考察股票市场的资本在不同行业、不同地区的配置状况,并对结果进行分析和评价。目前国内学者对股票市场的资本配置效率进行研究时,基本上是以 Jeffrey Wurgler(2000)模型为基础,在选取指标上有所不同。李至斌(2003)采用了地区融资额、地区 GDP 增长率、行业利润;李明义等(2007)选取了股票市价总值和上市公司平均每股收益;李勇(2009)选取了上市公司的行业股票成交额利润总额来代替行业投资和行业利润。从这些指标选取上看,地区 GDP 增长率不能代表行业的利润率,而行业股票成交额与行业融资额相关性不大,不具有代表性。另外,由于我国股票市场上市公司融资额的数据个别年份存在不连续性的现象,不能直接引用 Jeffrey Wurgler 的模型,应在其基础上放宽条件。

借鉴 Jeffrey Wurgle(2000)的思想,我们可以通过研究不同行业上市公司的筹资额变化和公司净利润之间的关系来反映我国股票市场的资本配置效率。融资额反映了上市公司在股票市场募集的资金,即股票市场对其资本的配置量;净利润代表了上市公司的盈利能力和投资回报水平。如果上市公司的融资额与其净利润之间存在显著的相关性,就说股票市场资本配置效率较高,能够按经济效率原则把资本配置到投资回报率高的行业或部门,反之则相反。考虑到某个行业的上市公司可能会发生总体亏损,因而式(3-1)中的对数形式不成立,及国内上市公司整体业绩增长不明显等因素,我们最终选定行业筹资额增长率和行业净利润增长率为研究指标,并构造如下模型:

$$Tcp_{it} = \alpha + \eta Rp_{it} + \varepsilon_{it}$$

$$i=1,2,\cdots,n;t=2005,2006,\cdots,2010 \qquad (3-2)$$

其中,Tcp 为某行业的上市公司筹资额的增长率;α 为回归方程的常数项;Rp 为该行业上市公司净利润的增长率;i 为行业代码;t 代表年份;η 为回归系数,或称为弹性系数,所代表的含义是各行业股票市场筹资额的增加(减少)对行业盈利能力变化的弹性水平。ε 是随机扰动项。若 $\eta > 0$,说明上市公司的融资额会随公司利润的提高而增长,利润的降低而减少。即投资回报率高的企业能获得更多的资本投入,反之则相反。若 $\eta < 0$,说明上市公司的融资额与净利润之间成负相关,即盈利能力差的企业的融资额反而增加,而盈利能力强的企业的融资额反而减少,这时股票市场的资本配置效率是负的。若 $\eta = 0$,说明上市公司的融资额与净利润之间不存在相关性,这时股票市场的资本配置效率是无效的。

(2)数据选取。由于香港股票市场上市公司 2005 年以前部分行业数据缺失,因此,选取 2005—2010 年间香港主板市场上的上市公司样本进行分析,其中净利润量选用的是主板市场上各行业上市公司历年净利润总额;行业股票市场筹资额指主板市场上IPO 筹资和上市公司增发新股所筹得的资本总额,即新股发行筹得的资本总量。

数据来源:各行业历年净利润、筹资额来源于 RESSET 金融研究数据。

香港联交所 2008 年 1 月开始,采用恒生行业分类系统,所有在香港上市的公司按此系统分类,并取代由港交所内部编制的行业分类系统。恒生行业分类系统包括 11 种行业及 28 种业务类别,所有在香港上市的公司均按其主要营业收益,被编入不同的业务类别,而每一业务类别分别属于一种行业。11 种行业包括能源、原材料、工业制品、消费品制造、服务、电讯、公用事业、金融、地产建筑、资讯科技及综合企业。在这其中,由于公用事业和综合企业多年的筹资额为 0,为保持数据的连续性,将这两个行业删除,用 9 个行业做实证分析。

(3) 模型估计。为考察香港股票市场整体配置效率的变化，采用面板模型对 η 进行了逐年估计，分年份进行了参数估计，构建模型。

$$Tcp_{it} = \alpha + \eta_t Rp_{it} + \varepsilon_{it}$$
$$i = 1, 2, \cdots, 9; t = 2005, 2006, \cdots, 2010 \qquad (3-3)$$

Tcp_{it} 为 i 行业 t 年的筹资额的增长率；Rp_{it} 为 i 行业 t 年的净利润的增长率；η_t 为回归系数，或称为弹性系数，若对 t 年的 η 显著大于 0，则说明在该年投资回报率高的行业有更多的资本流入，而在投资回报率低的行业资本的流入减少或者下降，表明该年股票市场资本配置效率较高；反之，则说明股票市场的资本效率较低。用 Eviews5.0 对式(3-3)进行估计，得到了 2005—2010 年香港股票市场的行业资本配置情况，结果见表 3-3。

表 3-3　行业资本配置效率-分年度回归结果

时间/年	η_t	Std. Error	t-Statistic	Prob.
2005	5.439 86	29.99 044	1.715 208	0.092 8
2006	1.458 213	0.302 971	4.813 051	0.000 0
2007	2.199 679	1.003 524	2.191 954	0.033 3
2008	2.425 175	0.600 118	4.041 166	0.000 2
2009	2.886 124	0.957 505	3.014 213	0.004 1
2010	1.895 735	0.498 398	3.803 657	0.000 4
R-squared	0.254 595	Durbin-Watson stat		1.939 873
Adjusted R-squared	0.176 949	F-statistic		3.278 909

从回归结果来看，2005 年比其他年份要好，达到了 5.439 86，其次是 2009，2008，2007 回归系数均大于 2。最差的是 2010 年和

2006 年,回归系数均小于 2,其中 2006 年的回归系数最小,为 1.458 21。同时,在显著性检验上,只有 2005 年的回归系数通过了显著水平为 10%的统计检验,其他年份均通过了置信水平为 0.05 的显著性检验。这说明该样本期间,香港股票市场行业筹资额变化和净利润之间存在一定的相关性,并且 2005 年的回归系数超过了 5.4。

为得到 2005—2010 年香港股票市场资本总体配置情况,借助式(3-3),可得回归结果,见表 3-4。从回归结果可以看出,参数估计在 1%的显著水平下通过了检验,系数估计显著性水平较高。样本期间总体配置效率为 4.268 44,表明利润增长会带来 4 倍的融资额的增加,利润与融资额之间存在明显的相关性。

表 3-4　行业资本配置效率-整体回归结果

变量	参数	Std. Error	t-Statistic	Prob.
C	$-3.548\ 397$	1.498 735	$-2.367\ 594$	0.021 7
Rp_{it}	4.268 44	2.449 476	5.825 097	0.000 0
R-squared	0.456 61	Durbin-Watson stat		1.155 632
Adjusted R-squared	0.446 16	F-statistic		43.695 49

为更进一步得到各行业资本配置状况和行业的个体影响,我们采用面板数据的变系数模型。

$$Tcp_{it} = \alpha_i + \beta_i Rp_{it} + \varepsilon_{it}$$

$$i = 1, 2, \cdots, 9; t = 2002, 2003, \cdots, 2007 \qquad (3-4)$$

α_i 的经济学含义是各个行业不随利润信号变化的"自发筹资额增长",表示各个行业不随利润变化的由其他因素引起的筹资额的变化,它不随时间变化,但随着行业的改变而变化。β_i 为回归系数,或称为弹性系数,所代表的含义是各行业股票市场筹资额的增加(减少)对行业盈利能力变化的弹性水平。若 $\beta_i > 0$,资本配置效率为正,说明 i 行业的融资额会随着行业利润的提高而增长,利润的降低而减少,反之则相反。这时,若 $\beta_i < 0$,资本配置效率为负,说明 i 行业的融资额与行业净利润之间成负相关,即投资回报率低的行业的融资额反而增加,而投资回报率高的行业的融资额反而减少。若 $\beta_i = 0$,说明资本在行业间在分配与行业投资回报没有相关性,这时股票市场的资本配置效率是无效的。利用 Eviews5.0 回归结果见表 3-5。

表 3-5 行业资本配置效率–分行业回归结果

行业	β_i	Std. Error	t-Statistic	Prob.
金融	18.068 06	58.376 75	2.365 13	0.022 4
消费品制造	14.365 82	4.087 82	3.514 299	0.001 0
地产建筑	13.389 48	5.175 36	2.587 159	0.013 0
服务	1.478 248	0.444 332	3.326 899	0.001 8
资讯科技	1.473 075	1.399 739	1.052 392	0.298 2
工业品制造	1.337 578	0.573 27	2.333 24	0.024 2
能源	0.569 612	0.506 23	1.125 202	0.266 5
原材料	0.417 663	0.286 22	1.459 238	0.151 4
电讯	0.174 017	0.177 204	0.982 012	0.331 3
行业	个体效应			
地产建筑	21.154 87			
工业品制造	19.717 76			
资讯科技	19.502 77			
原材料	19.065 81			
能源	18.759 14			
电讯	18.410 69			

续　表

行业	β_i	Std. Error	t-Statistic	Prob.
服务	18.298 17			
消费品制造	7.7516 32			
金融	−142.660 8			
R-squared	0.711 694	Mean dependent var		30.977 78
Adjusted R-squared	0.575 549	S. D. dependent var		42.366 63
S. E. of regression	27.601 83	Sum squared resid		27 426.99
F-statistic	5.227 478	Durbin-Watson stat		2.653 235
Prob(F-statistic)	0.000 015			

从表 3-5 的回归结果可以看出,各行业的回归系数差别较大,在显著水平为 5% 的条件下,回归系数通过显著性检验的行业有 5 个,分别是金融、消费品制造、地产建筑业、服务业和工业品制造业。可以看出回归系数排名前四位行业均通过了显著性检验,其中金融行业的资本配置效率最高,达到了 18.07,也就是说,金融行业净利润增长 1%,该行业的筹资额增长率要超过 18%。消费品制造和地产建筑业的回归系数分别达到了 14.37 和 13.39,这些行业中回归系数排名最靠后的是电讯行业,为 0.17。总体上看,这些行业的回归系数均为正值,表明利润为信号能够引导资金的流向,实现资本配置的优化,筹资额与净利润的变化方向相同,表明具有正相关性。

变系数模型中的个体效应表明了个体之间存在的与自变量无关的差异,对于式(3-3)来说,各个行业常数项的不同表明了不同行业的与其净利润增长无关的筹资额的增长,一般表示各行业自发投资的大小和国家产业政策对该行业的扶持。常数项较大的行业表明此行业筹资总额与净利润无关的自发增长指数较大。对个体效应常数项进行排名,可以发现地产建筑、工业品制造、资讯科技、原材料、能源、电讯和服务业的个体效应较高,都超过了 18.2,这几个行业都是近几年快速发展的行业,特别是地产建筑业,其自发投资数额相对较高,地产建筑业个体效应达到了 21.15。金融行业的个体效应为负值,达到了-142.66,表明金融并没有随着利润的增长而增加自发投资,相反自发投资为负值,表明股票市场已经成为金融行业融资的最主要渠道。

3.2.3　基本结论

香港股票交易市场成立时间较早,还有其特殊的历史背景,使其成为了一个开放型、国际化、多元化的大型的成熟市场。股票市场成为了香港企业融资的主渠道,也为香港的经济发展发挥了重要的推动作用。在上市公司所属行业中,金融业、地产建筑业、电讯业以及服务业占据着超过 70% 的比例,也从侧面上反映出了香港经济的特征。

通过对上市公司行业的资本配置效率的实证分析表明,2005—2010 年期间,各年度及各行业之间的配置效率存在明显的差别。2005 年相对于 2004 年上市公司数目增加了 40 家,而融资额增长近一倍,融资额大幅的增长使 2005 年的资本配置效率达到了 5.4,是近几年的最高值。从行业资本配置效率来看,排名前五位的是金融、消费品制造、地产建筑、服务及资讯科技行业。香港作为国际金融中心及著名旅游城市,其金融、地产建筑、服务是香港的传统优势产业。2003 年 CEPA(Closer Economic Partnership Arrangement),即《关于建立更紧密经贸关系的安排》的签署,为香港制造业提供了新机遇,CEPA 鼓励工业留港,新设或重设生产线,生产高科技、高增值的产品,加速了香港工业转型和产业升级。这使香港的制造业和资讯科技业得到了快速发展。

3.3　沪深股票市场资本配置效率实证分析

我国股票市场自 20 世纪 90 年代建立以来,经历了二十多年的发展,已初具规模。上市公司数量由 1992 年的 53 家,增至 2010 年的 2 063 家,增长了 40 倍;市场总股本由 1992 年的 73.22 亿股增加到 2010 年的 33 184.35 亿股;股票市场年度筹资额由 1992 年的 94.09 亿元增加到 2010 年的 9 587.93 亿元,增长了 100 多倍;市场年度成交金额从 1992 年的 683.04 亿元,增加到 2010 年的 545 633.54 亿元,增长了 798 倍;股票市值总值由 1993 年的 1 048.15 亿元增加到 2010 年底的 265 422.59 亿元;流通市值由 1993 年的 861.62 亿元增加到 2007 年底的 193 110.41 亿元。截至 2010 年末,我国股票市场累计筹资额为 37 435.63 亿元,累计发行股票 2 876.6 亿股,市场总股本 7 629.51 亿股,累计成交金额 225.6 万亿元。

从表面数据来看,我国已经形成了一个完善的、成熟的、应具有直接融资机制的股票市场,市场融资额迅速增长,市场交易日趋活跃。但股票市场的核心功能资本配置是否有效发挥,则不能通过表面数据来判断,需要进一步考察。本节以 3.1 节对股票市场资本配置效率的界定和衡量方法,对我国沪深股票市场进行实证分析。

3.3.1　行业资本配置效率实证分析

1. 行业资本配置状况总体分析

(1)我国上市公司的行业分布。从我国沪深股票市场的实际情况来看,股票发行市场对新上市公司的选择基本上与国家的产业政策相符合。近年来,新股发行主要集中在水利、交通、通信等基础产业,电子信息、生物工程、新材料、航天航空等高新技术产业、电子、石化、汽车等国家支持的产业以及其他政府鼓励支持的行业范围。2002年新上市的71家公司中,金属、非金属业占14家,信息技术类有5家,行业占比均在20%左右。2003年新上市107家公司,集中在机械、设备、仪表类和信息技术类,分别都有9家公司上市,占新上市公司总数的13.43%,石油、化学类和金属类也分别有8家公司上市。2004年100家新上市公司中,石油、化学类,机械、设备、仪表类,医药生物行业占比达到10%以上。2005年新上市公司只有15家,行业占比比较高的有纺织、服装、毛皮类,电子类,机械、设备、仪表类和电力煤气类,均有2家以上公司上市。2006年新上市公司65家,其中占比前三位分别是石油、化学类,金融、非金融类和信息技术类上市公司。2010年新上市公司347家,其中机械、设备、仪表类90家,占比为26%,信息技术类43家,占比为13%,如图3-2所示。从行业分类看,占比较高的行业集中在机械、设备、仪表业,石油、化学业以及金属、非金属业,公司数量分别占到全部上市公司的17.89%,10.76%和8.24%。可以看出我国股票市场上市公司的行业分布状况不均衡,近几年新增上市公司反映出我国当前的产业结构调整方向与国家产业政策变化相适应,表明股票市场对我国产业结构调整有一定的推动作用。

　　沪深股票市场的建立之初,指导思想是为国有工业企业融资,解决了国有银行作为唯一资金来源的格局。但随着股票市场不断发展,市场化改革不断深化,股票市场应该发挥资本配置的功能,为产业结构调整和优化提供融资渠道。在产业结构调整、升级的过程中,无论是技术的创新,还是企业的扩张都需要大量的资金投入,而股票市场不但提供了融资功能,而且凭借其监督和约束机制,促进了上市公司提高资金的利用效率。从图3-3可以看出,2002—2010年期间,上市公司行业占比增幅最大的分别是电子业、信息技术业、机械/设备/仪表业、房地产业,增幅分别达到了

2.47％,2.24％,1.96％,1.22％;上市公司行业占比增幅最小的分别是综合类、批发零售贸易业,金属、非金属业,增幅分别为－3.76％,－2.71％,－1.16％。行业占比的变化基本上体现了我国产业结构调整的方向和重点,但截至 2010 年年末,制造业达到1 239 家,占上市公司总数的 60.06％,而农林牧渔业占上市公司的比例仅为 2.33％;信息技术和金融保险业占比分别为 7.71％和1.79％。上述行业分布结构与沪深股票市场建立初期的国家政策倾向有关,当初建立股票市场的指导思想是解决国有工业企业的融资问题,对农业、服务业、金融保险业等行业有较多的限制。这些特定的条件对上市公司的行业分布有着直接的影响,限制了股票市场优化产业结构功能的发挥。

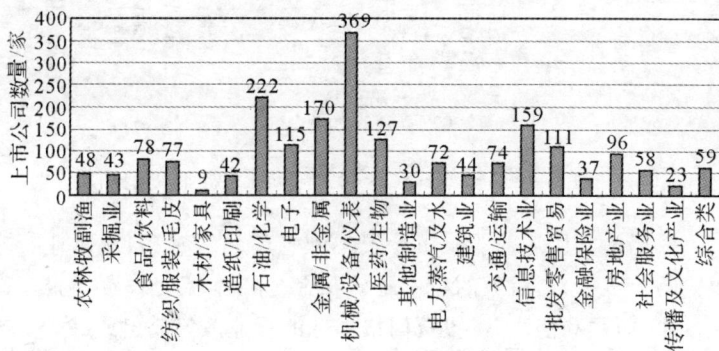

图 3-2　2010 年我国上市公司总量行业分布

(2)我国上市公司筹资额的行业投向。在考察股票市场上市公司融资(IPO,增发,配股)的行业分布上,统计了 2004—2010 年之间的行业筹资额、筹资比例和行业筹资额占比。从表 3-6 可以看出,股票市场筹资额较高的行业集中在金融保险业,采掘业,金属、非金属业,交通、运输、仓储业以及机械、设备、仪表业。这五个行业,股票市场 A 股筹资额占股票市场全部筹资额的比例分别达

到了 28％,13.41％,12.03％,9.28％和 8.23％,五个行业的筹资
总和占全部行业筹资总额的 71.59％。而社会服务业,农林牧渔
业,其他制造业,传播与文化产业,木材、家具业的融资额占比都低
于 1％,五个行业的筹资总和仅占全行业筹资总和的 2.04％。

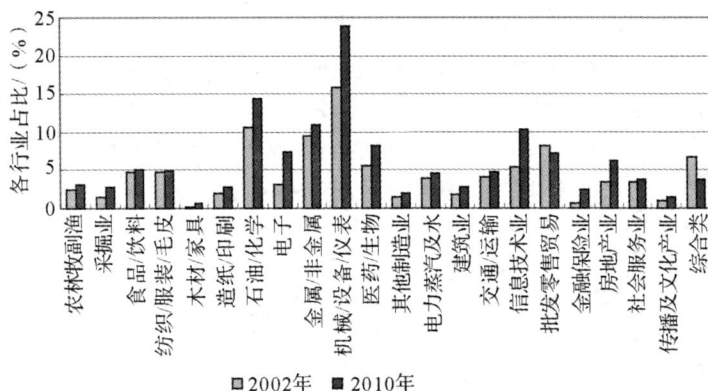

图 3-3　2002 年与 2010 年我国上市公司行业占比比较

　　根据上文所述的股票市场资本配置的运行机制,从行业资本
配置的角度而言,有效的资本配置机制使资本流向投资回报率高
的行业,而盈利能力差、投资回报率低的行业应该流出或减少资本
的注入。据此原则,通过行业筹资数额与其行业净利润指标之间
的相关性比较,总体上考察沪深股票市场资本配置功能的实现情
况。在此,我们以 2004—2010 年的上市公司筹资额和行业净利润
以及行业平均每股收益做一比较。从表 3-6 的统计数据来看,
2004—2010 年上市公司筹资额排名与净利润指标的排名基本吻
合,说明我国股票市场行业融资额与行业利润有一定的相关性,即
投资回报率高的行业,筹资额也较多,反之,投资回报率低的行业,
筹资额相应较小。但从行业平均每股收益数值排名来看,与行业

筹资额排名的一致性较差。筹资额最高的前 8 个行业,除了采掘业以外,其他行业排名都相当靠后。从侧面说明了沪深股票市场的行业资本配置效率不高,与行业平均获利能力并不成正比。股票市场融资额较高的行业,其每股收益并不一定大,如金融、保险业,交通运输、仓储业。

表 3-6　我国上市公司行业筹资额与行业业绩比较

行业种类	筹资额			净利润		每股收益	
	合计/亿元	占比/（%）	排名	总额/亿元	排名	平均值/元	排名
金融、保险业	3 982.28	28.64	1	5 262.80	1	0.118	19
采掘业	1 864.36	13.41	2	4 657.35	2	0.566	1
金属、非金属	1 671.97	12.03	3	2 807.71	3	0.228	9
交通运输、仓储业	1 289.52	9.28	4	1 387.07	4	0.056	21
机械、设备、仪表	1 143.94	8.23	5	1 126.66	6	0.142	17
房地产业	600.05	4.32	6	470.96	8	0.128	18
电力、煤气及水的生产和供应业	556.70	4.00	7	1 343.18	5	0.186	12
信息技术业	427.60	3.08	8	374.59	10	0.034	22
石油、化学、塑料、橡胶	415.56	2.99	9	629.10	7	0.452	3
建筑业	342.84	2.47	10	126.78	14	0.23	7
电子	262.60	1.89	11	44.43	19	0.21	10
医药、生物制品	235.35	1.69	12	348.34	11	0.15	15
综合类	212.15	1.53	13	123.37	15	0.372	4
食品、饮料	166.98	1.20	14	328.87	12	0.172	13

续　表

行业种类	筹资额			净利润		每股收益	
	合计/亿元	占比/（％）	排名	总额/亿元	排名	平均值/元	排名
纺织、服装、皮毛	164.77	1.19	15	115.13	16	0.286	6
批发和零售贸易	143.66	1.03	16	392.41	9	0.172	14
造纸、印刷	137.79	0.99	17	76.40	17	0.196	11
社会服务业	87.86	0.63	18	263.11	13	0.462	2
农林牧渔业	86.18	0.62	19	73.77	18	0.298	5
其他制造业	43.00	0.31	20	42.27	20	0.23	8
传播与文化产业	35.60	0.26	21	18.31	21	0.144	16
木材、家具	31.65	0.23	22	9.15	22	0.062	20

数据来源：《中国证券统计年鉴》以及锐思数据库上市公司年报数据整理计算。

注：筹资额指上市公司 A 股年度筹资额合计（含首发、增发以及配股）。

2. 基于面板数据模型的实证分析

（1）数据选取。考虑数据的可得性，选取 2005—2010 年间样本进行分析，其中净利润量选用的是各行业上市公司历年净利润年末值的总计；股票市场的行业筹资额包括上市公司在 A 股市场上首发、增发以及配股所筹得的资金总量。

数据来源：各行业历年 A 股首发筹资额来源于历年《中国证券期货统计年鉴》，其他数据根据 CSMAR 数据库上市公司数据整理获得。

在对行业的分类选择上，考虑到数据的可得性和适用性，采用《中国证券期货统计年鉴》的行业分类方法，将上市公司的行业分为 22 类。一级行业分类有 13 类：A. 农林牧渔业；B. 采掘业；C. 制造业；D. 电力、煤气及水的生产和供应业；E. 建筑业；F. 交通运输、仓储业；G. 信息技术业；H. 批发和零售贸易；I. 金融、保险业；J. 房地产业；K. 社会服务业；L. 传播与文化产业；M. 综合类。进一步把其中的 C 类制造业采用二级分类进行细化，分为食品饮料业；纺织服装皮毛业；木材、家具业；造纸印刷业；石油化学、橡胶塑料业；电子业；金属、非金属业；机械设备仪表业；医药生物制品业；其他制造业等 10 类。其中，由于木材、家具业，传播和文化业连续多年的筹资额为 0，为保持数据的连续性，将这两个行业删除，用 20个行业做实证分析。

（2）基于面板数据模型的估计。为考察我国股票市场统一的行业资本配置情况，得到一个综合的弹性数值，和各行业资本配置状况及个体的影响，本研究采用面板数据模型。

首先，与 Jeffrey Wurgler(2000)不同，对回归系数 η 进行了逐年估计，一方面是因为在我国证券市场不断发生重大变化，分时段估计参数更为合理；另一方面也能看清楚它的演变趋势。构建模型如下：

$$Tcp_{it} = \alpha + \eta_t Rp_{it} + \varepsilon_{it}$$
$$i = 1, 2, \cdots, 20; t = 2005, 2006, \cdots, 2010 \qquad (3-4)$$

其中，Tcp_{it} 为 i 行业 t 年的筹资额增长率；Rp_{it} 为 i 行业 t 年的净利润增长率；η_t 为回归系数，或称为弹性系数，若对 t 年的 η 显著大于 0，则说明在该年投资回报率高的行业有更多的资本流入，而在投资回报率低的行业各种资本的流入速度趋缓或下降，因此股票市场的资本配置效率较高；反之，则说明股票市场的配置效率较低。用 Eviews5.0 对式(3-4)进行估计，得到 2005—2010 年我国沪深股票市场行业资本配置效率分年度回归情况，结果见表 3-7。

从回归系数的数值来看，6 年的平均值为 0.067 448 833，只有 2008 年和 2010 年达到相对较好的状态，分别为 0.151 301 和 0.221 692，但仍然低于香港股票市场的资本配置效率，与香港 2005 年的 5.439 86 相差甚远，与香港最差年份 2006 年的

1.458 231相差近 7 倍。而其余年份处于很低的状态,回归系数接近于 0,特别是 2008 年的回归系数为负值,反映出股票市场的行业资本配置效率处于较低的状态。同时,t 检验的结果显示,在置信水平为 5%的水平下,只有 2005 年、2006 年和 2010 年通过了显著性检验。其余年份的显著水平都非常低,未通过 t 检验,也说明2007—2009 年间,行业筹资额变化和净利润变化之间的相关性非常弱,即这几年股票市场行业资本配置效率是低下的。

表 3 - 7　行业资本配置效率-分年度考察回归结果

时间/年	η	Std. Error	t-Statistic
2005	0.026 708	0.008 283	3.224 495
2006	0.088 121	0.584 166	4.808 247
2007	0.020 903	0.520 951	0.040 125
2008	−0.104 032	0.843 645	−0.123 312
2009	0.151 301	0.116 293	1.301 029
2010	0.221 692	0.081 463	2.721 393
R-squared	0.312 059	D. W	1.832 905
Adjusted R-squared	0.275 531	F-statistic	8.543 033

同样,可以通过面板数据得到 2005—2010 年,沪深股票市场资本的总体配置效率,结果见表 3 - 8。可以看出,在 5%的显著水平下通过了检验,总体配置效率为 0.043 937,接近于 0,而香港股票市场的这一系数为 4.268 44,说明沪深股票市场在样本期间总体配置效率低下。

表 3-8　行业资本配置效率-整体考察回归结果

变量	系数	Std. Error	t-Statistic	Prob.
C	1.171 179	0.027 234	43.00 411	0.000 0
Rp_{it}	0.043 937	0.018 995	2.313 106	0.022 8
R-squared	0.393 305	Durbin-Watson stat		2.031 355
Adjusted R-squared	0.270 741	F-statistic		3.208 965

　　为更进一步得到各行业资本配置状况和行业的个体影响,我们采用面板数据的变系数模型。基于式(3-4)的指标构建如下模型:

$$Tcp_{it} = \alpha_i + \beta_i Rp_{it} + \varepsilon_{it}$$

$$i = 1, 2, \cdots, 20; t = 2005, 2006, \cdots, 2010 \qquad (3-5)$$

　　α_i 的经济学含义是各个行业不随利润信号变化的"自发筹资额增长",表示各个行业不随利润变化的由其他因素引起的筹资额的变化,它不随时间变化,但随着行业的改变而变化。β_i 为回归系数,或称为弹性系数,所代表的含义是 i 行业股票市场筹资额的增加(减少)对行业盈利能力变化的弹性水平。若 $\beta_i > 0$,资本配置效率为正,说明 i 行业的融资额会随着行业的利润提高而增长,利润的降低而减少,反之则相反。若 $\beta_i < 0$,资本配置效率为负,说明 i 行业的融资额与行业净利润之间成负相关,即投资回报率低的行业的融资额反而增加,而投资回报率高的行业的融资额反而减少。若 $\beta_i = 0$,说明资本在行业间在分配与行业投资回报率没有相关性,这时股票市场的资本配置效率是无效的。利用 Eviews5.0 所得的回归结果见表 3-9。

表 3-9　行业资本配置效率-分行业考察回归结果

行业	β_i	Std. Error	t-Statistic	Prob.
金融、保险业	2.841 892	10.849 23	0.538 461	0.091 8
采掘业	1.295 502	2.558 296	1.679 048	0.097 0
房地产业	1.257 596	1.929 472	0.807 266	0.421 9
信息技术业	1.251 942	0.351 65	3.560 193	0.000 6
食品、饮料	0.741 48	0.093 51	7.929 435	0.000 0
建筑业	0.528 69	0.484 314	1.091 625	0.278 3
电力、煤气、水的生产供应业	0.447 81	0.360 787	1.241 203	0.218 2
交通运输、仓储业	0.427 165	0.520 362	0.820 9	0.414 1
批发和零售贸易	0.267 494	0.096 44	2.773 689	0.006 9
其他制造业	0.217 288	0.113 94	1.907 038	0.060 1
综合类	0.178 194	0.167 573	1.063 38	0.290 8
医药、生物制品	0.083 646	0.468 221	0.178 646	0.858 7
电子	0.042 092	0.024 81	1.696 592	0.093 7
纺织、服装、皮毛	0.014 845	0.096 025	0.154 598	0.877 5
造纸、印刷	0.009 849	0.023 194	0.424 626	0.672 2
金属、非金属	−0.035 635	0.196 428	−0.181 415	0.856 5
机械、设备、仪表	−0.107 856	0.239 902	−0.449 581	0.654 2
石油、化学、塑料、橡胶	−0.234 128	0.125 274	−1.868 934	0.065 3
社会服务业	−0.310 518	0.567 769	−0.546 909	0.586
农林牧渔业	−0.945 256	1.648 335	−0.573 461	0.567 9
行业	个体效应 α_i			
金融、保险业	1.797 078			

续 表

行业	个体效应 α_i
农林牧渔业	0.402 087
石油、化学、塑料、橡胶	0.340 472
造纸、印刷	0.339 121
金属、非金属	0.299 299
社会服务业	0.229 802
交通运输、仓储业	0.178 554
机械、设备、仪表	0.161 225
建筑业	−0.009 696
电子	−0.087 601
纺织、服装、皮毛	−0.138 656
电力、煤气及水的生产供应业	−0.152 369
其他制造业	−0.165 835
综合类	−0.179 622
医药、生物制品	−0.228 261
批发和零售贸易	−0.296 348
食品、饮料	−0.536 072
信息技术业	−0.617 536
房地产业	−0.654 65
采掘业	−2.680 989

R-squared	0.708 07	Mean dependent var	11.062 9
Adjusted R-squared	0.565 754	S. D. dependent var	12.380 86
S. E. of regression	8.158 652	Sum squared resid	5 325.088
F-statistic	4.975 345	Durbin-Watson stat	2.186 78
Prob(F-statistic)	0		

　　从对整个模型的估计效果检验来看,R^2 为 0.708 07,F 检验也通过,D - W 值为 2.186 78,面板数据的变系数回归方程拟合度比较高。从表 3 - 9 的估计结果可以看出,各行业的回归系数估计效果参差不齐,在显著性水平为 10% 的条件下,回归系数通过显著性检验的行业有 8 个,分别是金融保险业、采掘业、信息技术业、食品饮料业、批发和零售贸易、其他制造业、电子业和石油、化学业。通过对各行业回归系数进行排名,我们可以看出金融保险业、采掘业、房地产、信息技术业基于净利润信号的资本配置效率较高,均达到了 1 以上,也就是说,净利润增长 1%,这些行业的筹资额增长率要超过 1%。这说明这些行业净利润的增长可以显著地引起资本的大量流入。与香港股票市场相同,金融行业配置效率是最高的,也说明了近几年金融业的快速发展,但远低于香港金融业的 18.068 06,说明沪深股票市场的资本配置效率依然较低。资本配置效率排名前五位的行业的回归系数有 4 个通过了显著水平为 10% 的显著性检验,也说明这几个行业的一级市场资本配置效率较好。回归系数为负值的行业,有金属非金属业、机械设备仪表业、石油化学业、社会服务业、农林牧渔业。而只有石油化学业通过 1% 显著水平的检验,表明这几个行业以净利润为信号并不能正向地引导资本配置,筹资总额的变化与净利润的变化方向相反,相关性非常弱。

　　再来看回归模型中对个体影响的估计结果,变系数模型的个体效应不同表明了个体之间存在与自变量无关的差异,对于筹资总额与净利润的回归模型来说,各个行业常数项的不同表明了不同行业的与其净利润增长无关的筹资额的增长。常数项较大的行业表明此行业筹资总额与净利润无关的自发增长指数较大,一般体现了国家对相关产业的扶持和自发投资。对个体效应常数项进行排名,可以发现金融保险业、农林牧渔业、石油化学业、造纸印刷业和金属、非金属业排名前 5 位。说明这几个行业在近几年处于快速发展时期,资产规模扩张较快,市场需求旺盛,有些行业属于近几年国家产业政策倾斜,大力发展和扶持的行业,因此筹资额增长也较显著,如金融保险业,农林牧渔业,金属、非金属业,交通运输业等;而较低水平的行业,主要有批发和零售业、食品饮料业、信息技术业、房地产业和采掘业,这些行业的市场饱和度较高,基本处于供需平衡的状态,因此行业筹资额自发增长系数较低。

3.基本结论

(1)基于上市公司的筹资额和净利润增长率变化而构建的模型中,从行业的角度对2005—2010年我国沪深股票市场整体资本配置效率进行了考察,面板数据回归结果仅为0.043 937,接近于0,远低于香港股票市场,反映了沪深股票市场的行业资本配置效率较低。从总体来看,我国沪深股票市场资本在不同行业间的配置状况不理想,大量的资本被配置到盈利能力较低的行业,即资本的错配现象严重。资本在不同行业间的流动没能反映出资本逐利性的本质,市场规律对资本配置的引导作用较弱,说明政府参与配置的方式在我国股票市场资本配置中的作用仍然很强。另外说明了我国沪深股票市场的制度建设滞后抑制了市场资源配置功能发挥。

(2)从行业的角度来分析,我国沪深股票市场行业资本配置表现出明显的产业政策引导特征,在国家所重点扶持和发展某些产业的年份内,该产业的行业融资额明显增多,相反,国家产业政策不予提倡的产业则资金流入较少,这说明我国沪深股票市场在贯彻国家产业政策、实现产业升级和转型上发挥了一定的促进作用,但仍然存在着较多局限。目前,上市公司中产业分布结构非常明显的特征是不均衡,而且,这种产业分布主要在政府的产业政策干预下实现,从而大大抑制了股票市场优化资本配置的功能。同时,股票市场的资本在不同行业间的配置与其行业的盈利能力之间的相关性较弱,也就是说,资本在行业间的流动并不是依据市场机制,从低利润的行业流入高利润的行业,而是脱离了股票市场优化资本配置的基本原理,在外在因素主要是政府行政和产业政策干预下进行配置的。

3.3.2　区域资本配置效率实证分析

1.区域资本配置状况总体分析

(1)上市公司区域分布状况。在上市公司的区域分布上,从2010年的统计数据来看,上市公司集中在广东、上海、浙江、江苏、北京、山东、四川等地,这些地区上市公司数量总和占全国上市公司总数的53.68%。其中广东和浙江的上市公司数量最多,截至2010年年末分别达到294家和185家,占全部上市公司总数的14.25%和8.97%。上市公司数量较少的地区主要是宁夏、青海和西藏,这些地区上市公司数量占比均不到1%。此外,新疆、重庆、天津、黑龙江、江西、云南等地的上市公司数量也较少,数量占比均在2%以下。从以上的分析可以看出,上市公司的分布结构与我国区域经济发展状况有紧密联系。像广东、浙江、上海等经济发达地区,相应地,上市公司数量较多;而经济欠发达地区,像宁夏、青海等地的上市公司数量较少。在此,通过对各地区的上市公司数量与经济发展状况进行比较,确认两者之间是否存在相关性。各地区的经济发展水平用该地区的GDP来表示。将截至2010年12月底的上市公司地区分布进行排名并与当年各地区GDP的数值排名进行比较,结果见表3-10。2010年的地区GDP排名中,居前15位的地区中,其中14个地区所拥有的上市公司数量也居上市公司地区分布的前15位,二者重合度较高。GDP排名居于后10位的地区中,有7个地区所拥有的上市公司数量也在上市公司地区分布的后10名。同时,广东、上海、浙江、江苏、山东等地的GDP总量排名居前列,所拥有的上市公司数量也都是全国各地区中比较突出的。这说明我国上市公司的区域分布结构与我国各地区的经济发展水平是高度相关的。

表 3-10　2010 年沪深股票市场上市公司的区域分布

地区	上市公司个数	占比/（%）	GDP 总额/亿元	GDP排名	筹资额/亿元	占比/（%）	筹资额排名
广东	294	14.25	46 013.06	1	968.75	7.34	3
浙江	185	8.97	27 722.31	4	413.22	3.13	7
上海	180	8.73	17 165.98	9	2 147.25	16.27	2
江苏	168	8.14	41 425.48	2	345.81	2.62	9
北京	163	7.90	14 113.58	13	4 495.95	34.06	1
山东	126	6.11	39 169.92	3	391.00	2.96	8
四川	82	3.97	17 185.48	8	233.76	1.77	12
福建	74	3.59	14 737.12	12	261.29	1.98	11
湖北	73	3.54	15 967.61	11	213.24	1.62	14
安徽	65	3.15	12 359.33	14	218.48	1.66	13
湖南	62	3.01	16 037.96	10	201.49	1.53	15
辽宁	60	2.91	18 457.27	7	502.39	3.81	5
河南	51	2.47	23 092.36	5	117.06	0.89	20
河北	44	2.13	20 394.26	6	132.88	1.01	18
新疆	36	1.75	5 437.47	25	101.51	0.77	22
陕西	36	1.75	10 123.48	17	38.21	0.29	29
重庆	35	1.70	7 925.58	23	65.32	0.49	26
吉林	35	1.70	8 667.58	22	94.90	0.72	23
天津	34	1.65	9 224.46	20	608.91	4.61	4
山西	30	1.45	9 200.86	21	318.63	2.41	10

续　表

地区	上市公司个数	占比/（%）	GDP总额/亿元	GDP排名	筹资额/亿元	占比/（%）	筹资额排名
江西	30	1.45	9 451.26	19	182.05	1.38	16
黑龙江	30	1.45	10 368.60	16	447.54	3.39	6
云南	29	1.41	7 224.18	24	132.42	1.00	19
广西	27	1.31	9 569.85	18	52.54	0.40	28
海南	22	1.07	2 064.50	28	112.20	0.85	21
甘肃	22	1.07	4 120.75	27	60.85	0.46	27
内蒙古	21	1.02	11 672.00	15	173.79	1.32	17
贵州	19	0.92	4 602.16	26	81.81	0.62	24
宁夏	12	0.58	1 689.65	29	6.43	0.05	31
西藏	9	0.44	507.46	31	7.26	0.05	30
青海	9	0.44	1 350.43	30	73.90	0.56	25

数据来源：《中国证券统计年鉴》《中国统计年鉴》。

　　（2）上市公司筹资额区域分布状况。各地区上市公司在股票市场的筹资额比例最能直接反映发行市场资本在不同地区间的分配状况。筹资额比例，指某地区股票市场筹资额占整个股票市场筹资额的比例。从总体上看，全国 31 个省市的股票市场筹资总额、筹资比例与地区经济总量具有显著的相关性。经济发展状况较好、经济总量较大的地区，股票市场筹资额较高，反之则反是。经济发展状况较好的广东、江苏、浙江、上海、北京、山东等地的筹资额也较多,筹资比例靠前。而甘肃、海南、青海、宁夏、西藏等地的经济总量较小,经济发展状况较差,股票市场筹资额也较少,筹资比例排名靠后。我们统计了 2005—2010 年各地区股票市场筹资额合计,排名前 10 位的省份和地区中,有 6 个地区的 GDP 总量排名也同时居国内各地区 2010 年的 GDP 排名的前 10 位,如广东、浙江、上海、江苏等。北京融资额排名第一位,而 GDP 排名第十三位。同时,各地区股票市场筹资额排名后 10 位的省份和地区中,8 个地区的 GDP 总量排名也同时居国内各地区 GDP 排名的后 10 位,例外的只有广西和陕西。但从这几年的筹资额区域分布来看,是相当不均衡的,呈现出局部融资规模较大或较小的特征,北京、上海和广东三地的股票市场筹资额占全国股票市场筹资额的近 60%,而融资额较小的河南、海南、新疆、吉林、贵州、青海、西藏等 12 个省市的筹资额总计只占市场全部筹资数额的 6%左右。

2.基于面板数据模型的实证分析

我们采用基于式(3-1)的指标,构建考察我国股票市场区域资本配置的面板模型。

$$Tcp_{it} = \alpha + \beta_t Rp_{it} + \varepsilon_{it}$$
$$i = 1, 2, \cdots, 28; t = 2005, 2006, \cdots, 2010 \qquad (3-6)$$

其中 Tcp_{it} 代表 i 地区 t 年的筹资总额增长率;Rp_{it} 代表 i 地区 t 年的上市公司净利润总额增长率;α 为常数项;β_t 为回归系数,代表 t 年内,各地区上市公司的净利润额的增加(减少)对该地区上市公司筹资额变化的弹性水平。若 β_t 的数值越大,说明净利润的变化对该地区筹资能力的变化越敏感,表明股票一级市场地区资本配置功能发挥越充分。由于宁夏、西藏和黑龙江大部分年份筹资额增长率为 0,为保持数据的连续性将其删除,用 28 个省市的数据做实证分析。利用 Eviews5.0 所得的回归结果见表3-11。

表 3 - 11　区域资本配置效率-分年度考察回归结果

时间/年	β	Std. Error	t-Statistic	Prob.
2005	0.003 232	0.003 798	0.851 12	0.396 0
2006	0.025 632	0.083 957	0.305 304	0.760 5
2007	0.126 113	0.105 973	1.190 049	0.235 8
2008	−0.394 54	0.190 835	−2.067 42	0.040 3
2009	0.192 323	0.163 548	2.398 832	0.017 6
2010	0.347 014	0.091 434	9.263 646	0.000 0
R-squared	0.696 653	F-statistic		26.476 44
F-statistic	26.476 44	Durbin-Watson stat		1.830 271

　　从结果可以看出,2005—2010 年地区资本配置效率平均值为 0.049 96,接近于 0,反映出一级市场区域资本配置效率处于较低的水平。单纯从系数估计值的情况看,样本期间除 2008 年系数为负,其他年份的回归系数为正,且呈逐渐增长的趋势,说明股票市场的地区筹资额与地区利润率变动之间保持着同方向变动。2010年的回归系数达到了 0.347 014,且通过了 5% 置信水平的显著性检验,市场地区资本配置效率相对较高。2008 年的相关系数为负值,说明在这一年中股票市场地区筹资与地区利润率变动之间的相互关系是反向的,资本在地区之间的流动与地区利润变化方向相反,出现资本的地区错配。但式(3-6)所涉及的个回归方程的回归结果并不理想。对方程的 F 检验显示,在风险水平 5% 之下,2005—2007 年不能通过检验,回归方程不显著。同时,回归系数的值也较低,说明样本期间,股票市场分地区筹资额变动与地区上市公司利润变动之间的相关性很低。

　　同样,我们可以得到 2005—2010 年我国股票市场区域资本配置的总体效率,结果见表 3-12。

表 3-12　区域资本配置效率-整体考察回归结果

变量	系数	Std. Error	t-Statistic	Prob.
C	5.445 95	2.566 277	25.502 3	0.000 0
Rp_{it}	0.016 324	0.011 96	1.364 883	0.174 5
R-squared	0.191 517	F-statistic		1.175 963
F-statistic	1.175 963	Durbin-Watson stat		1.922 432

可以看出,样本期间沪深股票市场区域资本的总体配置效率比较低,为 0.016 324 接近于 0,但未能通过显著性检验。整个模型的拟合度也比较低,未能通过显著性检验。这说明我国股票一级市场地区筹资额与净利润之间的相关性比较弱,区域资本配置效率较低。

由于我国地区经济发展不平衡,各地区差异较大,通过面板变数模型来考察各个地区的差异,以及各地区的个体影响,构建如下模型

$$Tcp_{it} = \alpha_i + \beta_i Rp_{it} + \varepsilon_{it}$$
$$i = 1,2,\cdots,28; t = 2005,2006,\cdots,2010 \quad (3-7)$$

其中,Tcp_{it} 代表 t 年内股票一级市场 i 地区的筹资总额增长率,Rp_{it} 代表 i 地区在 t 年内上市公司净利润的增长率。α_i 表示各个地区的个体影响,它不随时间变化,但随地区的变化而变化。其经济学含义是各个地区不随利润信号变动而由其他因素引起的筹资额的增长。β_i 为回归系数,代表 i 地区上市公司的净利润额的增加(减少)对该对区一级市场筹资额变化的弹性水平。若 β_i 的数值越大,说明 i 地区,净利润的变化对该地区筹资能力的变化越敏感。回归结果见表 3-13。

表 3 - 13　　地区资本配置效率情况

省份	回归系数 β_i	Std. Error	t-Statistic	Prob.	个体影响 α_i
山西	1.267 963	6.664 607	1.090 53	0.277 8	−4.315 34
青海	0.972 187	0.354 193	16.861 4	0.000 0	−2.253 87
湖北	0.665 913	3.842 275	0.928 07	0.355 4	−1.528 13
天津	0.613 125	0.392 182	7.937 95	0.000 0	−1.434 62
北京	0.511 722	1.872 066	0.860 93	0.391 1	−4.599 27
云南	0.409 039	2.924 446	0.447 62	0.655 3	−4.955 15
河北	0.310 603	0.320 997	2.525 27	0.013	−2.816 48
内蒙古	0.301 826	1.255 681	0.622 63	0.534 8	−2.261 29
广西	0.224 142	0.337 792	2.143 75	0.034 2	−1.235 48
新疆	0.217 202	0.321 937	1.979 28	0.050 2	0.453 986
四川	0.200 177	0.488 939	1.145 7	0.254 4	−0.742 228
湖南	0.181 084	0.604 935	0.712 61	0.477 6	2.753 461
海南	0.155 454	0.225 209	1.356 31	0.177 7	3.246 275
贵州	0.149 424	0.344 536	0.665 89	0.506 8	−1.293 09
浙江	0.137 599	0.745 147	0.184 66	0.853 8	3.296 143
陕西	0.125 577	0.043 255	2.903 2	0.004 4	1.238 524
福建	0.077 239	0.100 737	0.766 73	0.444 9	3.770 909
吉林	0.070 501	0.159 133	0.443 03	0.658 6	2.915 337
重庆	0.044 459	0.968 497	0.045 91	0.963 5	2.934 139
山东	0.010 883	0.211 525	0.051 45	0.959 1	2.406 575
广东	0.006 408	0.006 254	1.024 71	0.307 7	3.881 495
河南	−0.020 75	0.329 825	−0.062 9	0.95	1.248 585

续 表

省份	回归系数 β_i	Std. Error	t-Statistic	Prob.	个体影响 α_i
上海	$-0.356\ 22$	0.468 421	$-0.760\ 5$	0.448 6	3.874 812
安徽	$-0.379\ 5$	0.621 874	$-0.610\ 2$	0.542 9	2.831 507
江苏	$-0.473\ 27$	0.561 449	-0.843	0.401 1	2.887 096
甘肃	$-0.614\ 55$	0.828 53	$-0.741\ 7$	0.459 8	3.546 017
辽宁	$-1.246\ 25$	4.122 876	$-0.302\ 3$	0.763	12.803 26
江西	$-2.207\ 5$	2.446 627	$-0.902\ 3$	0.368 9	13.204 79
R-squared		0.817 876	Durbin-Watson stat		2.146 722
Adjusted R-squared		0.728 44	F-statistic		9.144 827

从模型的统计指标来看,R^2 为 0.817 876,F 统计量为 9.144 827,回归方程通过了显著性检验,整个方程的拟合度比较好。但各地区的回归系数显著性水平不高,只有 6 个地区通过了置信水平为 1‰ 的显著性检验,也说明各地区上市公司的筹资额变化与净利润变化相关性不大。从具体数值来看,各个地区的资本配置效率差别较大,最高的山西为 1.267 963,最低的江西为 $-2.207\ 5$。从数值排名来看,排名前 5 位的分别是山西、青海、湖北、天津和北京,回归系数都在 0.5 以上。排名靠后的分别是安徽、江苏、甘肃、辽宁、江西。从回归结果来看,资本配置效率的高低与地区的经济发达程度无关,与地区筹资额的多少没有关系,筹资额前 5 位中有 4 个省市的资本配置效率位于后 10 位。另外,由表 3-13 可以看出,地区个体影响系数与资本配置效率数值呈反向变化,即地区资本配置效率越低,其个体影响数值越高,反之则相反。这说明,在地区资本配置过程中,其他因素,比如当地政府的扶持,以及国家政策的倾斜等起了一定的作用,影响了市场本身

功能的发挥,导致个体影响数值高的地区,资本配置效率却很低。

3.4　沪深股票市场资本配置效率的影响因素分析

3.4.1　股票发行体制市场化改革有待深化

1.内地股票发行制度的演变

我国内地股票发行制度的演变过程,大致分为三个阶段:

第一阶段是 2001 年以前,我国内地股票发行制度是额度控制的审批制,是一种带有浓厚行政色彩的发行制度。审批制实行额度计划按部门、地区来分配,由地方政府和中央相关部门对拟上市企业进行行政选择来分配上市融资资源。

第二阶段是核准制。自 2001 年开始,正式实施核准制,取消了由行政方法分配指标的做法。我国核准制的最初实现形式是通道制,通道制改变了过去行政机制遴选和推荐发行人的做法,使得主承销商获得了遴选和推荐股票发行的权力,但证监会仍然具有企业发行上市资格的实质性审核权限。对于上市公司的选择仍然是审批制下的做法,上市公司的质量仍然得不到保证,股票市场的资源配置效率仍然没有改变。

第三阶段是保荐人制度。自 2004 年开始实施的保荐人制度是核准制的另一种形式。其目的在于通过保荐人对发行人的信息披露和规范运作提供外部辅导和监督,加强发行人董事、管理层对于公司法和上市规则的知晓程度,约束发行人的不当行为,并能够为公众投资者提供更全面、真实、完整的信息。在保荐人制度下,保荐人所负有的连带责任使得保荐人挑选上市公司时更加审慎,提高了上市公司的质量,保证了上市公司的资本使用效率,进而提高了股票市场的资源配置效率。然而,证监会依然拥有对企业上市资格的实质性审核权限,控制着企业上市的规模和时间,股票发行制度仍然是一种带有计划色彩的制度。股票发行制度的非市场化是导致我国股票市场资源配置效率低下的主要原因。

　　2. 内地与香港股票发行制度的比较

　　香港的《证券条例》规定"任何人不得建立或经营除联交所以外的证券交易所,证券交易商也不得在联交所以外的证券市场买卖股票","所有在香港公开发行的股票,包括首次发行和已上市公司的配股,都必须首先得到香港联交所的批准"。从这些相关规定可以看出,香港的股票发行制度也是属于核准制,但具体的内容与内地有很大不同(见表 3 - 14)。

表 3 - 14　　内地与香港股票发行制度比较

股票发行制度	内地	香港
核准权归属	证监会	联交所
核准程序	经省政府或国务院有部门同意后,申报证监会	直接向联交所提交
证券公司推荐企业数量	一次只能一家	无此限制
审核公开程度	发行委员会由证监会主持组成,而且名单保密	上市委员会名单公开,且构成合理。包括交易所会员、上市公司代表、市场参考者

　　内地对上市企业的审核权集中于证券管理部分,而最终决定权掌握在证监会手中。而在香港,证监会负责审查上市企业的招股章程是否符合规定,对企业上市干预较少,企业能否成功上市,联交所有着最终决定权。从而可以看出,内地股票发行过程中,地方政府、证监会等部门的行政干预较为严重,没有脱离审批制的行政审批本质。另外,内地的承销商的资格是行政审核批准的,不是

由市场机制选出的,这就使得其在推荐企业上市时,有着浓厚的行政色彩,使本地域的企业在上市过程中更具有优势。而对于经济不发达地区,主承销商分布较少,对当地企业上市有着较为不利的影响。

3. 股票发行制度的缺陷导致融资低效

股票发行制度演变过程也是股票市场市场化改革深化的过程,2001 年以后开始实施的核准制和保荐制是我国证券市场制度建设向市场化迈进的重要一步,股票发行体制已经在一定程度上实现了市场化定价。但是,当前的股票发行体制依然存在行政控制环节过多、审批程序复杂的问题,导致上市资源的竞争仍然在有限的范围内进行。

在当前证券供给严重小于投资需求的市场条件下,证券承销商不存在证券无法分销的风险,相反借此提高发行承销的收入和利润,从而诱发证券承销机构的"道德风险"。这会导致上市公司的质量得不到保证,促使已上市公司对发行股票所融资金使用效率低下。在这种发行体制下,一方面,已经上市的公司并不一定是对资金使用是最有效的。另一方面,已上市公司没有激励和约束机制提高资金的利用效率。具体表现如下:

(1)上市公司的"圈钱"现象严重。上市公司平均融资量迅速增长,每家上市公司 IPO 融资量从 1992 年的 1.25 亿元上升到 2007 年的 39.97 亿元;平均配股融资额从 1993 年的 0.22 亿元上升到 2007 年的 36.75 亿元。与此相对应的是,上市公司经营业绩的普遍下滑。这种现象与发行体制有着密切的关联。

(2)上市公司控股股东占用上市公司的资金。占用方式有无偿占用、拖欠、借款等方式。这种行为出现的原因就是我国股票发行中存在的分割上市、股权割裂、一股独大造成的。公司上市以后,控股股东不是利用对企业的经营监管权提高上市公司的绩效获得收益,而是通过股权和经营控制地位运用非增值分配方式进行存量资源侵占。

发行制度的非市场化缺陷导致了上述现象的出现,发行制度中因为行政选择权的存在,使股票发行市场上出现"包装""伪装"的行为成为普遍。这导致发行市场有限的金融资源没有流向高质量的上市公司,从而出现了资源配置的扭曲。

3.4.2　我国上市公司存在的问题

1.股权结构不合理

我国上市公司的股票按投资主体的不同性质,划分为国家股、法人股、社会公众股和外资股,内部职工股和转配股等。这种股权结构是我国所特有的,与美国等成熟市场的机构投资者占主体、股权高度分散不同,我国股权结构的特点是股权高度集中,国有股一股独大。我国上市公司的前身大都是国有企业,在计划经济体制下,公有制企业是政府的附属物。1993 年《中华人民共和国公司法》的实施,国有企业股份改革全面启动。"在国有企业的股份制改制重组、设计股权结构时,要保证国家股通过国有法人股在股份公司中的控股地位,以保持在经营管理和重大决策方面的控制"。[①] 这就使得上市公司大多是由国家控股的,特别是大型国有企业。

由表 3 - 15 可以看出,2001—2007 年流通股所占比例只有35%左右,只有 2007 年达到了 45%,而除了 2007 年,国有股和法人股所占比例均超过了 60%。这种同股不同价、同股不同权、流通市场分割的状况,使得非流通股和流通股股东之间出现利益冲突。由于法人股不能上市流通,不承担扩股融资摊薄股价所带来的损失,而只享有公司规模扩大带来的每股代表的资产增加,其风险与收益不匹配。而对于流通股股东而言却恰恰相反,更多的是

---

① 《在股份制试点工作中贯彻国家产业政策若干问题的暂行规定》1994 年。

风险而非收益,这就使得股票市场上更多的是"投机",而不是投资。另外,由于流通股占比例较小,不利用上市公司的并购与重组,市场机制对资源进行配置优化的功能不能发挥。2005年开始,国家实施了股权分置改革,股份全流通后对改善资源优化配置具有推动作用。

表 3-15　全国上市公司总体股份 2001—2007 年年末数量

单位:亿股

	时间/年	2001	2002	2003	2004	2005	2006	2007
尚未流通股份	国家股	2 410.61	2 773.43	3 046.53	3 344.20	3 433.34	4 588.21	6 033.88
	发起法人股	663.17	664.51	699.95	757.32	552.22	565.88	723.17
	外资法人股	45.80	53.26	59.23	70.30	226.30	69.47	88.43
	定向募集法人股	245.25	299.70	309.71	345.02	242.83	115.83	49.18
	内部职工股	23.75	15.62	10.97	8.94	3.97	2.46	0.66
	其他	16.28	32.02	34.36	46.45	286.59	3967.57	5242.99
已流通股份	A 股	1 318.13	1 509.22	1 714.73	1 992.53	2 281.16	3 300.85	4 838.49
	B 股	163.10	167.61	175.35	197.01	218.08	228.99	250.91
	H 股	331.94	360.07	377.62	387.64	415.53	2 107.94	5 242.09
	流通股占比/(%)	34.75	34.67	35.28	36.05	38.20	37.77	45.97
	合计	5 218.01	5 875.45	6 428.46	7 149.43	7 629.51	14 926.35	22 469.8

数据来源:《中国证券期货统计年鉴》,2008 年。

另外,我国的上市公司大多是由国家控股的,特别是大型国有企业,国家处于绝对控股地位。在政府控制上市公司产权与管理权的情况下,上市公司的决策受到政府行为的影响,上市公司的行为受到行政干预,而非市场机制,这就使得上市公司偏离市场目标,普遍存在行为短期化、经营绩效低下的问题。

2. 信息披露不规范行为

首先,信息披露过程中的信息操纵行为。所谓信息操纵行为主要指上市公司采用不恰当的会计处理方法,发布有着明显误导性的财务报告,以掩盖真实的财务信息,来骗取股东的信任和投资。运用信息操纵行为粉饰真实的财务信息,这种手段在我国证券市场上亦不乏其例,如"南通机床"为达到配股条件在其年度报告中,通过会计手段,将投资收益追加到主营业务利润,用以提高公司主营业务的业绩,以达到配股的目的。

其次,信息披露过程中的信息披露不充分。目前上市公司的信息披露中,仍有很多上市公司流于形式,主要表现在以下方面:某些真正有影响的重大事件不予以公告,而是采取避重就轻的手法,夸大有利影响的事实,隐瞒负面影响的事实,误导投资者。在信息披露中,措辞模棱两可,定性内容披露多,定量内容披露少。这些现象在一定程度上降低了信息的可信度,从而影响了投资者对上市公司真实情况的了解,不能做出正确的判断和选择。

3. 资金利用效率低下

从对上市公司的选择来看,上市公司一般都是我国各行业中经营效益较好,治理结构较为完善的公司。理论上,企业上市以后其经营效益理应得到提高,但我国的现实情况是上市公司并没有比非上市企业表现出更高的经营效率。在此,我们可以采用与国有企业的财务指标进行对比的方法来衡量上市公司的资本使用效率。

从财务学原理来看,资产收益率是反映企业盈利能力和资金利用效率的最主要指标,是企业销售规模、成本控制、资产营运、筹资结构的综合体现,也是综合性最强的财务指标,直接体现了股东拥有的净资产的盈利能力。因此,我们选用净资产收益率作为比较指标。由于缺乏非上市企业的相关财务数据,而国有企业在我国企业类型中,处于较差的行列,是一个不争的事实,这里我们选取国有及国有控股工业企业和已在沪深两市上市的工业企业的资本收益率作一个比较。结果见表 3-16。

表 3-16　上市公司与国有企业的资产收益率比较

单位:%

时间/年	国有及控股工业企业	上市公司
2003	4.06	3.55
2004	4.97	4.21
2005	5.54	3.61
2006	6.28	2.34
2007	6.82	3.24
2008	3.81	2.21
2009	4.30	2.21
2010	5.95	2.58

数据来源:《中国证券期货统计年鉴》《中国统计年鉴》

从上市公司与国有企业的资产收益率的比较可以看出,我国上市公司虽然在融资的数量和融资成本上,比其他类型的企业更有优势,但上市公司的资产收益率的增长情况甚至还远远低于国有企业。从表 3-16 可以看出,2003 年以来,国有企业的资产收益率一直处于上升趋势,一直延续至 2008 年金融危机。2007 年国有企业的资产收益率达到 6.82%,是上市公司资产收益率的 2 倍还多。

这些数据的对比结果可以说明,上市公司热衷于"圈钱"的现象较明显,而公司治理和盈利能力则未相应跟上。曾芒等(2005)选择了 2000—2001 年首次公开发行上市的上市公司在上市前和上市后第三年的每股利润、净资产收益率以及总资产收益率等指标进行描述统计,并运用定量分析法,以每股净资产增长率为因变量对资本使用效率进行多元回归分析。他们的研究结果表明我国上市公司筹集的资金并没有给上市公司经营业绩指标带来显著的变化,筹集资本使用效率偏低,没有从整体上有效改善上市公司的经营业绩。

4. 投资者结构不合理

成熟股票市场的一个显著标志就是机构投资者占有很大比例,而个人投资者大多是通过基金等机构进行间接投资,个人直接持股的比例较小。机构投资者是指从事证券投资的法人机构,主要有保险公司、养老基金和投资基金、证券公司、银行等。我国股票市场经过近几年的快速发展,机构投资者数量显著增长。截至2005 年年底,我国共有 53 家基金管理公司,证券投资基金总规模达 4 691 亿元,持有股票资产为 1 813 亿元,占股票流通市值的比例约为 17%,[①]但与成熟市场还有差距。香港股票市场的投资者中,个人投资者交易额只占 30% 左右,而机构投资者交易额达到了 65% 左右(见表 3-17)。这种以机构投资者为主的格局,很大程度上推动了上市公司治理,加强了对上市公司的监督和约束作用,在增强市场的流动性水平和引导长期投资理念等方面发挥了积极作用。

当前我国股票市场中,个人投资者仍然是证券市场的投资主体,机构投资者的队伍还不够壮大,投资规模还比较小,在证券市场起到的作用也很有限。个人投资者在信息收集、研究能力等方面处于劣势,在投资行为上具有很强的盲目性和跟风倾向,非理性交易比例较大。个人投资者的投资理念不成熟,投资决策不是以市场价值为取向,而是以追逐买卖差价为目标。这种选择行为对上市公司的价值判断出现偏差,使股票价格偏离其真实价值,不能

---

① 　周正庆:《证券知识读本》(修订本),中国金融出版社,2006。

反映出上市公司的质量,对上市公司监管弱化。这样一来,就使得那些经营业绩高于平均水平的上市公司因为股价低于预期,而选择退出证券市场;而经营水平低于平均水平的企业,因其股份是高于预期的,所以愿意进行上市融资。最终会形成劣质的上市公司驱逐优质的上市公司的恶性循环,经营效益差的上市公司留在了市场上。这种逆向选择的现象,抑制了股票市场的资源配置功能的发挥。

另外,机构投资者比例较小,不能对上市公司起到监督和约束作用,使上市公司违背市场规范,出现包装、造假等行为,使募集的资本得不到有效利用,进一步弱化了投资价值,造成进一步的恶性循环,对股票市场优化资本配置造成严重的影响。

**表 3-17　2006—2009 年香港股票市场
成交额按投资者类别组成**

时间/年 按资者类别		2006	2007	2008	2009
交易所参与者本身的交易		8%	5%	4%	6%
本地投资者	个人	30%	27%	28%	26%
	机构	27%	26%	25%	27%
外地投资者	个人	2%	3%	4%	3%
	机构	33%	39%	39%	38%
合计		100%	100%	100%	100%

数据来源:香港联交所网站。

3.5　完善我国股票市场的政策建议

1.完善证券市场制度建设

逐步推进股票发行制度的改革,加快市场化进程,确定市场化机制对股票市场资源配置的基础性地位。股票发行制度要逐步减少行政干预色彩并向注册制过渡。坚持推进市场机制决定的发行制度,逐步由核准制向注册制演变。注册制具有较之核准制更高的效率,这不仅是因为形式审查大大降低了监管部门的工作量,更主要是因为这一制度确保了最大限度地发挥股票市场进行资源配置的基础性作用,提高证券市场发行的公开性与透明度,具备条件的、优秀的、高质量企业获得发行和上市资格。发行制度的改革,标志着我国股票市场的资源配置机制真正地由计划分配向市场机制转变。在注册制制度下,才能增强中介机构的责任机制,保证信息披露的真实性和公开性,由市场供求机制形成均衡价格,引导股票市场上的资本有效率的配置。

2. 转变政府行为方式,明确政府在证券市场运行中的角色

在证券市场发展初期,政府的作用是不可代替的,也是至关重要的。政府可以解决发展初期存在的盲目性和脆弱性。政府介入证券市场运行的过程,也是证券市场不断发展,逐步走向规范的过程。我国证券市场是在计划经济向市场经济改革过程中成立的,市场形成之初,制度建设处于摸索之中,市场主体建设不完善,政府对证券市场的运行进行干预是重要的、必须的,这样有利证券市场走向规范和成熟。在证券市场逐渐成熟,制度也逐步完善的条件下,相应的一些政府行为也应该逐渐被市场机制所替代,对自律组织的行政管理等行为应逐步取消。政府的行为应做相应的调整,由过去一直采用的直接干预转变为完善制度、加强监管,由市场机制自发调整。动态界定政府与市场行为边界,政府行为与市场机制相互补充,使我国股票市场在市场机制为主导的前提下,政府有效地供给有利于股票市场长远发展的基本制度,纠正市场失灵现象。

3. 提高上市公司质量,完善公司治理结构

上市公司是中国企业的优秀代表,也是经济发展中的优势群

体,是证券市场投资价值的来源。通过提高上市公司的质量来强化上市公司的竞争优势,促进股票市场的稳定发展,增强证券市场的活力,充分发挥股票市场资源配置功能。通过完善公司治理结构,提高公司治理水平,进一步健全独立董事制度。督促上市公司加强内控制度建设,加强公司自我评估和外部审计检查,提高风险防范能力。建立有效的激励约束机制,鼓励机构投资者参与公司治理,促进企业经营效益的提高。另外,要大力发展机构投资者,对于稳定市场、活跃交易和促进上市公司治理结构等方面有着积极的作用。

第 4 章 中国财产保险公司效率研究

自 1980 年我国全面恢复国内保险业务以来,我国财产保险业在各方面都取得了快速发展,保费收入和总资产规模都有了明显的增长。截至 2008 年 12 月底,我国财产保险公司保费收入 2 446.3 亿元,同比增长 17.2%;资产总额为 4 687 亿元,比年初增长了 20.8%。然而,2008 年人身保险保费收入同比增长了 48.25%,可见财产保险保费收入的增长速度远远低于人身保险。另外,2004—2008 年间,财产保险保费收入占整个保险业保费收入的比例按年分别为 25.75%、26.02%、28.01%、28.4%和 25%,可见财产保险保费规模不足总保费的三分之一。[①]

在我国财产保险迅速发展的同时,也要清楚地认识到财产保险公司自身存在的不足,在经营过程中依然存在着这样或是那样的问题,与国外财产保险公司相比,存在着巨大差距。造成这一局面的原因是多方面的,其中一个重要原因是其经营效率在一定程度上制约了公司发展。从本质上来讲,财产保险公司发展的关键取决于经营效率而不是增长速度。长期以来,我国财产保险公司采用粗放式经营方式,只追求数量的增多而忽略了质量的提高,对资源的利用效率并不重视,使得财产保险公司缺乏竞争力,阻碍了公司的进一步发展。随着我国加入世界贸易组织(WTO),我国保险市场加大了对外开放的力度,国外财产保险公司纷纷进入我国保险市场,这给我国财产保险业的发展带来了机遇,同时带来了挑

---

① 数据来源于 2005—2010 年《中国保险年鉴》。

战。一方面,外资财产保险公司的进入,给我国财产保险业注入新的血液,带来了先进的管理理念和经营方针,以其完善的售后服务为我国财产保险业的发展做出贡献;另一方面,外资保险公司的到来,本身是对中资保险公司的一种挑战,随着外资保险公司的经营范围逐步扩大,其市场竞争力会逐渐增强,这样,使得中资保险公司不得不改善其经营状况,提高公司的整体效率。无论是外资财产保险公司,还是中资财产保险公司,都应以先进的技术水平为基础,把以提高效率为核心的集约化经营作为长期的目标,只有这样,我国财产保险公司的整体竞争力才能提高,进而推动整个保险业的持续、健康、稳定的发展。因此,对我国财产保险公司效率及其影响因素进行研究,探索提高我国财产保险公司效率的途径,具有重要的现实意义。

4.1 保险公司效率的内涵及分类

1. 保险公司效率的内涵

经济学界对于"效率"一词争论不休,目前也没有一个明确的界定。在现代经济学理论中,效率通常是生产效率的简称,有时也称作经济效率或者综合效率。萨缪尔森认为,效率意味着尽可能有效运用经济资源以满足人们的需要,即"当在不减少一种物品生产的情况下,就不能增加另一种物品生产时,它的运行便是有效率的"。

由于效率可以反映一个企业的经营业绩、资源利用状况、技术水平,所以,近年来,效率的研究被广泛应用到对金融机构业绩的评价中来,对保险公司的效率研究亦不例外。通过归纳以往的研究,得出保险公司效率的一般定义,即保险公司在业务活动中投入与产出或成本与收益之间的对比关系。从根本上来看,保险公司的效率是保险公司在保证偿付能力和实现盈利的基础上,有效配置保险资源并最大限度地推动社会资源的流动,是保险公司投入产出能力、市场竞争能力和可持续发展能力的总称。

对于保险公司来说,追求利润最大化是其经营的目标,为了实现这一目标,保险公司必须投入资源,生产产品,并以一定的价格出售产品。在这一过程当中,保险公司通过全面的风险管理、资产负债管理等,尽可能地节省投入或扩大产出,以实现利润最大化。但是投入的最小化和产出的最大化并不一定能够实现,保险公司效率衡量的就是其实现投入最小化或产出最大化的有效程度。

对于保险效率的研究,可以分为三个层次:微观保险业效率(保险公司效率)、中观保险业效率(保险市场结构和市场绩效)、宏观保险业效率(保险业对经济发展的贡献度)。这三个层次的效率并不是完全独立的,而是相互联系、互为因果的。如果单个保险公司的经营效率提高,使得交易成本降低,那么对整个保险业来说,也就意味着交易成本的节约,即保险公司效率的增长合成为保险业和整个国民经济效率的增长。因此,保险业效率的提高有赖于保险公司资源配置的合理和效率的提高。相反,微观层面的保险公司效率的损失和降低,必然会导致整个保险业效率的下降,甚至会影响宏观经济整体效率。综上所述,保险公司效率的研究是保险业效率研究的基础和核心。

2.保险公司效率的分类

按照不同的分类方法,保险公司效率具有不同的表现形式:

(1)按照决定效率的手段分为技术效率和配置效率。Farrell利用投入-产出模型将效率分为技术效率(TE)和配置效率(AE)。技术效率是指在给定一组投入要素不变的前提下,保险公司的实际产出同最大产出之比,也就是保险公司实现投入和产出的最优组合能力,它是劳动生产率及资本生产率加以综合的效率指标;配置效率主要反映给定投入价格时保险公司以适当比例使用各项投入,从而到达产出最优的能力,即利用价格优势寻求最优的要素投入组合,或者说是在一定产出量的情况下,保险公司最小化其成本的能力。技术效率与配置效率的乘积等于总的经济效率。

此外,Farrell 进一步将技术效率分解为纯技术效率和规模效率,纯技术效率衡量规模报酬可变时保险公司与生产前沿之间的距离,而规模效率衡量规模报酬不变的生产前沿与规模报酬变化的生产前沿之间的距离。

(2)按照影响效率的因素来源分为保险内部效率和保险外部效率。保险外部效率包括保险市场效率、保险监管效率等;保险内部效率包括保险承保效率、保险理赔效率、保险资金运用效率、保险人力资源管理效率、保险产品创新效率、协调效率等。

(3)按照生产要素分为劳动力效率、资源效率和资本使用效率。由于生产经营的组织都是以生产要素为依据的,按照生产要素划分的效率形式与按职能来划分的效率形式虽然形式不同,但是二者实质没有区别。

4.2 基于 DEA 的中国财产
保险公司效率的测算

4.2.1 样本公司的选择

截至 2009 年,中国保险市场上正式登记的财产保险公司共有 47 家(不含再保险公司),其中中资财产保险公司 31 家,外资财产保险公司 16 家。为了全面地反映我国财产保险公司的效率问题,本研究力求将所有在我国保险市场上营业的财产保险公司都囊括在样本中,但由于某些公司无法获得全部的指标数据,只得将这些公司剔除出样本集。另外,尽管目前外资财产保险公司在我国财产保险市场所占份额不大,但外资公司在经营上实施的是利润导向战略,与一些中资公司的规模扩张战略形成鲜明对比,有必要对中资、外资财产保险公司的效率进行比较分析,因此,本研究的样本既包括中资财产保险公司,也包括外资财产保险公司。

　　为了能够反映近年来我国财产保险市场的效率变化情况,使分析结果既有横向比较也有纵向比较,选取样本的时间跨度为2005—2009 年,在此期间,财产保险公司中资、外资公司数见表 4 - 1。

表 4 - 1　2005—2009 年各年我国财产保险公司数量

年份	2005		2006		2007		2008		2009	
财产保险	中资	外资	中资	外资	中资	外资	中资	外资	中资	外资
公司数	18	16	22	13	25	13	27	15	31	16

　　通过综合考虑,最终选取了 25 家财产保险公司作为样本进行分析,其中中资公司 17 家,外资公司 8 家。这 25 家公司的市场份额及资产总额占我国财产保险业的比例均达 88%以上,具有很强的代表性。25 家财产保险公司的市场份额及其公司具体情况分别见表 4 - 2~表 4 - 4。

表 4 - 2　2005—2009 年各年所有样本公司总市场份额情况

单位:亿元

时间/年	2005	2006	2007	2008	2009
财险公司总保费收入	1 123.53	1 282.74	1 580.35	2 086.5	2 446.3
样本公司保费收入总和	1 123.38	1 260.99	1 540.81	1 987.72	2 259.29
样本公司总市场份额	99.99%	98.30%	97.50%	95.26%	92.35%

注:根据 2006—2010 年《中国保险年鉴》计算得出。

表 4 - 3　2005—2009 年间各年所有样本公司资产总额占比情况

单位:亿元

时间/年	2005	2006	2007	2008	2009
财险公司资产总额	1 427.27	1 718.81	2 366.00	3 880.5	4 687
样本公司资产总额	1 344.58	1 605.09	2 227.61	3 636.38	4 166.46
样本公司资产占比	94.21%	93.38%	94.15%	93.71%	88.89%

注:根据 2006—2010 年《中国保险年鉴》计算得出。

表 4 - 4　样本公司主要情况

公司名称	成立时间	公司性质	省级分支机构数（含筹建）（截至 2009 年）
中国人民财产保险股份有限公司	1949	中资	36 家
中国平安财产保险股份有限公司	1988	中资	37 家
中国太平洋财产保险股份有限公司	1991	中资	40 家
太平保险有限公司	1929	中资	28 家
华泰财产保险股份有限公司	1996	中资	24 家
中华联合财产保险股份有限公司	1986	中资	24 家
中国大地财产保险股份有限公司	2003	中资	34 家
阳光财产保险股份有限公司	2005	中资	33 家
天安保险股份有限公司	1994	中资	32 家
大众保险股份有限公司	1995	中资	8 家
华安财产保险股份有限公司	1996	中资	30 家

续 表

公司名称	成立时间	公司性质	省级分支机构数（含筹建）（截至 2009 年）
永安财产保险股份有限公司	1996	中资	20 家
永诚财产保险股份有限公司	2004	中资	25 家
安邦财产保险股份有限公司	2004	中资	38 家
渤海财产保险股份有限公司	2005	中资	25 家
民安保险(中国)有限公司	1982	中资	18 家
中银保险有限公司	2001	中资	22 家
美亚财产保险有限公司	1992	外资子公司	4 家
东京海上日动火灾保险(中国)有限公司	1994	外资子公司	1 家
丰泰保险(亚洲)有限公司上海分公司	1997	外资分支公司	1 家
太阳联合保险(中国)有限公司	1998	外资子公司	1 家
三井住友海上火灾保险(中国)有限公司	2001	外资子公司	2 家
三星火灾海上保险(中国)有限公司	2001	外资子公司	4 家
安联保险公司广州分公司	2002	外资分支公司	1 家
日本财产保险(中国)有限公司	2003	外资子公司	2 家

需要对表 4-4 说明的：

(1)公司名称以 2010 年《中国保险年鉴》中的公司名称为准，包括外资分公司改子公司的，均以更改后的名称为准。

（2）成立时间以公司重组前或是更名前的成立时间为准,例如平安财产保险公司的成立时间以中国平安为准(1988年成立);三星火灾海上保险(中国)有限公司以其前身三星火灾海上保险上海分公司为准(2001年成立)。

（3）为了能够较为全面地分析我国财产保险公司的效率,尽量选取了在2004年有经营数据的所有财产保险公司,此外,还选取了两家2005年开业的财产保险公司:阳光财产保险股份有限公司和渤海财产保险股份有限公司,样本期间为2005—2009年。

（4）民安保险(中国)有限公司前身是香港民安保险深圳分公司(1982年成立),2004年5月经保监会批准,改名为民安保险(中国)有限公司,是我国第一家分改子的保险公司,2006年5月该公司得到保监会批准,作为中资保险公司管理;中银保险有限公司于2005年进行成功改制后,又于2007年经保监会批准,以中资身份进行经营。因此,将上述两家公司的性质认定为中资。

4.2.2　评价指标的选取

运用DEA方法的关键在于正确地选取评价指标体系,然而在以往的研究中,关于保险公司的投入、产出指标的选取方法主要有以下三种:中介法、成本法以及增加值法。具体来说,中介法将保险公司作为纯金融中介,通过借入资金的资产化管理来赚取利息差价;利用成本法决定投入、产出指标时,主要考虑该指标对保险公司的收益贡献率,这种方法需要得到保险公司的机会成本和产品收益的精确数据;增加值法的核心是将可以给公司带来明显的价值增值的要素作为产出变量,给公司带来价值减少的要素作为投入变量。由于财产保险公司不仅提供金融中介服务,还有更多金融中介以外的服务,加上保险公司的机会成本等数据难以得到,因此,利用增加值法在选取保险公司投入、产出指标时被认为是比较有效的。

考虑到我国财产保险公司的发展现状以及市场发展的特殊性,采用增加值法确定保险公司的投入、产出指标。

1. 投入指标的选取

借鉴以往研究文献,同时结合财产保险公司自身的经营特点,采用劳动力投入、资本投入、净赔款支出以及费用支出作为研究的投入指标,因为对保险公司来说,人力、物力、财力是其进行生产时必要的投入。现阶段,我国财产保险公司主要采取粗放式经营,大都还是依靠人力资源的投入以及机构的扩张来壮大规模,同时财产保险公司在提供保险服务过程中,必须配以诸如管理人员、核保人员、精算人员、理赔人员、法律人员等相关人员才能完成,因此,人力资本是其主要投入,本研究用当年保险公司全体员工人数作为劳动力投入。

资本对于财产保险公司来说同样重要,它是财产保险公司生产过程中必不可少的一个投入指标,资本金不仅要满足保险监管机构的最低要求,同时,也是保险公司偿付能力的最后防线,是对其产品风险的一种承诺,因此,必然要将资本作为财产保险公司的一项重要投入,用资产负债表中的实收资本表示资本的投入。

将净赔款支出作为保险公司的一个投入指标,主要依据是增加值法。对保险公司而言,其经营的目的是追求利润最大化,过多的赔款支出显然不符合其经营目的,尤其对于股份制保险公司而言,其拥有者建立公司的初衷显然不在于此。这里的净赔款支出等于各保险公司损益表中的赔款支出加上分保赔款支出减去摊回分保赔款支出。

费用支出同样是财产保险公司的一项重要投入指标,它代表了财产保险公司日常经营的必要支出,例如广告费、公关费、对中介机构和兼业代理的支出等许多方面,采用损益表中的费用作为费用支出。

2. 产出指标的选取

在产出指标的选取上,将采用净保费收入和投资收入作为财产保险公司的产出指标。财产保险公司的产品是一纸保单,是一种无形的商品,通过收取投保人缴纳的保费,运用大数法则将投保人不确定的风险损失转化为确定的支出,从而实现盈利。由此可见,保费收入是财产保险公司实现利润最大化的关键因素,选取净保费收入作为产出指标。该指标由三部分组成,第一部分是保费收入,代表公司承保业务在当年的收入情况;第二部分是分保费收入,代表公司作为再保险人承保业务的收入情况;第三部分是分出保费,代表公司将其承担的保险业务,以分保形式部分转移给其他保险人所支付的保险费。因此,计算净保费收入时,它应等于保费收入加上分保费收入减去分出保费。

由于财产保险公司的保费收入与赔款支出之间存在着时间差,这为财险公司运用资金创造了条件。尽管对于有的公司来说,其可投资资金的额度不是很大,投资收入相对保险业务收入来说也可以忽略不计,但是随着国家对财产保险公司监管的逐步放宽,其可投资资金的额度在逐渐上升,投资收入在总收益中的占比越来越多。同时,财产保险公司通过投资收益可以在制定保费时适当降低费率,这一点在竞争日益激烈的财产保险市场中显得尤为重要。因此,有必要将投资收入作为财产保险公司的一个产出指标,以投资收益与利息收入之和来代表投资收入。

3. 指标的构成及其来源

通过以上分析,结合数据的可获得性,将投入指标确定为员工人数(X_1)、实收资本(X_2)、净赔款支出(X_3)及费用支出(X_4),将产出指标确定为净保费收入(Y_1)及投资收入(Y_2),各指标的构成见表 4 - 5,各原始数据均来源于 2005—2009 年各年《中国保险年鉴》以及保监会网站。

表 4 - 5　各投入、产出指标的构成及其来源

指标名称	构成	来源
员工人数(X_1)	各公司员工总数	各公司人员结构情况表
实收资本(X_2)	所有者权益中的实收资本	各财产保险公司资产负债表
净赔款支出(X_3)	赔款支出＋分保赔款支出－摊回分保赔款支出	各财产保险公司损益表
费用支出(X_4)	分保费用支出＋手续费支出＋营业费用－摊回分保费用	各财产保险公司损益表
净保费收入(Y_1)	保费收入＋分保费收入－分出保费	各财产保险公司损益表
投资收入(Y_2)	投资收益＋利息收入	各财产保险公司损益表

需要说明的:

(1)平安财产保险公司的员工人数由于没有独立公布,则通过其在平安集团中的保费占比乘以总人数来代替其员工人数。

(2)由于阳光财产保险公司和渤海财产保险公司均成立于2005年,在2004年没有经营数据,因此,测算2004年各财产保险公司效率时不包括上述两家公司。

(3)一些公司在某一年的个别指标数据不存在,进行效率测算时用10^{-6}代替。

4.投入、产出指标的相关性分析

在对各财产保险公司进行效率测算之前,有必要对所选取的投入、产出指标进行相关性分析。采用皮尔森(Pearson)相关系数$r = \dfrac{L_{XY}}{\sqrt{L_{XX}L_{YY}}}$对投入、产出指标间的相关性进行分析,其中,$L_{XX} =$

$$\sum_{i=1}^{n}(X_i-\overline{X})^2, L_{YY}=\sum_{i=1}^{n}(Y_i-\overline{Y})^2, L_{XY}=\sum_{i=1}^{n}(X_i-\overline{X})(Y_i-\overline{Y}),$$

利用 SPSS 软件分析,结果见表 4-6。

表 4-6　投入、产出各指标相关系数表

		员工人数	实收资本	净赔付支出	费用支出
2005	净保费收入	0.982	0.981	0.997	0.999
	投资收入	0.708	0.715	0.668	0.696
2006	净保费收入	0.966	0.964	0.996	0.998
	投资收入	0.887	0.913	0.912	0.926
2007	净保费收入	0.934	0.950	0.997	0.996
	投资收入	0.849	0.887	0.920	0.921
2008	净保费收入	0.907	0.950	0.996	0.997
	投资收入	0.805	0.780	0.800	0.829
2009	净保费收入	0.926	0.904	0.997	0.984
	投资收入	0.747	0.725	0.819	0.787

通过相关性分析,不难看出,投入、产出指标之间有较强的相关性,说明所选指标比较合适,为接下来的 DEA 测算奠定了基础。

4.2.3　我国财产保险公司效率的测算结果

本节将根据前文所列的投入、产出指标与相关 DEA 模型,利用 Lindo 软件测算我国 25 家财产保险公司 2005—2009 年的技术效率(TE)、纯技术效率(PTE)和规模效率(SE)、规模报酬增减情况及其各公司的排名,各年度的测算结果分别见表 4-7~表 4-11,结果均保留 4 位小数。

表 4-7a 2005 年各公司的效率及规模报酬情况

公司名称	超效率	TE	PTE	SE	$\sum_{i=1}^{n}\lambda_i$	RS	排名
人保财险	1.002 6	1	1	1	1	不变	13
平安财险	2.311 5	1	1	1	1	不变	3
太平洋财险	0.919 9	0.919 9	0.975 4	0.943 1	2.647 6	递减	16
太平保险	0.776 9	0.776 9	0.841 4	0.923 3	3.127	递减	20
华泰财险	1.013 4	1	1	1	1	不变	12
中华联合	3.732 0	1	1	1	1	不变	1
大地财险	1.536 7	1	1	1	1	不变	5
天安保险	1.019 0	1	1	1	1	不变	11
大众保险	0.838 0	0.838 0	0.843 1	0.994 0	0.109 3	递增	18
华安财险	0.815 2	0.815 2	0.819 9	0.994 3	1.289 4	递减	19
永安财险	0.966 4	0.966 4	0.974 9	0.991 3	0.573 6	递增	15
永诚财险	1.437 8	1	1	1	1	不变	7
安邦财险	0.235 9	0.235 9	1	0.235 9	0.169 1	递增	23
民安保险	1.191 1	1	1	1	1	不变	8
中银保险	2.705 1	1	1	1	1	不变	2
美亚财产	0.999 9	0.999 9	1	0.999 9	1.515 5	递减	14
东京海上	1.463 8	1	1	1	1	不变	6
丰泰保险	0.719 1	0.719 1	1	0.719 1	0.361 5	递增	21
太阳联合	0.869 6	0.869 6	1	0.869 6	0.578 3	递增	17
三井住友	1.090 8	1	1	1	1	不变	10
三星火灾	0.612 2	0.612 2	0.870 3	0.703 4	0.472 3	递增	22
安联保险	1.708 8	1	1	1	1	不变	4
日本财产	1.119 0	1	1	1	1	不变	9

表 4 - 7b 2005 年各公司投入产出指标的松弛变量

公司名称	S^{1-}	S^{2-}	S^{3-}	S^{4-}	S^{1+}	S^{2+}
人保财险	0	0	0	0	0	0
平安财险	0	0	0	0	0	0
太平洋财险	10 541.235 3	0	0	0	0	77.958 2
太平保险	927.756 2	0	0	0	0	0
华泰财险	0	0	0	0	0	0
中华联合	0	0	0	0	0	0
大地财险	0	0	0	0	0	0
天安保险	1 400.714 2	0	0	0	0	41.585 1
大众保险	352.365 8	117.110 4	0	54.349 0	0	26.909 3
华安财险	93.107 3	0	0	0	0	10.602 6
永安财险	1 512.121 3	0	0	0	0	2.760 6
永诚财险	0	0	0	0	1.305 9	0
安邦财险	146.356 3	0	0	0.141 4	0	0
民安保险	0	0	0	0	0	0
中银保险	0	0	0	0	0	0
美亚财产	496.865 4	69.114 1	0	0	0	0
东京海上	0	0	0	0	0	0
丰泰保险	0	0	0	0.597 9	0	0
太阳联合	0	0	8.483 3	0	0	0.002 1
三井住友	0	0	0	0	0	0
三星火灾	0	0	0	0.123 6	0	0
安联保险	0	0	0	0	0	0
日本财产	0	0	0	0	0	0

表 4 - 8a　2006 年各公司的效率及规模报酬情况

公司名称	超效率	TE	PTE	SE	$\sum\limits_{i=1}^{n}\lambda_i$	RS	排名
人保财险	0.975 9	0.975 9	1	0.975 9	5.750 6	递减	13
平安财险	1.475 3	1	1	1	1	不变	10
太平洋财险	0.915 5	0.915 5	1	0.915 5	2.606 7	递减	16
太平保险	0.743 1	0.743 1	0.764 6	0.971 9	3.592 1	递减	23
华泰财险	0.925 5	0.925 5	0.957 3	0.966 8	3.365 7	递减	15
中华联合	6.615 4	1	1	1	1	不变	1
大地财险	1.047 2	1	1	1	1	不变	12
阳光财险	1.778 8	1	1	1	1	不变	6
天安保险	0.873 0	0.873 0	0.897 9	0.972 3	0.505 2	递增	17
大众保险	2.566 1	1	1	1	1	不变	3
华安财险	0.749 5	0.749 5	0.750 4	0.998 8	1.368 2	递减	22
永安财险	0.869 5	0.869 5	0.986 3	0.881 6	0.173 5	递增	18
永诚财险	1.802 3	1	1	1	1	不变	5
安邦财险	3.094 0	1	1	1	1	不变	2
民安保险	0.707 4	0.707 4	0.780 3	0.906 6	0.678 5	递增	25
中银保险	0.971 6	0.971 6	1	0.971 6	0.739 1	递增	14
渤海财险	1.565 6	1	1	1	1	不变	8
美亚财产	0.836 4	0.836 4	0.843 6	0.991 5	0.828 6	递增	20
东京海上	1.174 5	1	1	1	1	不变	11
丰泰保险	0.766 8	0.766 8	1	0.766 8	0.347 8	递增	21
太阳联合	0.869 0	0.869 0	0.917 4	0.947 2	0.666 2	递增	19

续　表

公司名称	超效率	TE	PTE	SE	$\sum\limits_{i=1}^{n}\lambda_i$	RS	排名
三井住友	1.492 3	1	1	1	1	不变	9
三星火灾	0.729 9	0.729 9	0.985 5	0.740 6	0.182 8	递增	24
安联保险	2.134 0	1	1	1	1	不变	4
日本财产	1.638 5	1	1	1	1	不变	7

表 4 – 8b　2006 年各公司投入产出指标的松弛变量

公司名称	S^{1-}	S^{2-}	S^{3-}	S^{4-}	S^{1+}	S^{2+}
人保财险	15 997.629 9	1 672.257 2	0	9 811.196 3	0	1 180.319 0
平安财险	0	0	0	0	0	0
太平洋财险	4 850.090 3	0	0	0	0	0
太平保险	810.908 0	0	4.138 1	0	0	0
华泰财险	0	0	86.431 6	0	0	0
中华联合	0	0	0	0	0	0
大地财险	0	0	0	0	0	0
阳光财险	0	0	0	0	0	0
天安保险	5 148.429 7	0	0	0	0	29.871 1
大众保险	0	0	0	0	0	0
华安财险	2 149.497 2	0	0	0	0	0
永安财险	7 102.183 1	0	0	116.659 0	0	29.838 4
永诚财险	0	0	0	0	0	0
安邦财险	0	0	0	0	0	0

续 表

公司名称	S^{1-}	S^{2-}	S^{3-}	S^{4-}	S^{1+}	S^{2+}
民安保险	20.026 3	95.434 9	0	0	0	0
中银保险	39.781 2	187.740 5	0	0	0	0
渤海财险	0	0	0	0	0	0
美亚财产	304.331 0	0	0	0	0	0
东京海上	0	0	0	0	0	0
丰泰保险	0	0	2.017 1	0	0	0
太阳联合	0	0	17.316 0	0	0	0
三井住友	0	0	0	0	0	0
三星火灾	0	0	5.498 6	0.479 3	5.160 7	0
安联保险	0	0	0	0	0	0
日本财产	0	0	0	0	0	0

表 4 - 9a　2007 年各公司的效率及规模报酬情况

公司名称	超效率	TE	PTE	SE	$\sum\limits_{i=1}^{n}\lambda_i$	RS	排名
人保财险	1.154 9	1	1	1	1	不变	11
平安财险	1.199 4	1	1	1	1	不变	9
太平洋财险	1.027 2	1	1	1	1	不变	15
太平保险	0.826 4	0.826 368 8	0.826 411 8	0.999 9	0.806 3	递增	24
华泰财险	1.154 2	1	1	1	1	不变	12
中华联合	1.165 4	1	1	1	1	不变	10
大地财险	0.929 2	0.929 2	0.933 1	0.995 6	1.056	递减	18

续 表

公司名称	超效率	TE	PTE	SE	$\sum_{i=1}^{n}\lambda_i$	RS	排名
阳光财险	1.529 1	1	1	1	1	不变	5
天安保险	0.827 9	0.827 9	0.828 0	0.999 9	0.969 1	递增	22
大众保险	0.796 3	0.769 3	0.864 5	0.889 9	0.221 9	递增	25
华安财险	3.173 7	1	1	1	1	不变	2
永安财险	1.304 3	1	1	1	1	不变	7
永诚财险	1.655 1	1	1	1	1	不变	4
安邦财险	0.966 0	0.966 0	1	0.966 0	5.028 8	递减	17
民安保险	0.848 5	0.848 5	0.956 6	0.887 0	0.430 9	递增	21
中银保险	1.003 0	1	1	1	1	不变	16
渤海财险	1.341 9	1	1	1	1	不变	6
美亚财产	1.059 5	1	1	1	1	不变	13
东京海上	7.040 3	1	1	1	1	不变	1
丰泰保险	0.907 0	0.907 0	1	0.907 0	0.235 2	递增	19
太阳联合	1.225 0	1	1	1	1	不变	8
三井住友	1.033 7	1	1	1	1	不变	14
三星火灾	0.850 1	0.850 1	1	0.850 1	0.141 3	递增	20
安联保险	2.833 0	1	1	1	1	不变	3
日本财产	0.826 6	0.826 6	0.901 5	0.916 9	0.248 6	递增	23

表 4 – 9b　2007 年各公司投入产出指标的松弛变量

公司名称	S^{1-}	S^{2-}	S^{3-}	S^{4-}	S^{1+}	S^{2+}
人保财险	0	0	0	0	0	0
平安财险	0	0	0	0	0	0
太平洋财险	0	0	0	0	0	0
太平保险	1 424.531 3	0	0	0	0	29.954 4
华泰财险	0	0	0	0.45	0	0
中华联合	0	0	0	0	0	0
大地财险	3 435.246 6	0	0	0	0	103.542 3
阳光财险	0	0	0	0	0	0
天安保险	0	0	0	387.485 6	0	0
大众保险	0	0	4.297 8	0	0	0
华安财险	0	0	0	0	0	0
永安财险	0	0	0	0	0	0
永诚财险	0	0	0	0	0	0
安邦财险	523.631 8	0	0	0	0	206.746 6
民安保险	149.562 7	159.857 0	0	0	0	0
中银保险	0	0	0	0	0	0
渤海财险	0	0	0	0	0	0
美亚财产	0	0	0	0	0	0
东京海上	0	0	0	0	0	0
丰泰保险	0	88.337 3	5.143 5	0	0	0
太阳联合	0	0	0	0	0	0
三井住友	0	0	0	0	0	0
三星火灾	0	69.084 0	10.341 5	1.258 6	0	0
安联保险	0	0	0	0	0	0
日本财产	0	240.028 2	8.761 8	0	0	0

表 4 - 10a   2008 年各公司的效率及规模报酬情况

公司名称	超效率	TE	PTE	SE	$\sum_{i=1}^{n}\lambda_i$	RS	排名
人保财险	1.151 4	1	1	1	1	不变	7
平安财险	1.049 5	1	1	1	1	不变	9
太平洋财险	0.998 3	0.998 3	0.998 5	0.999 8	1.004 7	递减	13
太平保险	0.910 6	0.910 6	0.917 8	0.992 2	1.086 5	递减	15
华泰财险	2.113 8	1	1	1	1	不变	3
中华联合	1.453 7	1	1	1	1	不变	5
大地财险	0.899 2	0.899 2	0.908 5	0.989 8	1.211 7	递减	16
阳光财险	1.208 7	1	1	1	1	不变	6
天安保险	1.036 2	1	1	1	1	不变	10
大众保险	0.656 3	0.656 3	0.659 3	0.995 5	0.238 8	递增	24
华安财险	2.881 4	1	1	1	1	不变	2
永安财险	1.721 1	1	1	1	1	不变	4
永诚财险	0.999 9	0.999 9	1	0.999 9	1.004 8	递减	12
安邦财险	0.791 6	0.791 6	0.938 3	0.843 7	2.822 2	递减	19
民安保险	0.752 8	0.752 8	0.765 2	0.983 7	1.064 4	递减	21
中银保险	0.845 7	0.845 7	1	0.845 7	2.271 1	递减	17
渤海财险	1.012 7	1	1	1	1	不变	11
美亚财产	0.821 2	0.821 2	0.884 4	0.928 5	1.339 2	递减	18
东京海上	1.099 1	1	1	1	1	不变	8
丰泰保险	6.168 7	1	1	1	1	不变	1
太阳联合	0.683 6	0.683 6	0.834 3	0.819 4	0.450 1	递增	23
三井住友	0.993 1	0.993 1	1	0.993 1	0.130 1	递增	14
三星火灾	0.773 8	0.773 8	1	0.773 8	0.154 6	递增	20
安联保险	0.619 2	0.619 2	0.999 1	0.619 8	0.071 1	递增	25
日本财产	0.741 4	0.741 4	0.804 3	0.921 9	0.389 5	递增	22

表 4 - 10b 2008 年各公司投入产出指标的松弛变量

公司名称	S^{1-}	S^{2-}	S^{3-}	S^{4-}	S^{1+}	S^{2+}
人保财险	0	0	0	0	0	0
平安财险	0	0	0	0	0	0
太平洋财险	0	0	0. 364 3	0	0	0
太平保险	1 931. 595 6	0	0	0	0	223. 595 6
华泰财险	0	0	0	0	0	0
中华联合	0	0	0	0	0	0
大地财险	5 438. 709 0	0	0	0	0	5 69. 480 0
阳光财险	0	0	0	0	0	0
天安保险	0	0	0	0	0	0
大众保险	364. 182 6	157. 912 9	0	0	0	10. 748 8
华安财险	0	0	0	0	0	0
永安财险	0	0	0	0	0	0
永诚财险	0	0	0	0. 017 1	0	0
安邦财险	406. 630 4	0	0	0	0	801. 491 9
民安保险	1 290. 942 7	18. 591 5	0	0	0	6. 734 0
中银保险	803. 385 0	1 073. 565 9	0	0	0	26. 938 2
渤海财险	0	0	0	0	0	0
美亚财产	568. 981 5	15. 162 4	0	0	0	35. 574 6
东京海上	0	0	0	0	0	0
丰泰保险	0	0	0	0	0	0
太阳联合	10. 848 9	24. 200 4	0	0	0	4. 434 2
三井住友	42. 501 1	158. 387 1	0	0	0	20. 446 8
三星火灾	4. 399 3	144. 027 3	0	0	0	0. 532 3
安联保险	32. 775 0	104. 594 7	0	0	0	0
日本财产	97. 119 8	253. 129 5	0	0	0	0

表 4 - 11a 2009 年各公司的效率及规模报酬情况

公司名称	超效率	TE	PTE	SE	$\sum_{i=1}^{n}\lambda_i$	RS	排名
人保财险	1.346 0	1	1	1	1	不变	6
平安财险	1.650 2	1	1	1	1	不变	3
太平洋财险	1.021 3	1	1	1	1	不变	14
太平保险	0.963 7	0.963 7	0.964 3	0.999 4	0.978 0	递增	16
华泰财险	0.916 7	0.916 7	0.959 9	0.955 0	0.915 3	递增	18
中华联合	1.652 1	1	1	1	1	不变	2
大地财险	0.799 3	0.799 3	0.881 9	0.906 3	4.1249	递减	20
阳光财险	1.076 2	1	1	1	1	不变	12
天安保险	0.622 5	0.622 457 4	0.622 509 7	0.999 9	0.972 5	递增	24
大众保险	0.705 0	0.705 0	0.707 6	0.996 3	1.109 9	递减	23
华安财险	2.537 7	1	1	1	1	不变	1
永安财险	0.878 7	0.878 7	0.878 8	0.999 9	0.996 2	递增	19
永诚财险	1.120 7	1	1	1	1	不变	10
安邦财险	0.711 9	0.711 9	0.790 1	0.901 0	10.454 5	递减	22
民安保险	0.974 8	0.974 8	1	0.974 8	1.519 3	递减	15
中银保险	0.943 6	0.943 6	1	0.943 6	5.276	递减	17
渤海财险	1.145 4	1	1	1	1	不变	8
美亚财产	1.041 5	1	1	1	1	不变	13
东京海上	1.092 1	1	1	1	1	不变	11
丰泰保险	0.442 8	0.442 8	1	0.442 8	0.003 1	递增	25
太阳联合	0.722 9	0.722 860 3	0.722 907 9	0.999 9	0.998 8	递增	21
三井住友	1.125 6	1	1	1	1	不变	9
三星火灾	1.444 4	1	1	1	1	不变	5
安联保险	1.485 4	1	1	1	1	不变	4
日本财产	1.247 8	1	1	1	1	不变	7

表 4 - 11b 2009 年各公司投入产出指标的松弛变量

公司名称	S^{1-}	S^{2-}	S^{3-}	S^{4-}	S^{1+}	S^{2+}
人保财险	0	0	0	0	0	0
平安财险	0	0	0	0	0	0
太平洋财险	0	0	0	0	0	0
太平保险	0	0	326. 191 2	0	0	387. 107 0
华泰财险	0	0	11. 451 6	0	0	0
中华联合	0	0	0	0	0	0
大地财险	12 167. 222 6	0	0	0	0	477. 000 3
阳光财险	0	0	0	0	0	0
天安保险	3 827. 205 1	0	0	0	0	96. 679 4
大众保险	0	0	0	0	0	83. 474 6
华安财险	0	0	0	0	0	0
永安财险	0	0	60. 394 2	0	0	377. 367 8
永诚财险	0	0	0	0	0	0
安邦财险	212. 103 6	0	0	0	0	220. 376 2
民安保险	1 622. 050 5	0	17. 372 2	0	0	14. 004 3
中银保险	664. 800 8	0	0	0	0	10. 293 3
渤海财险	0	0	0	0	0	0
美亚财产	0	0	0	0	0	0
东京海上	0	0	0	0	0	0
丰泰保险	0	79. 662 9	0	5. 612 0	0	0
太阳联合	0	74. 148 4	29. 947 1	0	0	0
三井住友	0	0	0	0	0	0
三星火灾	0	0	0	0	0	0
安联保险	0	0	0	0	0	0
日本财产	0	0	0	0	0	0

4.3　中国财产保险公司效率分析

4.3.1　各年度情况分析

2005 年,技术有效的财产保险公司有 13 家,达到样本公司数的一半以上,其中纯技术效率为 1 的公司有 17 家,规模效率为 1 的公司有 13 家。技术效率、纯技术效率、规模效率均值分别为 0.902 2,0.970 7,0.092 93。纯技术有效而规模无效的公司有 4 家,分别是安邦财险、美亚财产、丰泰保险和太阳联合。其中安邦财险的规模效率最低为 0.235 9,其原因主要是由于该公司在 2005 年刚刚成立,整体条件还不够完善,人员、资本等各方面投入还没有达到最优规模。此外,这 4 家公司的技术无效率完全是由于规模无效率引起的,可以纯粹通过扩大或者缩减规模来达到技术有效。在所有规模无效率的公司中,有 4 家处于规模报酬递减阶段,有 6 家处于规模报酬递增阶段;在 2005 年的排名中,处于前 5 位的公司分别是中华联合、中银保险、平安财险、安联保险和大地财险。

2006 年,技术有效的财产保险公司有 12 家,其中中资公司有 8 家,外资公司有 4 家。这 12 家技术有效的公司中包括 2005 年新成立的阳光财险及渤海财险两家公司,而在 2005 年为技术有效的人保财险、华泰财险、天安保险、民安保险、中银保险 5 家财险公司在 2006 年则为技术无效率,东京海上、三井住友、安联保险和日本财险 4 家公司则继续保持技术有效的状态。在纯技术效率方面,人保财险、太平洋财险及丰泰保险三家公司虽然技术无效率,但是纯技术效率值为 1,说明其技术无效主要来自于规模无效率,具体来说,人保财险及太平洋财险分别处在规模报酬递减阶段,应该从缩减费用支出和削减员工人数方面入手,以达到规模有效;而丰泰保险则处于规模报酬递增阶段,此时的规模无效率是由于规模过小造成的,应该适当扩大规模以达到规模有效状态。此外,三星火灾海上保险公司的规模效率最低,其值为0.740 6,主要由于该公司在本年度实现了分公司改子公司,各方面的投入还没有达到一定规模。本年中较上一年效率提高最大的是安邦财险,其排名从最后一名升到了第二名。2006 年该公司引入中石油化工集团公司为股东,注册资本翻了两番,其保费规模达 10 亿元,在新增财险公司中名列第一,同时,该公司仅用一年时间完成了全国 26 家省级机构的建设,这些都使得安邦财险在 2006 年度成为技术有效的公司之一。

2007 年,技术有效的财产保险公司有 16 家,技术效率平均值为0.950 0,其中人保财险、华泰财险和中银保险重新成为技术有效的公司,太平洋财险、华安财险、永安财险三家公司在样本期间首次为技术有效。在纯技术效率方面,有 19 家公司的效率值为1,其中安邦保险为技术无效而纯技术有效,并且其处于规模报酬递减阶段,说明在某方面存在着投入过大的问题;外资保险公司中,除了日本财险外均为纯技术有效,而日本财险的效率值为0.826 6,同时存在规模无效和技术无效,在短期内应该提高生产效率以及有效地扩大生产规模。2007 年规模效率均值为 0.976 5,在规模无效率的公司中,2 家公司处于规模报酬递减阶段,7 家公司处于规模报酬递增阶段,其中,太平保险和天安保险两家公司规模效率值为 0.999 9,近似等于 1,可见,通过改变生产规模可以在短期内达到规模有效。综合排名方面,排名第一的是东京海上,其次为华安财险,而日本财险则由 2005 年的第 9 位降至第 23 位。

2008 年,技术有效的财产保险公司有 11 家,较上一年减少了5 家,其中中资公司有 9 家,外资公司有 2 家。在中资公司中,人保财险、平安财险、华泰财险、中华联合、阳光财险、华安财险、永安财险及渤海财险依旧保持技术有效的状态;在外资公司中,东京海上仍为技术有效。而纯技术有效的公司有 15 家,有 4 家公司为技术无效而纯技术有效,分别为永诚财险、中银保险、三井住友及三星火灾,其中纯技术效率最低的是大众保险,效率值为 0.659 3。对于该公司而言,下一步应该提高风险管理水平、优化营销渠道及降低生产成本。此外,日本财产保险公司的纯技术效率依旧不高,在产品创新及防灾防损方面有待进一步提高。2008 年各公司规模效率的均值为 0.948 3,其中中资公司均值为 0.979 4,外资公司为 0.882 1,中资公司明显高于外资公司。规模无效率的公司中多数公司处于规模报酬递减阶段,其中安邦财险、中银保险两家公司规模效率偏低,并且处在规模报酬递减阶段,说明它们的生产规模过于庞大,进一步分析可知,它们应该在费用支出方面进行削减。外资公司中,三井住友及三星火灾两家公司的技术无效而纯技术有效,说明它的技术无效仅仅由规模无效引起,并且处于规模报酬递增阶段,因此应当适当扩大生产规模,以达到规模有效。

　　2009 年,技术有效的财产保险公司有 14 家,其中中资公司有 8 家,外资公司有 6 家,所有公司的效率均值为 0.907 3,效率值最低的公司为丰泰保险,其效率值仅为 0.442 8。在纯技术效率方面,外资公司除了太阳联合保险公司外均为纯技术有效;在中资公司中,民安保险及中银保险的技术无效而纯技术有效,可知其技术无效是由于规模无效引起的。其中纯技术效率最低的是天安保险,其效率值仅为 0.622 5。本年中各公司规模效率的平均值为 0.928 7,而规模无效率的公司中又有 9 家公司的效率值在 0.9 以上,只有丰泰保险的规模效率值较低,影响整个样本公司的效率均值。具体来说,太平财险、华泰财险、天安保险、永安财险、丰泰保险及太阳联合 6 家公司处于规模报酬递增阶段,说明它们应该适当扩大规模以达到规模有效状态,而丰泰保险的生产规模严重不足;另外,大地财险、大众保险、安邦财险、民安保险及中银保险 5 家公司处于规模报酬递减阶段,说明它们可以通过缩小规模来达到规模有效,进一步分析可知,安邦财险和民安保险两家公司应该从削减费用支出方面入手,而大地财险、大众保险及中银保险应该从减少人员投入方面入手。

4.3.2　综合趋势分析

在对各年度情况进行分析之后,以下对样本期间我国财产保险公司的整体情况进行分析。

首先,根据测算结果计算 2005—2009 年中国财产保险公司的技术效率、纯技术效率及规模效率的平均值,进而绘制我国财产保险公司的平均效率趋势图。通过趋势图,可以帮助我们掌握样本期间效率变化的历史过程及预测未来的变化趋势,同时还可以直观反映样本期间我国财产保险业效率的变动的轨迹(见图 4 - 1)。(根据样本公司各效率均值绘制)

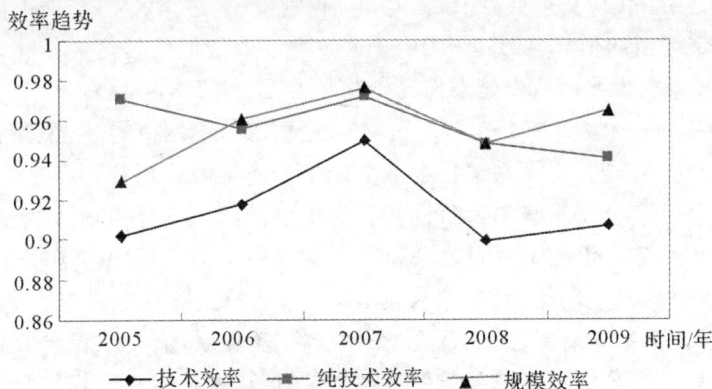

图 4 - 1　2005—2009 年中国财产保险公司效率图

从图上可以直观看出,技术效率、纯技术效率和规模效率的最大值均出现在 2007 年,2007 年之前技术效率、规模效率逐年上升,纯技术效率先降后升,2007 年之后,技术效率、纯技术效率和规模效率均出现下滑,技术效率在 2009 年略有上升。样本期间中,纯技术效率的变化幅度不太,基本保持在 0.96 附近,规模效率与纯技术效率除了在 2004 年有一定差别外,其余各年的取值较为接近。

样本期间技术效率、纯技术效率及规模效率的综合情况分析如下:

通过表 4 - 7a、表 4 - 8a、表 4 - 9a、表 4 - 10a、表 4 - 11a 的测算结果可以发现,在当前的技术水平和生产规模下,样本期间我国财产保险公司的技术效率平均值为 0.915 3,说明我国财险公司的效率保持了较高的水平,同时也表明,在给定产出条件下,保险公司仍可以通过减少其投入来提高效率。样本期间,技术效率均值最高的年份是 2007 年,为 0.950 0,最低的年份是 2008 年,为 0.899 5。期间始终保持技术有效的公司有 3 家,分别是平安财险、中华联合及东京海上,其他如人保财险、太平洋财险、永诚财险 3 家公司均值也在 0.9 以上,技术效率均值最低的公司为安邦财险,为 0.741 1,技术效率损失比较严重。

纯技术效率平均值为 0.957 6,比技术效率均值略高,说明我国财产保险公司在一定程度上采用了最优生产技术及管理水平,发挥了各公司自身的竞争优势。具体来说,样本期间始终处于纯技术效率前沿面上的保险公司有人保财险、平安财险、中华联合、永诚财险、中银保险、东京海上、丰泰保险及三井住友 8 家公司。此外,太平洋财险、大地财险、安邦财险、美亚财产、安联保险及日本财产等公司绝大部分年份为纯技术有效,纯技术效率损失最大的公司为大众保险,其均值为 0.814 9,与所有公司的纯技术效率均值相差较大。

规模效率的平均值为 0.955 8,略低于纯技术效率均值,大部分公司的规模效率都比较高,但是始终处于规模效率前沿面上的公司仍为技术效率均值为 1 的平安财险、中华联合及东京海上 3

家公司,说明其技术水平、管理水平与经营规模相匹配,能够使公司在最有规模上进行生产,其余如人保财险、太平财险及美亚财产虽然也特别接近前沿面,但都有不同程度的规模效率损失。根据表 4 - 7a、表 4 - 8a、表 4 - 9a、表 4 - 10a、表 4 - 11a 的结果可知,整个样本期间,除了太平洋财险(2005 年、2006 年、2008 年)、太平保险(2005 年、2006 年、2008 年)、华泰财险(2006 年)、大地财险(2007 年、2008 年、2009 年)、大众保险(2009 年)、华安财险(2005 年、2006 年)、永诚财险(2008 年)、安邦财险(2007 年、2008 年、2009 年)、民安保险(2007 年、2008 年、2009 年)、中银保险(2008 年、2009 年)、美亚财产(2005 年、2008 年)在相应年份处于规模报酬递减状态外,其余公司在其他年份均为规模报酬递增或者不变,从整体上来说,我国财产保险公司仍有继续扩大生产规模的空间。2005—2009 年各年 CRS,DRS,IRS 公司数量如图 4 - 2 所示。

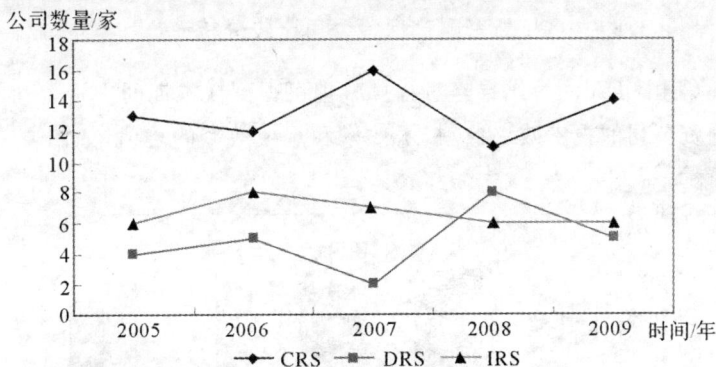

CRS:规模报酬不变

DRS:规模报酬递减

IRS:规模报酬递增

图 4 - 2　各年中 CRS,DRS,IRS 公司数量变化图

从图 4-2 可以看出,CRS 公司数远远大于 DRS 与 IRS 公司数,说明我国财险公司在规模效率上保持了较高的水平,另一方面,IRS 公司数高于 DRS 公司数(2008 年除外),说明我国财产保险业有进一步做大做强的潜力。同时注意到,在 2007 年 CRS 数最大,DRS 数最小,说明这一年的规模效率平均值最高,从而技术效率均值为最高,这与之前的分析一致。

综上所述,在样本期间,技术效率、纯技术效率、规模效率的均值分别为 0.915 3,0.957 6,0.955 8,并且近似地满足关系:TE＝PTE×SE。同时,经过简单的计算可以发现,在财险保险公司技术效率的损失中,大约有 48% 由于纯技术无效率导致,其余约 52% 由规模无效率导致,因此,我国财产保险公司在进一步提高效率的过程中,会同时面临扩大生产规模和提高技术水平两方面压力,其中粗放式经营和资源浪费是首要解决的问题。

4.3.3   中资、外资财产保险公司比较分析

由 DEA 测算结果经过计算整理可得到样本期间中资公司和外资公司的技术效率、纯技术效率和规模效率的均值,如图 4-3 所示。

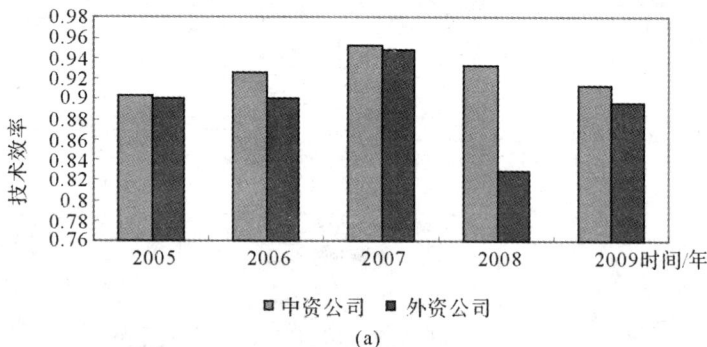

(a)

图 4-3   2005—2009 年中资、外资财产保险公司比较图

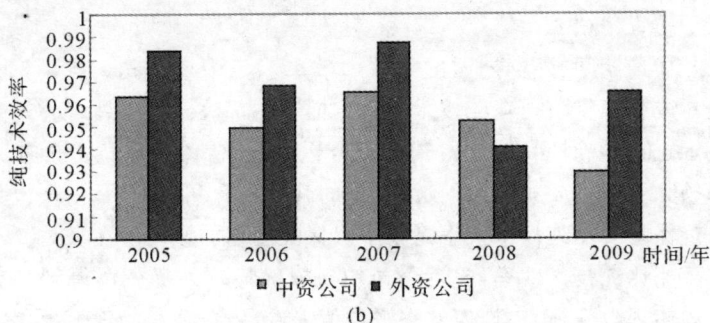

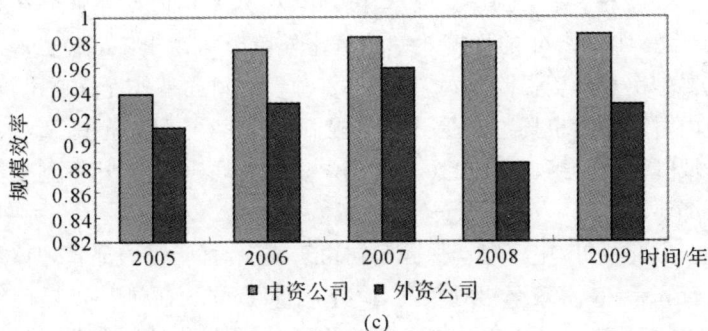

図 4 - 3　2005—2009 年中资、外资财产保险公司比较图（续）

从总体来看，2005—2009 年，我国财险公司技术效率保持了较好的水平，中资公司的平均技术效率均保持在 0.9 以上，而外资公司一直保持在 0.8 以上。从图 4 - 3 中可以看到，样本期间，中资公司的技术效率均高于外资公司，其中，2008 年中资公司甚至比外资公司高 12% 以上，说明中资公司在我国财产保险业中占有主导地位，其对财产保险业效率的贡献大于外资公司，这主要是由于中资保险公司在生产规模、营业网点及政府的各项政策支持较外资保险公司占有一定的优势。此外，新成立的中资公司能够在较短的时间内将营销网络覆盖到全国，这也使得外资公司的效率低于中资公司。

　　样本期间,外资公司的纯技术效率高于中资公司(2008年除外),说明中资公司在纯技术效率方面不占优势。对于外资公司来说,虽然成立时间不长,但其在资金运用、经营体制和技术创新上都领先于中资公司,具有较为先进的管理理念和技术手段,这也是外资保险公司纯技术效率高于中资保险公司的原因所在。

　　相比纯技术效率,中资公司的规模优势较外资公司得到了充分的体现,从5年中规模效率平均值来看,中资公司的规模效率保持了较高的水平,尤其是2008年,其规模效率均值比外资公司高出11%,其余各年的规模效率均值比外资公司高出3%左右。这主要是由于外资保险公司,包括外资独资公司或是外资分公司,在国内财产保险市场中会受到一些限制,包括业务经营范围及经营区域等,从而导致其在较短的时期内表现为规模较小,达不到规模经济要求。

　　由此可见,中资财产保险公司由于成立时间长、内部管理体系比较完善,技术效率相对较高,此外,中资公司要想进一步提高纯技术效率,就必须在保持自身优势的同时,积极借鉴外资公司先进的管理理念和技术手段,充分利用所投入的各种资源,产出更大的效益。对于外资保险公司来说,随着外资市场的不断开放,规模劣势有望得到改善,从而为进一步提高我国财产保险业的整体效率做出更大的贡献。

4.3.4　聚类分析

　　为了对具有相似经营状况的财产保险公司进行分类,从而找到样本公司之间效率差异的原因,有必要对其进行聚类分析。其基本思想是根据研究样本的某些指标,具体找出一些能够度量样本之间相似程度的统计量,将样本按照相似程度进行分类。本研究选用各财产保险公司的技术效率均值和纯技术效率均值作为指

标,组间距离采用欧式距离,分别运用最短距离及最长距离法进行
聚类分析,利用 SPSS 软件得到谱系图,如图 4 - 4 所示。

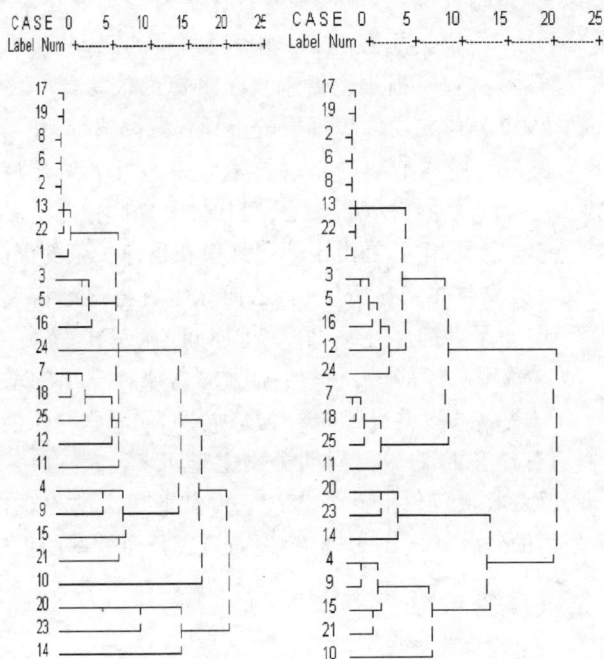

图 4 - 4　最短距离法和最长距离法谱系图

　　根据图 4 - 4 进行综合对比分析,可以将样本公司划分为三
类:第一类为渤海、东京海上、阳光、中华联合、平安、永诚、三井和
人保 8 家公司;第二类为太平洋、华泰、中银、永安、安联、大地、美
亚、日本财产、华安 9 家公司;第三类为丰泰、三星、安邦、太平、天
安、民安、太阳联合、大众 8 家公司。

　　在第一类效率比较高的公司中,人保、平安及中华联合 3 家公
司成立时间比较长,各方面发展趋于成熟,而渤海、阳光及永诚为

近年来新成立的公司,在较短的时间内,其业务范围已覆盖到各省,在产品开发和销售渠道上具有一定的优势,东京海上和三井2家外资公司凭借其先进的管理水平一直保持着较高的技术水平;在第二类公司中,中资公司有6家,外资公司有3家,其技术效率略低于第一类公司,效率损失主要来自于资源的浪费,如永安、华安2家公司,外资公司主要由于规模较小导致效率偏低;在第三类公司中,8家公司在样本期间的平均技术效率值及平均纯技术效率值均在0.7～0.8之间,说明这类公司在样本期间存在着较大的效率损失。究其原因,主要是由于公司规模在迅速扩张的同时,其保费收入及投资收益并未显著增加,从而导致自身逐渐偏离生产前沿面。例如,太平保险2004—2005年期间,其人员数量的增长率为21.35%,费用总额的增长率为81.73%,赔款支出的增长率为100%,而保费收入只增长了56.89%;同样,太阳联合保险的人员数量、费用总额和赔款支出同期分别上升了52.3%,68.75%,36.37%,而保费收入仅仅上升了23.1%。如此情况的出现,使得该类保险公司的经营状况不太理想,进而造成公司效率的损失。

4.3.5　投影分析

判断决策单元的有效性,本质上是判断它是否位于生产可能集的生产前沿面上,也就是判断其技术效率是否为1。如果决策单元不为DEA有效,通过计算,可以将原有的投入向量和产出向量进行优化,使其为DEA有效,并且称经过调整以后的点为决策单元在生产前沿面上的投影。

假设 S^{-0} , S^{+0} , θ 为CRS模型的最优解,令 $X^* = \theta \cdot X - S^{-0}$, $Y^* = Y + S^{+0}$,则 (X^*, Y^*) 为决策单元在生产前沿面上的投影,从中可以看出,投影分析有助于估计未知经验的生产函数,即由给定的投入,估计在生产前沿面上的产出。

以平均技术效率最高的2007年和平均技术效率最低的2008

年为例,对 DEA 无效的样本公司进行生产前沿面的投影分析,结果见表 4 – 12 和表 4 – 13。

表 4 – 12　2007 年无效公司的实际投入、产出及投影后的
投入、产出情况一览表

公司	人员投入		资本投入		费用总额		赔款支出		保费收入		投资收入	
	实际	投影	实际	投影	实际	投影	实际	投影	实际	投影	实际	投影
太平	4 516	2 307	1 000	826	600.7	496.4	692	572	1 630	1 630	79.81	110
华泰	1 960	1 960	1 333	1 333	420.4	420.4	419	419	1 028	1 028	382.3	382
大地	9 122	5 041	1 720	1 598	1 242	1 154	1 471	1 367	3 811	3 811	149.2	253
天安	1 6061	1 3297	667.8	552.9	1 518	1 257	2 850	1 972	4 386	4 386	220.2	220
大众	1 535	1 181	420	323.1	419	318.0	690.1	530.9	1 191	1 191	70.6	71
安邦	8 470	7 658	3 790	3 661	1 268	1 225	773.9	747.6	3 427	3 427	93.66	300
民安	467	247	519.9	281.3	50.25	42.64	34.29	29.10	123.6	123.6	18.42	18.42
丰泰	46	42	200	93.06	25.91	18.36	11.1	10.07	40.28	40.28	6.14	6.14
三星	58	49	240	134.9	27.96	13.43	7.87	5.43	34.09	34.09	10.27	10.27
日本	85	70	500	173.3	37.42	22.17	16.24	13.42	58.52	58.52	13.1	13.1

注:根据本文测算的效率值及原始数据计算得出。

　　由于本研究是基于投入导向的效率分析,所以,在既定的产出水平之下,应该尽量使投入最小化,而从表 4 – 12 发现,我国部分财产保险公司在人员投入、资本投入、费用总额及赔款支出方面均表现出投入过量,根据表 4 – 12 和表 4 – 13,可以计算出我国财产保险公司整体上在上述四种投入上可降低的百分比。具体来说,2007 年,我国财产保险公司在人员投入、资本投入、费用总额及赔款支出等方面的投入量平均可以减少 23.23％,27.66％,20.62％,15.46％,而 2008 年我国财产保险公司在上述四方面的投入量平均可减少 47.39％,39.31％,17.95％,17.95％。由此看

出,我国财产保险公司存在资源浪费的问题,尤其在 2008 年,我国财产保险公司在人员和资本方面存在严重浪费,这也导致了该年平均纯技术效率低于 2007 年。通过投影分析,可以为技术无效率的公司提出改进的方向和措施,为进一步提高财产保险公司的效率提供理论依据。

表 4-13　2008 年无效公司的实际投入、产出及投影后的投入、产出情况一览

公司	人员投入		资本投入		费用总额		赔款支出		保费收入		投资收入	
	实际	投影	实际	投影	实际	投影	实际	投影	实际	投影	实际	投影
太平洋	33 599	33 542	2 688	2 683	5 358	5 349	8 404	8 390	18 377	18 377	3 778	3 778
太平	6 955	4 402	1 300	1 184	1 136	1 034	1 009	918.8	2 909	2 909	340.6	564.2
大地	15 535	8 530	1 720	1 547	1 844	1 658	2 271	2 042	5 226	5 226	474.4	1 044
大众	1 693	747	756	338.2	391.6	257.0	698.9	458.7	976	976	98.35	109.1
永诚	692	692	1 000	999.9	343.2	343.2	261.3	261.3	1 067	1 067	195.2	195.2
安邦	9 498	7 112	3 790	3 000	2 341	1 853	2 226	1 762	5 563	5 563	268.2	1 070
民安	1 955	181	519.9	372.8	173.2	130.4	69.4	52.24	333.9	333.9	39	45.70
中银	1 185	199	1 935	562.9	235.6	199.2	42.02	35.54	442.7	442.7	16.12	43.06
美亚	979	235	601	478.4	203.6	167.2	83.77	68.79	430.9	430.9	24.14	59.71
太阳	107	62	240.3	140.1	71.91	49.16	23.92	16.35	120.8	120.8	10.78	15.21
三井	189	145	300	139.5	61.66	61.23	72.07	71.57	207	207.0	10.88	31.33
三星	62	44	284	75.73	33.94	26.26	18.9	14.62	73.5	73.50	11.16	11.69
安联	74	13	200	19.25	13.94	8.63	3.35	2.07	18.04	18.04	8.84	8.84
日本	204	54	500	117.6	56.58	41.95	18.57	13.77	102	102.0	15.32	15.32

注:根据本研究测算的效率值及原始数据计算得出。

4.4　中国财产保险公司效率的影响
因素分析及提高途径

DEA 的测算结果直观反映了我国财产保险公司的效率水平，然而，对于影响财产保险公司效率的具体原因以及怎样影响财产保险公司的效率，单一的效率测度值不能给出较好的解释，因此，为了找到提升我国财产保险公司效率的方法和途径，有必要对影响我国财产保险公司效率的因素进行研究。

4.4.1　中国财产保险公司效率的影响因素分析

1. 影响因素的初步界定与模型建立

影响财产保险公司效率的因素主要来自两个方面：外部影响因素和内部影响因素。其中外部影响因素主要是指宏观经济环境对财产保险公司效率的影响因素，例如 GDP、利率以及通货膨胀率等，此外产业结构因素以及对财产保险公司的监管因素同样影响着财产保险公司的效率水平。内部影响因素主要是指财产保险公司自身发展状况，例如公司规模、所有权形式、公司管理水平及人力资本等。由于外部环境因素对于公司领导者来说是无法控制的，加上外部因素对各公司影响效果大致相同。因此，重点研究内部环境因素对财产保险公司效率的影响程度。

结合财产保险自身的特点及数据的可获得性，提出了可能影响我国财产保险公司效率的五方面因素，分别分析如下：

（1）公司规模。一般认为，公司规模对效率有重要影响。衡量公司规模的指标有资产总额、总保费收入及员工总人数，故采用资产总额作为公司规模的大小。不难发现，大公司相对于小公司来说，在规模和信誉上都占有优势，容易形成规模经济，此外，随着公司规模扩大，单位产品的平均成本会降低，进而增强产品竞争力。

当然,规模扩大也需要受到一定的限制,应该与自身管理水平及风险承担能力相适应。

(2)人力资源。人力资源是影响财产保险公司经营状况及绩效的重要因素。员工受教育程度及其整体素质越高,就越能促进公司的技术进步和创新,然而在竞争日趋激烈的财产保险行业,从产品开发及销售、理赔服务到保险资金的运用无一不需要大量专业人才。因此,要想提高公司的经营效率,就必须加强人力资源队伍的建设。这里,我们用公司大专以上学历人员数占全体人员数的比例来表示。

(3)经营能力。所谓财产保险公司的经营能力,就是其在一定时期内的产出能力,保费收入作为一个产出指标,在一定程度上可以反映保险公司的经营能力。然而,仅仅用保费收入来衡量财产保险公司的经营能力,意义不是太大,小公司的保费收入肯定没有大公司多,鉴于此,用人均保费收入来衡量公司的经营能力。保险公司经营能力越强,也就是人均产出和收益越多,那么其经营效率就越高。

(4)费用支出。对于保险公司来说,费用支出的多少可以反映其控制成本的能力,在保证公司偿付能力的情况下,怎样实现代理成本最小化、产出最大化,成为各公司改革的目标。资产费用率越低,说明财产保险公司控制成本的能力越高,能够获得的效率就越大。

(5)盈利能力。盈利能力一直是衡量财产保险公司经营绩效的重要指标,盈利能力越高,说明公司利用资源的能力越强,实现利润和收益越多,也就是说在一定的投入下,能够获得更多的产出。这里用净资产收益率来代替盈利能力指标。

(6)风险管理水平。财产保险公司本身就是一个经营风险的单位,风险管理的内容涉及诸多方面,其中对已承保风险的管理是其中的重要内容之一。由于财产保险公司所承保风险与人寿保险不同,有其自身的特殊性,因此,有必要也有可能对财产保险公司的已保风险进行管理。通过风险管理,可以提高承保保单的质量,促进公司稳定经营,进而提高公司的经营效率。这里用综合赔付率来代表公司的风险管理水平。

将公司规模、人员素质、经营能力等六方面作为影响财产保险公司效率的因素,并将其作为模型的自变量,选取财产保险公司的技术效率、纯技术效率、规模效率作为因变量,利用最小二乘法进行回归分析,其模型建立如下:

$$y = \beta_0 + \beta_1 x_1 + \beta_2 x_2 + \beta_3 x_3 + \beta_4 x_4 + \beta_5 x_5 + \beta_6 x_6 + \varepsilon$$

$$(4-9)$$

其中,x_1 为总资产的对数;x_2 为大专以上学历人数占总人数的比例;x_3 为人均保费收入;x_4 为资产费用率;x_5 净资产收益率;x_6 为综合赔付率;y 为测算的效率值。

2.回归过程及其结果分析

对所有公司的各效率值及以上分析中的影响因素进行回归分析[①],计算过程利用 SPSS 来完成,具体的结果见表 4-14～表4-16。

表 4-14 我国财产保险公司的技术效率回归结果

ANOVA[b]

Model		Sum of Squares	df	Mean Square	F	Sig.
1	Regression	.494	6	.082	8.982	.000[a]
	Residual	.807	88	.009		
	Total	1.301	94			

a. Predictors: (Constant), x6, x3, x5, x4, x1, x2

b. Dependent Variable: TE

---

① 考虑到数据的可获得性及其取值的合理性,本文选取了全部公司的 95 家作为研究对象,样本容量为 95。

Coefficients[a]

Model		Unstandardized Coefficients		Standardized Coefficients	t	Sig.	Correlations		
		B	Std. Error	Beta			Zero-order	Partial	Part
1	(Constant)	.544	.142		3.829	.000			
	x1	.038	.007	.557	5.287	.000	.316	.491	.444
	x2	.117	.118	.128	.991	.324	-.048	.105	.083
	x3	.047	.022	.193	2.136	.035	.235	.222	.179
	x4	.288	.150	.208	1.926	.057	.115	.201	.162
	x5	.062	.031	.179	2.030	.045	.203	.212	.170
	x6	-.243	.053	-.438	-4.548	.000	-.237	-.436	-.382

[a] Dependent Variable: TE

表 4 – 15　我国财产保险公司的纯技术效率回归结果

ANOVA[b]

Model		Sum of Squares	df	Mean Square	F	Sig.
1	Regression	.104	6	.017	3.418	.004[a]
	Residual	.445	88	.005		
	Total	.549	94			

[a] Predictors: (Constant), x6, x3, x5, x4, x1, x2

[b] Dependent Variable: PTE

Coefficients[a]

Model		Unstandardized Coefficients		Standardized Coefficients	t	Sig.	Correlations		
		B	Std. Error	Beta			Zero-order	Partial	Part
1	(Constant)	.753	.105		7.140	.000			
	x1	.011	.005	.246	2.040	.044	.079	.212	.196
	x2	.132	.087	.224	1.513	.134	.154	.159	.145
	x3	.022	.016	.138	1.339	.184	.232	.141	.129
	x4	.045	.111	.050	.403	.688	-.114	.043	.039
	x5	.069	.023	.306	3.036	.003	.333	.308	.291
	x6	-.027	.040	-.075	-.677	.500	-.093	-.072	-.065

a. Dependent Variable: PTE

表 4 – 16　我国财产保险公司的规模效率回归结果

ANOVA[b]

Model		Sum of Squares	df	Mean Square	F	Sig.
1	Regression	.293	6	.049	8.348	.000[a]
	Residual	.515	88	.006		
	Total	.808	94			

a. Predictors: (Constant), x6, x3, x5, x4, x1, x2

b. Dependent Variable: SE

Coefficients^a

Model		Unstandardized Coefficients		Standardized Coefficients	t	Sig.	Correlations		
		B	Std. Error	Beta			Zero-order	Partial	Part
1	(Constant)	.781	.113		6.881	.000			
	x1	.028	.006	.516	4.830	.000	.348	.458	.411
	x2	-.014	.094	-.019	-.147	.884	-.194	-.016	-.012
	x3	.026	.017	.134	1.467	.146	.110	.154	.125
	x4	.250	.119	.230	2.096	.039	.247	.218	.178
	x5	-.005	.025	-.018	-.201	.841	-.011	-.021	-.017
	x6	-.216	.043	-.493	-5.044	.000	-.218	-.474	-.429

a. Dependent Variable: SE

　　回归结果显示,样本公司的各效率值的回归方程可以通过显著性检验,但是方程系数的回归结果显示,有部分变量的系数没有通过显著性检验,与之前的影响因素分析存在偏差,现分别分析如下:

　　(1)公司规模与 TE,SE 在 1% 显著性水平下正相关,与 PTE 在 5% 显著性水平下正相关,这与我们的分析一致,可见大公司比小公司更具有规模经济,而小公司可能会有信誉及其他风险。同时,大公司在资本利用上比小公司更有效率,使得其资产能够发挥更大的作用,有助于提高公司整体经营效率。

　　(2)人员素质仅在 13% 的显著性水平下与 PTE 正相关,而与 TE,SE 不相关,这一结论与我们的分析不相符。在我国,各财产保险公司仍然喜欢采用"人海战术",以人员数量及业务量来实现公司创收,而对高学历、高素质人员需求相对较少。只是在诸如产品开发、资金运用、风险管理等技术性要求较强的岗位,才需要高素质人员来完成,除此之外,对人员素质的要求都不是很高,这或许正是人员素质与 PTE 在一定程度上正相关,与 PE,SE 不相关的原因。

　　(3)经营能力在 5% 显著性水平下与 TE 正相关,与 PTE,SE 不相关,由此可见,人均保费的提高确实能够使得公司人均产出有所增加,从而提高公司总的经营效率,但是对于技术效率的提高及规模收益的增多则没有显著影响。

（4）费用支出在 5% 显著性水平下与 SE 正相关，与 TE，PTE 不相关，这与之前的分析不太相符，也就是说，并不是费用支出越少，财产保险公司的效率就越高，它们之间没有显著的关系。而在某些方面，随着公司规模的不断扩大，尤其是在总资产、总人数迅速增加的时候，相应的费用支出是必不可少的，只有当费用支出与公司规模相适应时，其规模效率的值才能比较高。

（5）盈利能力与 TE，PTE 正相关，与 SE 不相关，证实了盈利能力越强的财产保险公司，TE 和 PTE 都比较高，但是与 SE 无相关性，可能是由于大公司在盈利能力方面比小公司更具有优势，但是在规模效率上，不是所有的大公司都具有较高的规模效率。

（6）风险管理水平在 1% 显著性水平下与 TE，SE 正相关，与 PTE 不相关，也就是财产保险公司综合赔付率越低，其总技术效率越高。另外，赔付率的高低又与 PTE 不相关，说明财产保险公司不能将追求较低赔付率作为利润来源，相反，一定程度的赔付率是财险公司分散风险和偿付职能的体现。

4.4.2 提高我国财产保险公司效率的途径

尽管测算的财产保险公司的效率具有较高的水平，但是财产保险公司的效率提高远没有财产保险机构数量扩张那样显著，而单纯以规模和速度扩张为主推动财产保险业发展，会给财产保险公司带来盈利能力下降、偿付能力危机、市场过度竞争、经营效率下降等诸多问题。因此，在财产保险公司发展到一定规模后，效率的提高就具有一定的意义。

研究表明，以提高财产保险公司效率为中心的保险业的发展在促进经济增长的同时能够减轻经济发展中的负面效应，从而保障经济效率的增长。因此，寻求合理、可行的提高我国财产保险公司效率的途径就显得很有必要。财产保险公司效率的提升涉及诸多方面，比如公司的经营管理、市场行为、战略思想等。同时还包括来自外部的影响作用,如市场机制、经济环境、保险监管等,因此,效率的提升可能需要许多条件的共同作用。基于此,在分析了影响财产保险公司效率的诸多微观因素后,从以下几方面提出了提高我国财产保险公司效率的途径。

1.优化资源配置,合理扩大规模

我国财产保险公司或多或少存在着效率缺失,主要是由于财产保险公司业务规模、人员数量、机构网点迅速扩张,忽视了公司内部存在的问题和矛盾,例如某一些大公司盲目扩大在劳动力、资本、营业费用等方面的投入,使其有效产出与投入严重不匹配,从而造成资源浪费。另外,许多中小型财产保险公司又处于规模报酬递增的阶段,由于其资本规模较小,经营绩效不高,在人才引进、产品研发上处于劣势,无法与大公司竞争。由此可见,如何在规模和产出之间寻找到最佳结合点,对提升公司的规模效率乃至技术效率都具有深远意义,既不能因为规模过大导致资源浪费,又不能因为规模过小导致产出不足。

因此,财产保险公司的健康发展,追求的不是数量而是质量。各保险公司应当在公司规模、产业结构和层次优化的基础上,积极利用先进的科学技术和管理方法,同时结合自身特点,由内到外形成良性发展,以实现财产保险公司资源的优化配置,提高集约化经营水平,从而提高规模效率。此外,各公司应该在原有业务的基础上有所专长,形成竞争优势,继而适时合理地扩大经营规模。

2.建立有效的人才激励机制

虽然实证结果未表明人员素质与效率间有显著的关系,但是,这并不是说,可以忽略人力资本对效率提高的重要作用,相反,应该把重点放在人员数量上来,在注重人员素质的基础上尽量精简人员,尤其是营销队伍,使每一个人都能充分发挥作用。因此,需要建立有效的人才激励机制。

首先,实行工资总额与经营效益挂钩,各财产保险公司可以根据自身的经营效益确定工资的发放水平,使员工的工资收入水平和公司经营效益紧密联系在一起,即实行工资总额与经营效益挂钩,实现自我调节、自我约束、自求平衡。

其次,建立综合考核评价体系,分析员工对公司的贡献率。根据员工的贡献率合理进行收入分配,充分体现工资的激励职能。

再次,针对专业技术人员,财产保险公司应该设计相应的工资报酬机制,通过奖励机制,产品开发、核保、核赔、计算机管理等专业人员获得不低于管理层的工资报酬,这样他们才能为财险公司效率的提高创造价值。

最后,建立长期的工资与利益挂钩机制,使员工的利益随着在公司工作年限的增长而增长,以此增强员工工作的积极性。随着收入逐年增加,员工自身价值能够最大化呈现出来,增加了主人翁感,使其为财产保险公司效率的提高做出更大的贡献。

通过上面的分析,我们可以看出,财产保险公司要想提高效率,首先要注意高学历、高效率人员的重用;其次在保证公司效益的基础上,尽量减少人员数量,控制成本,也就是用最少的人员保质、保量、高效地完成公司业务;最后,更重要的是,要积极改革人员奖励机制,实行按边际生产率支付工资,这样才可以真正留住人才,提高公司经营的整体效率。

3.拓宽资金运用渠道,提升盈利能力

目前,我国财产保险公司的盈利能力普遍较低,这就直接制约了公司整体效率的提高。无论是中资公司,还是外资公司其利润的主要来源都是保费收入,从产品设计、分销模式到管理目标,都是以保费收入的增长为核心,这种发展模式的弊端已经在各家财产保险公司偿付能力不足与盈利水平低下中体现出来。而在西方发达国家,保险公司的利润主要是通过投资业务来实现的,通过资金收益来竞争取胜,而我国财产保险公司投资收益远远低于保费收入,2008年我国财产保险公司在责任险、保证保险、船舶险等7

个险种上均实现了承保利润,但是投资收入却相对较低,而且有些公司的投资收益为负数。究其原因,主要由于国家出于保障资金安全的需要限制保险公司资金运用渠道,加上财产保险公司自身的原因,使得其投资收益较低,进而影响盈利能力。

基于以上分析,要想改变我国财产保险公司盈利能力低下的现状,就必须转变观念,改变以保费收入为主导的增长模式,实现以效益为主的企业发展理念,进而提升财产保险公司的盈利能力。首先,财产保险公司在承保时,对那些规模大,但是收益低、风险大的保单要勇于舍弃,对那些年年亏损的劣质保单要坚决退出或者提高费率。同时,加大对保险兼业代理人的监管力度,以提高保单的质量。其次,在保证偿付能力以及保证保险资金运用不影响国家金融宏观调控的前提下,财产保险公司应更充分、更自由、更灵活地进行资金运用,各公司可以根据自己的情况及所投资的对象,确定适合本公司资金运用方式及各投资渠道的投资比例,以便提高投资效率。最后,我国财产保险公司要积极借鉴国外保险公司先进的投资风险管理技术,建立投资风险评估机制及风险预警体系,以提高对投资风险的分析和管理能力,进而有效地增强保险公司自身的盈利能力。

因此,各财产保险公司应当认清自身的发展状况,抓住当前良好的宏观经济形势,拓宽保险资金运用渠道,优化投资结构,分散投资风险,做好财产保险市场与资本市场及货币市场的有效结合,这样才能提高财产保险公司的盈利能力。

4. 提高风险管理水平

保监会于 2007 年 4 月制订了《保险公司风险管理指引(试行)》,其中,明确规定了保险公司风险管理的内涵,即保险公司围绕经营目标,对保险经营中的风险进行识别、评估和控制的基本流程以及相关的组织架构、制度和措施。财产保险公司是经营风险的特殊企业,风险管理应是其关注的重点,经营效率的提高则是在公司具有一定的风险管控能力基础上进一步追求的目标。较高的风险管理水平是财产保险公司稳定经营和参与市场竞争的必备条件，即使是效率再高的公司，如果没有较好的风险管理水平，也将会面临巨额赔付的威胁。实证结果表明我国财产保险公司的综合赔付率与效率呈反向关系，综合赔付率越高，经营效率越低，这就要求财产保险公司提高风险管理水平。

既然风险管理水平的提高可以使财产保险公司稳健经营，提升整体效率，那么，财产保险公司又是怎么来提高其风险管理水平的呢？我们知道，财产保险公司的风险管理主要集中在对承保风险的管理上，赔偿支出占保费收入的比例，即综合赔付率在一定程度上可以反映公司对其承保风险的管理水平。赔付率越高，说明其风险管理水平越低，其原因可能是缺少先进的管理水平，从而影响公司的盈利水平，使其经营效率偏低。除了先进的科学技术外，保险公司要对其承保的风险进行严格把关，不是所有的风险都能够承保，而应根据自身的经营状况、承保能力，对风险进行分析和考核，再决定是否承保以及如何安排再保险等。只有坚持把风险管理作为财产保险业健康发展的生命线，才能提高财产保险公司的经营效率和服务质量。

因此，财产保险公司应当明确风险管理目标，建立健全风险管理体系，识别和评估经营中面临的各种风险，规范风险管理流程，采用先进的风险管理方法和手段，努力实现一定风险水平下的效益最大化。

5. 积极创新业务

随着我国经济的发展和人民生活水平的不断提高，人们对于保险产品呈现出多样化的需求，因此，财产保险公司应该积极探索，开发新的产品，优化产品组合，以满足消费者多样的需求。

现阶段，在我国财产保险市场上，各险种具有很高的相似度，并且普遍缺乏创新能力。随着我国财产保险业的不断发展，积极创新业务,开发新险种就成为了财产保险公司增强竞争力的重要手段。一方面,对于已有险种,各公司应在现有条款基础上优化承保范围,使产品更具有灵活性。例如在企业财产保险中,应针对不同企业设计不同产品,对大型企业和中小企业分别对待,结合其特点,提供不一样的服务;另一方面,除了传统的保险产品以外,工程保险、科技保险以及保证保险等险种的开发同样需要财产保险公司的重视,因为这部分险种在我国尚有巨大的发展潜力,财产保险公司应结合市场需要,将其作为业务开发的重点。总之,财产保险公司新险种的开发要以市场为导向,结合市场调查和分析,以减少盲目性。

此外,在产品创新的同时,还要积极推进销售渠道的创新。例如,各公司应积极拓展电话渠道,有效提高保险产品销售能力。截至 2008 年,8 家财产保险公司开展的电话销售业务基本覆盖全国,当年实现保费收入 16.6 亿元,为保险销售渠道的创新积累经验。当然,财产保险公司进行产品和销售渠道的创新,其实质上就是公司利用各种资源重新进行整合的过程,这中间需要不断的探索和实验,同时还需要先进的技术手段和科学的管理方法,可见产品的创新实质上就是技术的创新,通过技术创新来增强产品的吸引力和竞争力,从而提高财产保险公司的经营效率。因此,我国财产保险公司应以技术创新为核心,利用科学的管理方法,加快产品的研发力度,从而推动产品的创新。

第5章　中国银行信贷资金区域配置研究

银行作为我国重要的金融机构和企业融资渠道,其信贷资金的投放对经济增长有着重要的影响。由于我国资本市场不够发达和完善,间接融资仍占主导地位,使得信贷资金的配置在区域经济发展中有着举足轻重的作用。信贷资金区域间配置的失衡可能加大区域经济发展的差距。系统分析我国信贷资金区域失衡现象,对推动我国社会经济体制和谐发展有着重要的理论价值与现实意义;找出信贷投放与经济发展间的相互关系,分析区域信贷失衡变动对区域经济失衡产生的冲击可以为政府制定经济调控政策的方向提供宏观参考。

5.1　中国信贷资金区域化配置的发展

在我国信贷资金配置的发展过程中,政府一直发挥着主导作用。政府建立起金融体系,并按照自己的偏好引导金融活动,而主要的金融机构都由政府直接运营。信贷资金区域化配置就是这两种力量作用的结果。在过去的半个多世纪中,中国信贷资金区域化配置的发展经历了重大变革,大致可以分为三个阶段。

5.1.1 中央计划体制阶段

1949—1978 年间,在中央计划体制下,信贷市场是分割的,信贷资金在完全封闭的各个区域内流动。

1.信贷资金区域间流动情况较少

在新中国成立后的这段计划经济时期,中国的信贷市场处于分割状况,信贷资金都是在完全封闭的区域内流动。中央财政部门在信贷资金配置方面实行"一言堂"。银行为企业提供贷款,作为其流动资金,主要由财政部门实行宏观经济调控,银行只发挥次要作用。信贷资金受到区域间各种壁垒的限制,流动情况较少。

2.中央政府的直接调控

财政体制也是高度集中的统收统支体制。大多数地方收入都要上交中央政府,地方支出也是由中央政府来安排。国家收入的分配使中央政府掌握大量信贷资金并成为主要的投资者。这意味着中央政府可以使用其行政权力与经济调控力来决定投资在各地区的分配情况(张军洲,1995)。中央政府直接调控经济,金融部门与银行都成为受政府行政控制的职能部门。在政府对经济实行行政控制的体制下,中央财政部门与银行都成为计划经济运营机制的一部分(参见图2-1)。

3.银行信贷资金发挥的作用有限

中央财政部门在银行的协助下完成宏观经济调控。大多数投资都是直接以政府预算拨款的方式进行的,而不是通过银行筹资。银行的主要责任是为企业提供流动资金。1978年,企业生产、销售与发展所需要的资本只有23.4%来自银行贷款。因此,金融中介所能发挥的作用极其有限。当时没有金融市场,也没有其他的融资渠道。除了银行存款,没有其他的金融资产(易刚,1996)。1978年前,这种体制变动不大,中央财政部门控制着长期资金、无偿资金以及定额资金,银行则负责提供短期资金、有偿资金与超定额资金。

4.信贷资金流动效率低下

从上述分析可以看出,中央政府行政干预的结果是各地区信贷资金处于高度分割的状态。由于经济管理体制由中央计划控制,地区间所有资金流动都是计划的产物。信贷资金就像物质资料一样被分配。信贷与货币关系只是作为非资金类资源跨地区流动的会计工具与手段。信贷资金的地区间流动只是政府行政平衡的结果。信贷资金流动只是通过行政手段与非经济转移方式来实现的,主要目的虽然也是为了保证公平,但却是以效率为代价的。地区间经济关系非常简单,信贷资金的流动是非经济实体为追求其利益而促成的。中央财政部门是唯一负责地区间信贷资金流动的机构。

5.1.2　拨改贷阶段

1979—1993 年期间,中央金融部门以银行贷款替代了政府拨款(拨改贷),银行从此开始发挥重要作用。

1. 放权让利导致信贷市场的严重分割

随着政府拨款转变为银行贷款(拨改贷)政策的实行,银行的作用变得逐渐重要起来。1979 年 4 月开始,整体经济体制改革启动,财政体制改革更是首当其冲。20 世纪 80 年代,中央与地方政府部门之间分配收入与支出责任,地方政府自负盈亏。财政体制改革的重点在于中央政府将决策权下放给企业,并允许企业保留更多利润,计划经济时期的代理人转变成为包干体制下的决策人,也就是所说的放权让利。地方政府为获得信贷资金相互竞争,因此不同部门与地区之间出现了各种壁垒。信贷市场被各部门之间的"条条"与地区间的"块块"分割了。

2. 中央银行权利的下放

此外,银行系统也展开了相应的改革。1983 年 9 月,国务院决定中国人民银行只保留中央银行的职能。四大国有专业银行——中国银行、中国农业银行、中国工商银行以及中国建设银行——被重组,以满足计划经济的行业管理需求,四大国有银行分别承担提供外汇服务、为农村地区发展服务、为工商企业提供流动资金以及基本建设等职能。专业银行的结构是配合中国的行政区划与相应制度安排而设立的。省、自治区与直辖市以及计划单列市成为有资格获得信贷资金的基本单位。1978年以前,全国的信贷资金,不论是资金来源还是资金运用,都由中国人民银行总行统一掌握,实行"统存统贷"的管理办法。1978年中国共产党第十一届二中全会后,信贷资金纳入"统一计划、多级管理、存贷挂钩、差额包干"的管理体制。中国人民银行总部不再控制信贷资金总量,而仅负责差额的处理。专业银行逐渐渗透到地方,并获得了一定的决策权。

3.地方政府对地方金融机构的掌控

中央银行并不是孤立存在的。国家还根据行政规划组建专业银行与其他类型的金融机构,政府的每个行政级次都有相应的金融机构。在投融资体制用贷款取代政府拨款的改革之前,地方政府主观上并没有控制金融机构的意愿,因为在中央集权体制下,财政部门要比银行重要得多。但是现在,金融机构开始在信贷资金分配过程中发挥越来越重要的作用,同时经济结构调整使得大量金融资源被吸纳到国有金融机构(尤其是银行)中去,而这些金融机构还享受着各种各样的政策优惠。地方政府开始意识到掌控国有金融机构的重要性。在这种情况下,地方政府加强了对各地金融机构的控制。组建新的金融机构以及已有机构开设分支机构成了地方政府筹资的一个重要渠道。专业银行必须履行地方政府分配给它们的许多任务。各地方政府纷纷效仿彼此的金融发展模式和金融组织类型,彼此之间金融领域的竞争也很激烈。此外,地方政府为信贷资金的流动设置了种种障碍,信贷资金难以在区域间流动。

4.银行人力资源管理权的转换

金融机构(主要指中国人民银行与商业银行)的管理与人事制度也都有了调整。1979年之前,银行人力资源管理体制做了一些调整,但各分行的人事主要还是由当地的中共党委在银行总部的协助下负责管理的。这是一种专业管理制度,银行行长负最终责任。改革后形成了各种利益团体,原来管理制度的诸多弊端都暴露出来了。因此,1979 年后,中国银行体系的管理制度有了重大调整,主要是用银行自行管理取代了过去由银行高层与地方政府共同管理的制度。地方政府逐渐将银行人力资源的管理权让渡给各国有银行与中国人民银行。

5.信贷资金的重要来源——存款的大幅度增加

1979 年改革开放以来,中国经济的增长速度惊人,国民收入分配也逐渐向个人转移。但是,由于缺乏多元化的投资渠道与令人满意的投资率,同时社会保障体系薄弱等原因,个人在储蓄与消费的选择以及金融资产的选择上没有大空间。由于没有其他选择,老百姓只能选择银行存款。因此,个人银行储蓄存款在此阶段大幅增长,银行聚集了大量社会资本。银行如何使用这些资源决定了信贷资金流动的方向。当然,在此阶段,由于信贷管制体制与人力资源管理体制的制约,银行的决策还受到中央与地方政府的竞相影响。

6.中央政府的信贷管制

中央政府通过中央银行与专业银行之间类似公司总部与分公司的关系来控制银行决策。专业银行总行与分行是同一法人,总行授权分行进行各种运作。由于缺乏金融机构与信贷工具,银行利用存款发放的贷款占了货币供给的主要部分。谁掌握了银行的信贷规模与货币发行情况,可以说谁就基本掌握了货币供给与信贷资金投放的方向。信贷管制的情况是这样的:中央银行首先根据宏观经济需要制订一个自上而下的计划;之后,中央银行的省级分行综合各专业银行的存贷款计划,制订本省的存贷款计划与货币发行计划;在这些省级计划的基础上,中央银行将修改其计划草案,制订全面的信贷规划;然后,信贷资金就在中央银行与专业银行的总行与分行之间分配。政府就是通过这样的信贷管制来控制专业银行及其分行的资金的。当然,中央银行还可以通过贷款、准备金率、利息率、贴现率以及超额准备金率来对专业银行施加控制。

7. 地方政府与地方银行间的同盟关系

地方政府对信贷市场实行水平控制。地方的银行间市场在1986—1993 年间是被允许存在的,各银行分行能够对其他省份的分行发放贷款。同时,地方银行间市场也成为平衡中长期资金的盈余与短缺的一种手段。比如,为弥补本地区的信贷资金短缺,沿海开放地区从内陆地区借来大量资金用于长期投资。地方银行间市场又成为国有银行规避信贷配额限制和向非银行金融机构贷款用于投机目的(如在证券与房地产方面的投资)的渠道,并会因此引发通货膨胀。鉴于此,作为 1993 年紧缩政策的一部分,除了中国人民银行 35 个城市分行的银行间同业拆借交易中心得以保留外,银行间交易被中止。金融机构的链条性设置使得地方政府可以轻易控制地方金融机构,并因此有权处置数额巨大的信贷资金。此外,在中国人民银行、中国工商银行、中国农业银行、中国银行与中国建设银行各地分行管理层的任命过程中,地方政府是可以施加影响的。银行在各地分行的管理层都在当地有特别利益。地方政府可以通过许诺给国有银行各地分行以权力和优惠待遇,来与他们结成同盟。多年来的经验表明,这种同盟关系不断密切(张杰,1998)。地方政府及地方企业可以操纵地方银行的贷款规模,国有银行地方分行的高层管理者很难驳回当地的这种需求。这些管理者丧失了一定的决策权,但是作为回报,他们的个人政治生涯更加一帆风顺,经济收益也有了改善。结果,地方银行在一定程度上成为地方政府的附属。为了政治上的升迁,地方政府官员利用其职权确保从银行获得尽可能多的贷款。另外,地方政府的融资渠道越少,他们越想控制金融机构。因此,地方政府阻止资金外流,以确保当地银行的储蓄存款与其他资金大多发放给当地主要企业,使信贷资金流动限制在本地区内部发生。此外,地方政府为了寻租而相互竞争。在这个阶段,呈现了信贷资金流动所面临的部门与地区间的障碍的情况。

8. 信贷资金的区域间流动

虽然信贷资金流动受制于部门和地区性障碍,但这并不意味着没有信贷资金流动。由于信贷资金流动受到人为壁垒的限制,区域间的信贷资金流动不多。1978—1993 年间,资本价格的双轨制导致部门资本从中西部地区向东部地区转移。在双轨制下,一方面是带有明显计划性的银行信贷的间接金融交易,另一方面,直接金融交易开始出现并迅速发展。计划利率与市场利率之间的差异导致信贷资金流动不规范。东部地区由于高效的经济活动而吸引到大量信贷资金。此外,由于中国的两大股票交易所都在东部,东部地区的金融市场迅速发展起来。东部地区金融市场的迅速发展使得该地区从中部与西部地区吸引到大量信贷资金。

5.1.3　中央集权阶段

1994—2010 年期间,中央政府削弱了各省对信贷市场的控制权,垂直的部门领导利益成为主导。

1. 中央政府信贷控制权的收回

中央政府削弱了各省对信贷市场的控制权力,因此地方政府的权力被削弱。随着各种地区性障碍的废除,信贷市场主要被各部门控制。1998 年,中央政府允许利率有了更大的浮动空间,信贷市场日渐统一,中央政府开始在全国范围内进行信贷资金的配置。

1993 年,中国开始向市场经济过渡。中央政府与中国人民银行逐渐从地方政府手中收回信贷市场的管理权。当时出现了股票交易热、房地产开发热、开发区热、未经授权的银行间拆借普遍存

在、筹资热以及金融机构组建热,所有这些现象都严重扰乱了金融
秩序。为了解决这些问题,国务院在 1993 年 7 月制定了金融、财
税、投资以及外贸体制改革的全面规划。中国于 1994 年开始实行
分税制财税体制,银行系统也施行了重大改革,将中国人民银行转
变成纯粹的中央银行是深化金融改革的一个重中之重。中国人民
银行总行迅速收回货币发行、总体信贷与资本监管、利率调整以及
金融机构市场准入等权力。比如,1993 年前中国人民银行的各省
分行拥有 7% 的转贷权力,总行拥有 93% 的转贷权,而且各地分行
还可以发放基础货币。1995 年后,总行收回了所有的转贷权,各地
分行在转贷事务上不再有任何发言权。此外,中国人民银行的组织
结构也发生了变化:撤销各省、自治区、直辖市分行,在全国设立 9
个跨省、自治区、直辖市的分行,作为中国人民银行的派出机构。同
时,中国人民银行的人力资源管理制度也进行了调整。1998 年中国
人民银行开始实行完全垂直的管理制度。中国人民银行的党组制
度也有了变化。1993 年前,党员都从属于当地党委,而 1997 年后,
党委书记开始由中央的党委任命。这些改革措施为中央银行的货
币政策与监管不受地方政府干预提供了制度保障。

　2.国有商业银行重塑内部资本管理制度

　1993 年金融体制改革明确了四大专业银行是国有商业银行。
法律规定这些银行在开展银行业务上享有同等地位。1994 年,国
有商业银行开始重塑其内部资本管理制度。为保证商业银行实行
中央集权式管理模式,国有商业银行在法人治理原则下将资金调
节与信贷管理的权力集中到总行。县级机构审查并批准贷款的权
力被剥夺,只承担贷前调查与偿还前期贷款的责任。此外,商业银
行的运作方式也有了重大调整。1994 年以来中国四大商业银行
调动资本的能力稳步提高。这些银行的资产占全国总资产的比例
基本保持在 70% 左右,因此,垄断程度很高。1994 年后,四大商业
银行拥有了前所未有的权力——在全国范围调动资本,并日渐联

合起来。这四大银行都削弱了省级分行的权力,将发放贷款的权力集中到总行。总行通过调整存贷款利率来规范内部资本流动,同时其调动资本与平衡头寸的技术性也越来越强。这四家银行每家都逐渐以单一法人运作,而过去每家银行有多达30家的法人。

3.大公司集中获取贷款

只有银行总行有权发放贷款,同时大公司集中获得贷款,这表明中国的资本市场开始走向统一。国有商业银行集中了资源并建立了主银行制度。从大公司的角度出发,从一家商业银行的总行贷款并与其签订一份合同,基本明确了双方的义务,并减少了地方政府的干预。而且,大公司更愿意从商业银行总行获得贷款后再将资金分配给其子公司,这样子公司不需要再在当地获得贷款,因此当地贷款的规模也缩小了。但是,贷款总规模还是在上升的。

5.2　中国信贷资金配置失衡的实证研究

改革开放初期,我国从国家发展的战略角度出发,提出"效率优先、兼顾公平"的发展方针,使得我国整体经济发展在30多年的时间里取得了令人瞩目的成绩。经济总量上升的同时我国区域经济发展失衡现象也日益突出,社会两极化矛盾逐步显现,基于此,党的十七大提出"在初次与再次分配中都要妥善处理效率与公平的关系,再分配应更加注重公平"。本节主要从我国现实国情出发,分析信贷资金在我国区域间配置失衡的主要表现,并结合我国各区域历年信贷规模进行收敛性检验,最后通过面板数据模型进行实证分析。

5.2.1　中国信贷资金区域配置失衡的检验

1.中国信贷资金区域配置现状

根据发展经济学理论,区域经济增长动力依赖资金的推动,取决于地区资金积累和外部资金的积聚。我国信贷资金配置的不平衡与区域经济发展水平呈正相关性。信贷资金更多流向经济发达地区,我国经济由东部到西部差距逐渐扩大,在一定程度上也是信贷资金配置不平衡的反映。

表 5-1　中国信贷资金区域配置现状(2008—2010 年)[①]

项目	时间/年	东部地区		中部地区		西部地区		全国
		数值	比例	数值	比例	数值	比例	
存款余额/万亿元	2008	29.40	65.30%	9.17	20.37%	6.46	14.34%	45.03
	2009	34.20	64.75%	10.85	20.54%	7.77	14.71%	52.81
	2010	38.99	64.35%	12.52	20.67%	9.08	14.99%	60.60
贷款余额/万亿元	2008	19.07	65.81%	5.72	19.73%	4.19	14.46%	28.98
	2009	26.00	66.18%	7.56	19.25%	5.72	14.57%	39.28
	2010	28.58	66.79%	7.86	18.37%	6.35	14.84%	42.79
人均贷款额/万元	2008	3.43	154.99%	1.23	55.70%	1.45	65.39%	2.21
	2009	4.63	155.47%	1.62	54.39%	1.97	66.10%	2.98
	2010	4.98	155.32%	1.67	52.03%	2.19	68.42%	3.20
单位 GDP 贷款额/元	2008	0.95	109.20%	0.66	75.86%	0.89	102.30%	0.87
	2009	1.18	109.26%	0.79	73.15%	0.92	85.19%	1.08
	2010	1.11	113.27%	0.67	68.37%	0.91	92.86%	0.98

数据来源:国研网统计数据库。

表 5-1 显示,东、中、西部地区之间信贷资金配置差异明显。

---

① 按照国家统计局的划分标准,东部地区包括北京、天津、河北、辽宁、上海、江苏、浙江、福建、山东、广东、广西、海南 12 个省、自治区、直辖市;中部地区包括山西、内蒙古、吉林、黑龙江、安徽、江西、河南、湖北、湖南 9 个省、自治区;西部地区包括重庆、四川、贵州、云南、西藏、陕西、甘肃、宁夏、青海、新疆 10 个省、自治区、直辖市。

从统计数据上看,2008—2010 年,面积占全国 14%、人口占 40%的东部地区,存款余额占比超过 64%,贷款余额占比超过 65%;中部地区土地面积占比为 42.5%,人口占比为 35%,存款余额占比为 20%,而贷款余额占比为 19%;西部地区拥有全国 23% 的人口和 43% 的土地面积,这两项指标仅为 14% 左右。年人均贷款方面,东部地区是全国平均水平的 1.5 倍,中部为全国水平的 0.5 倍左右,而西部为 0.6 倍左右。单位 GDP 贷款额表示信贷资金对经济的拉动作用,从表 5-1 可以看出,东部地区单位 GDP 贷款额是最高的,除 2008 年,数值都超过了 1.1,而中部地区最高年份仅为 0.79,最低为 0.66;西部地区地区最高为 2009 年的 1.08,最低为 0.87。通过对东、中、西部的存、贷款余额比较发现,2009 和 2010 年东部存款余额占比为 64%,贷款余额占比为 66%。而中部地区存款余额占比为 20%,而贷款余额占比为 19%,最低为 2010 年的 18%。也就是说,东部地区存在超贷现象,而中部存在惜贷现象。

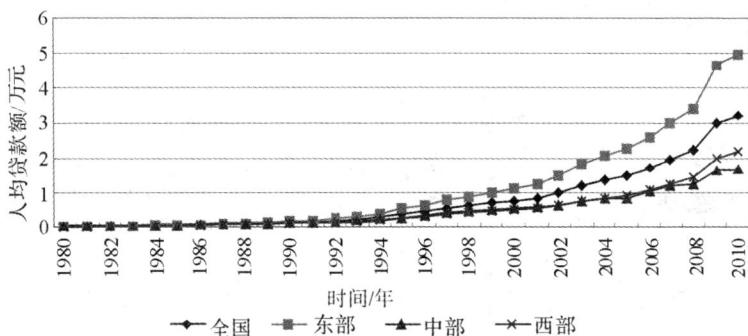

图 5-1　各国及各地区年人均贷款额趋势图

如图 5-1 所示,年人均贷款额地区间的差距呈逐渐扩大趋势。东部地区年人均贷款额 1990 年为 0.18 万元,是全国平均水平的 1.3 倍;中部地区为 0.11 万元,是全国平均水平的 0.81 倍;

西部地区为 0.1 万元,是全国水平的 0.73 倍。到 2010 年底,东、中、西部地区年人均贷款额分别为 4.98 万元、1.67 万元、2.19 万元,是全国平均水平的 1.55 倍、0.52 倍和 0.68 倍。样本期间,地区间的信贷资金配置差距呈逐渐扩大趋势。经济发达地区,社会平均利润较高,吸引了更多银行资金的流入。

我国信贷资金区域配置呈现出较大不平衡状态,信贷资金趋于向经济发达地区配置,信贷资金的可得性在经济发展水平不同的区域存在较大差异。伴随着中国银行业的市场化改革进程,商业银行有了更大的信贷资金支配权,由于资本的趋利性和经营效益最大化,信贷资金通过银行体系二次配置到经济发达地区。信贷资金在我国经济发展过程中充当着重要的角色,区域间信贷资金配置的失衡,进一步拉大了地区间的经济发展不平衡。

2. 收敛性检验

目前,区域经济学中最常用的收敛性检验方法就是 β 收敛系数(β - convergence)检验,主要用于检测落后地区某些经济指标速度快于经济发达地区,使增长率趋同的收敛性问题。β 收敛方程中加入其他控制变量就得到相对 β 收敛检验。考虑到我国地区间经济发展水平差距较大,控制变量对目标变量的影响在不同区域影响程度有较大不同,因此不应采用统一的控制变量,而绝对 β 收敛性检验。

以各区域年人均贷款余额为目标变量,构建 β 收敛方程。

$$\frac{1}{T}\lg\left(\frac{y_{i,t+T}}{y_{i,t}}\right) = \alpha + \beta\lg y_{i,t} + \mu_{i,t} \qquad (5-1)$$

其中,$y_{i,t}$ 表示 i 地区 t 年的人均贷款余额;y_i 在 t 年到 $t+T$ 年间人均贷款余额的年平均增长率是 $\frac{1}{T}\lg\left(\frac{y_{i,t+T}}{y_{i,t}}\right)$;$\mu_{i,t}$ 是随机扰动项。T 为时间跨度,考虑到数据的连续性,故选择 $T=1$。如果 $\beta < 0$,表示 n 个样本间信贷资金配置呈 β-收敛,且 β 值越大,收敛性越强。

反之，$\beta > 0$ 说明信贷资金区域配置趋于发散，不存在 β-收敛。

选取了 1980—2009 年我国 31 个省、自治区与直辖市作为研究个体，以年人均贷款余额为目标变量，对全国、东部、中部和西部地区通过面板数据模型进行了收敛性检验。估计方法根据 Hausman 检验值确定，数据来源于国研网统计数据库。实证结果见表 5-2。

表 5-2　β 收敛系数检验结果

地区	全国	东部	中部	西部
β	−0.013 3	−0.012 5	−0.020 1**	−0.013 91**
	(0.0023)	(0.0289)	(0.0047)	(0.0039)
C	0.113 9*	0.116 3	0.129 8**	0.115 6**
	(0.007 9)	(0.013 2)	(0.016 1)	(0.013 2)
R^2	0.136 2	0.109 8	0.219 3	0.175 8
估计方法	FE	FE	RE	FE
样本数	930	360	270	300

注：括号中的数值为标准差；**、*分别代表显著水平为 1% 和 5%。

从检验结果可以得出，从全国范围来看 β 系数为负值，但未通过显著性检验，不存在 β-收敛。表明样本期间，全国各省、（自治区）市之间信贷资金配置失衡状态并没有改善，经济发达的省和地区流入了更多的信贷资金。进一步对东、中和西部各区域进行单独分析发现，东部地区的 β 系数未能通过显著性检验，东部各省市之间不存在 β-收敛，该结果与事实基本相符。东部地区的北京、上海、浙江等经济发达省市与其他地区年人均贷款余额差距较大，且有扩大的趋势。如北京年人均贷款余额 1980 年为 965 元，是河北省的 4.3 倍，到 1997 年为 6 倍，2006 年达到了 9 倍。中、西部的 β 系数为负值且通过显著性检验，即存在 β-收敛，表明中、西部地区信贷基数较大的省、（自治区）市地区增速有所放缓，这与

2000 年以来西部大开发的实施,国家加大对中西部经济支持力度,重大项目的实施有关。从实证结果来看,现阶段全国范围内信贷资金仍然主要流向东部发达地区,导致东部省份资金膨胀,而中、西部地区的部分省份信贷资金的增速确有所放缓。随着银行业市场化进程不断推进,其自主行为的市场化和逐利性,势必会加速东部与中、西部地区省份之间的信贷资金失衡状况进一步加剧。

5.2.2　我国信贷资金区域配置失衡的影响因素分析

通过以上分析,可以看出我国信贷资金区域配置失衡现象在全国范围内并没有明显的改善,在东部地区各省市之间差距还进一步拉大。汪兴隆(2000)认为全国许多金融政策"一刀切",使得东、中、西部地区因拥有不同的要素环境而具有了不平等性,导致东、中和西部地区信贷资金配置失衡。罗彩云等(2004)研究表明,国有银行信贷资金区域配置与该地区的农业化程度成正比,与经济发展水平呈弱负相关,而与工业化程度无关。李钊(2009)从金融地理学角度对我国区域金融失衡现象进行了分析,东部地区由于丰富的人力资本和健全的基础设施吸引了大量信贷资金的流入。李泽广等(2010)认为区域间信贷资金的流动会受到区域市场的开放程度和当地政府对金融市场干预的影响。

从以往的研究可以看出,这些研究是基于全国范围或者从金融政策角度进行的分析,未考虑地区间要素环境的不同影响,从而没能进行区域间的比较研究。本研究在上述研究的基础上,选取代表基本经济因素和行政性因素的相关指标进行实证分析。

1. 模型构建与指标选取

构建面板数据模型如下:

$$Loan_{i,t} = \beta_0 + \beta_1 GDP_{i,t} + \beta_2 Invest_{i,t} + \beta_3 Consume_{i,t} +$$

$$\beta_4 \, Industry_{i,t} + \beta_5 \, Tech_{i,t} + \beta_6 \, Yield_{i,t} + v_i + \varepsilon_{i,t}$$

$$(5-2)$$

其中,v_i表示固定个体效应;β_0是常数项;β_i为变量的系数;$\varepsilon_{i,t}$为残差。i表示省(市),$i=1,2,3,\cdots,30$;t表示年份,$t=1997,1998,\cdots,$ 2010。变量选取及说明见表 5-3。

表 5-3　变量选取及说明

变量名	变量符号	说　　明
信贷资金配置水平	$Loan$	年末人均贷款余额取对数
经济发展水平	GDP	年末人均 GDP 取对数
固定资产投资	$Invest$	年末固定资产投资额取对数
消费率	$Consume$	最终消费支出占该地区 GDP 的占比,单位:%
产业结构	$Industry$	地区 GDP 中二、三产业产值占比,单位:%
技术市场成交额	$Tech$	各地区技术市场成交额取对数
投资收益率	$Yield$	地区 GDP 中营业盈余占比,单位:%

目标变量与解释变量之间可能存在的关系和理论假设如下:

(1)信贷资金配置水平($Loan$):以各地区年末人均贷款余额来表示该地区的信贷资金配置水平。因为消费数据的波动性,对数据进行取对数处理。

(2)经济发展水平(GDP):该指标以各地区人均 GDP 来表示。假设市场是有效的,考虑到资本的逐利性,信贷资金会向经济发达地区倾斜。假设经济发展水平与信贷资金配置水平正相关。

（3）固定资产投资（*Invest*）：固定资产投资对地区经济有着重要的影响，而当前企业或政府机构外部融资渠道有限，主要依赖于银行贷款这种间接融资形式，信贷资金的投放对各地区固定资产投资起着决定性作用。假设各地区固定资产投资与信贷资金配置水平呈正相关。

（4）消费率（*Consume*）：指该地区最终消费支出占 GDP 的比例。随着金融业的发展，信贷消费已经深入人民的生活，如住房贷款、分期付款等。假设信贷资金配置规模与消费率呈正相关。

（5）产业结构（*Industry*）：该指标反映了地区二、三产业产值所占比例。随着国家产业结构调整和升级，二、三产业所占比例逐渐上升。而信贷资金流入二、三产业远大于第一产业，推动了地区产业结构调整和升级。因此，假设信贷资金配置规模与地区产业结构呈正相关。

（6）技术市场成交额（*Tech*）：技术市场起到配置科技资源的基础性作用，促进传统产业升级和高新技术的应用，同时也将带动大量信贷资金的投入。假设技术市场成交额与信贷资金配置规模呈正相关。

（7）投资收益率（*Yield*）：在市场有效的前提下，资本逐利性使其会投入到投资收益率高的地区或行业，以获得更高的收益。因此，投资收益率越高会吸引更多的信贷资金投入。

由于西藏的部分数据缺失，所以不考虑，得到 30 个省、自治区和直辖市 1997—2010 年共 14 年的数据。数据来源于历年《中国统计年鉴》和国研网统计数据库。

2. 实证结果及分析

利用式（5-2），分别对全国以及东、中、西部地区进行面板数据分析，得到结果见表 5-4。

从回归结果可以看出，各地区信贷资金配置失衡的影响因素存在较大差异,东部地区信贷资金配置水平与技术市场成交额、产业结构、消费率和经济发展水平呈正相关,而与固定资产投资和投资收益率呈负相关。技术市场成交额和消费率对中部地区影响不显著,而西部地区只有产业结构和固定资产投资与信贷资金配置水平显著性正相关。

表 5 - 4　　模型回归结果

变量	全国	东部	中部	西部
Tech	0.025 5 *	0.072 9 **	0.039 0	0.003 8
	(0.014 3)	(0.019 0)	(0.034 4)	(0.015 2)
Industry	0.517 1 *	0.747 8 *	1.825 1 **	1.3194 **
	(0.361 1)	(0.436 9)	(0.494 0)	(0.449 9)
Consume	0.988 5 **	1.2827 **	− 0.499 4	− 0.139 6
	(0.235 1)	(0.346 1)	(0.453 4)	(0.252 1)
GDP	1.186 6 **	1.286 1 **	0.958 3 **	0.185 1
	(0.109 6)	(0.074 1)	(0.138 0)	(0.147 7)
Invest	− 0.178 5 **	− 0.205 6 **	− 0.271 5 **	0.460 8 **
	(0.079 3)	(0.050 9)	(0.095 2)	(0.102 2)
Yield	− 0.326 8	− 0.391 7	− 0.184 9	− 0.155 1
	(0.076 9)	(0.081 0)	(0.109 1)	(0.122 9)
Adjusted R^2	0.915 3	0.936 2	0.889 3	0.903 7
Hausman 检验值（P 值）	15.05 (0.019 8)	0.94 (0.987 9)	0.22 (0.999 8)	37.28 (0.000 0)
估计方法	FE	RE	RE	FE
观测值个数	420	168	126	126

　　注:系数估计值的括号中数值为标准差,* ,* * 分别表示在 10% 和 5% 的置信水平下显著。

比较来看,技术市场成交额对东部地区的影响显著为正,而对中、西部地区不显著,表明东部地区技术创新和应用吸引了更多的信贷资金流入。而产业结构对各地区影响都是显著为正,可以看出产业结构调整和升级需要大量信贷资金的投入和推动。其中对中、西部影响要大于东部,表明中、西部地区信贷资金的投入更多是因产业结构调整和升级。而消费率仅对东部地区有着显著性影响,可以看出消费支出对东部地区信贷资金规模的贡献明显高于中、西部地区,或者说中、西部地区消费支出不足,对信贷资金规模不存在显著性相关关系。东、中部地区经济发展水平与信贷资金规模呈正相关,与预期相符。而西部地区这一指标不显著,可能因为西部更多信贷资金的投入是政府行为而非市场化行为,如西部大开发。固定资产投资与东、中部地区信贷资金规模呈显著负相关,与假设相反,可能是随着市场化进程不断推进,东、中部地区固定资产投资融资渠道和融资形式的多样化,使得信贷资金所占比例逐渐减少。而西部地区由于融资渠道主要是银行信贷,信贷资金成为了固定资产投资的主要资金来源。各地区的投资收益率与信贷资金规模无显著性相关关系。可能是因为我国经济的高速发展,投资收益率远高于信贷资金成本,导致金融机构对该指标考虑较少,另外,我国信贷资金的投放也受到政策和政府的影响。

5.3　中国银行信贷资金合理化配置的政策选择

信贷融资作为我国社会当前最重要的外部融资渠道,为区域经济发展提供了重要的动力支撑,其在各区域内的合理配置是我国区域经济协调发展的必要条件。前文分析可知,当前信贷资金在我国区域配置严重失衡,存在过度向发达地区聚集的现象。欠发达地区信贷资源的流失严重制约了当地经济的发展,进一步扩大了我国区域间经济发展差距,一定程度上阻碍了我国中西部地区经济的战略崛起。本节从金融制度角度提出一系列对策建议。

1. 充分发挥政策性银行的扶持功能

政策性银行以政府信用作担保,相对普通商业性银行拥有更多的社会资源,目前资金主要直接来自政府部门,使用成本相对较低,又拥有政策支撑,在信贷市场中有着先天的竞争优势。当前我国大部分地区政策性银行同时从事纯商业性贷款,对我国商业性银行形成不公平的竞争环境,长期来看不利于"市场导向"银行类金融机构的发展。因此对政策性银行进行定位,应以"不与民争利"为前提条件。从国际经验看,解决区域发展不平衡问题客观上需要政策性金融机构扶持。但目前肩负这一任务的我国政策性银行在其运作过程中尚存在一些问题,只有不断地进行规范和解决,才能充分发挥其职能。首先是形成相对稳定的资金来源,改变目前只通过发行金融债券从各商业银行和非银行金融机构借入资金的做法,改变借用期限短、利率高的资金与其贷款期限长、利率低的特点不相称的状况。可借鉴日本政策性金融机构的做法,即资金80%以上以邮政储蓄以及养老基金、医疗基金等具有一定强制性和稳定性的资金作为其来源。其次是提高贷款使用效率,加强资金使用的监督和信贷风险的控制,杜绝概算现象产生。

2. 实行有差异的区域金融政策

首先,分省监管,控制信贷资金外流。为了防止商业银行过度放贷而出现流动性危机,我国银行监管部门对商业银行存贷比率给予一定的限制,目前规定的存贷比不得超过75%。监管机构在对存贷比率实际监管过程中,往往是以商业银行的法人机构为单位进行控制。由于大型跨区域商业银行在我国占据主导地位,各家商业银行依靠其遍布全国的分支机构,拥有着巨大的区域间信贷资金调配能力,导致欠发达地区信贷资金被大规模转移到发达地区,产生信贷资金区域配置的严重失衡。

其次,税收优惠,引导外部资金流入。税收是政府对社会财富进行二次再分配的重要手段,税收政策的制定要在保证公平性与合理性的基础上,对社会资源流动产生一定的引导与调节作用。为了鼓励中、西部地区金融业的发展,吸引更多的信贷资金流入欠发达地区,国家制定税收政策时应考虑给中、西部地区金融机构相对优惠的政策。具体可从以下两个方面体现:一方面对中、西部欠发达地区金融机构的信贷业务收入采用优惠税率征收营业税,对商业银行向国家在中、西部地区重点支持的产业或项目提供信贷支持取得的收入免税;另一方面为了鼓励外部资金的流入,对在中、西部地区欠发达省份金融机构的存款利息,根据存款类型的不同分别给予减税或免税的优惠;可抓住世界金融一体化的机遇,鼓励外资银行或金融机构进入中、西部地区,享受与中资银行同等的税收优惠政策,并可考虑适当放松对外资银行在欠发达地区取得信贷收入的资本管制。

3. 充分发挥地方性金融机构的作用

地方性金融机构主要是指业务范围受到一定地域限制的城市商业银行与农村中小金融机构。近年来随着金融改革的提速,地方性金融机构正逐步发展壮大,根据银监会2009年银行业年报显示,截至2009年末我国地方性银行在整个银行业金融机构资产市场份额中占比接近20%,其中农村中小金融机构占比达到11%。尽管地方性金融机构在总体规模上与大型股份制商业银行还存在较大差距,但其在支撑地方经济发展过程中正发挥着越来越大的作用。在鼓励地方性金融机构发展壮大的同时,应结合各类金融机构自身的发展环境以及在区域经济发展中的战略定位,因地制宜,制定有利于区域金融资源协调发展的政策方针。

因地制宜发展农村中小金融机构。银监会统计资料显示,2009年末我国共设有各类农村中小金融机构3 467家,资产总规模达到8.7万亿元,以中小金融机构为生力军的农村金融体系已初具规模,一定程度上弥补了大型股份制商业银行在农村地区的金融真空,有效支撑了我国农村欠发达区域经济的发展。

4.优化区域金融组织体系

从资金的流动看,每增加一个金融机构,都会带来资金,增加存款,并加速资金的流动,间接地为本地资金流入做出贡献。根据目前情况,应实行有差别的金融机构设置管理条件,适当降低西部地区设置区域性商业银行、非银行金融机构在资本金、营运规模等方面的要求,大力促进西部地区各类金融机构的发展,提高金融效率。同时积极引导外资金融机构的"西进"。对国有商业银行,要改变以行政区划设置机构的做法,应根据不同地区业务量的多少、地区的大小来确定机构网点设置。

5.促进西部资本市场的发展

中国资本市场欲对经济结构和区域结构调整发挥作用,就必须树立新思维。股票发行和上市政策要实行区域或产业优先,减少计划分配偏重沿海的倾向,扶持和培育一批具有增长潜力和带动力强的公司上市。西部开发股市有重大意义,应把一般意义上的以股票市场促进产业结构升级,转变为特殊意义的促进地区开发。在将上海、深圳股市作为全国一级市场继续发展的同时,可在武汉、西安等地建立第二层次的证券交易所,各省会层次建立证券交易中心,为我国经济发展战略西移,为塑造资金"回流机制"创造重要条件。

6.发展区域投资基金

区域投资基金是指在一定时期、一定地区建立产业投资基金以促进当地经济发展。在我国,发展西部区域投资基金有着特殊的意义。西部地区的项目多为基建和资源开发项目,投资越大,回报越大,收益稳定,风险较小。居民将储蓄投于西部区域投资基金,可获得长期稳定的收益。区域投资基金还可拓宽西部地区引进外资的渠道。国外养老基金和其他福利基金偏好追求安全性高的投资,十分看好中国的能源、交通、通信等基础建设项目,希望投资这些项目。西部区域投资基金的发展还有利于促进西部市场化进程。在发展西部区域投资基金的投资区域不应过小,不能重复国有商业银行按行政区域设置的弊端,投资范围应该包括西部若干省市在内,促进各地方政府为吸引基金投资而竞争。区域投资基金的规模限制不应过大,发展西部基础设施建设和重工业等项目需要投入巨额资金,区域投资基金应达到一定规模,如 10 亿元以上。还可以考虑发展中外合资基金。

第6章 中国区域金融发展差异研究 ——以河北省为例

　　金融是经济发展的产物,也是推动经济发展的动力,尤其在现代经济的增长和发展之中,金融业已处于国民经济的核心地位。河北省从地理位置上讲,属于我国东部区域,部分地处京津冀经济区和环渤海经济区辐射地带。但是河北省的金融发展水平相对于东部其他省份仍有较大差距,不论是在金融整体规模,还是金融机构多元化发展和金融效率等方面,河北省的金融业仍处于刚刚起步阶段。不仅如此,河北省 11 个市级地区间也存在较大差距,2009 年唐山市 GDP 为 2 779.42 亿元,位居全省 11 个市之首,而位居末位的承德市当年 GDP 仅为 553.54 亿元,两市相差 2 225亿元,承德市 GDP 仅为唐山市的 20％左右。人均 GDP 首位的唐山市为 37 615 元,而末位保定市为12 670元,差距非常明显;2009年金融机构人均存款位居首位的石家庄市为 24 207 元,而末位沧州市则仅为 3 733 元,仅为石家庄市的 15％,经济发展和金融发展均存在明显差距。因此,分析河北省金融差异有两个方面的意义:一是从全国角度看到河北省经济与金融发展所处的位置,量化其与发达省份金融发展的差距;二是从河北省内部分析各市存在的差异,及影响这些差异的原因。

6.1 河北省与发达省份金融发展比较研究

　　因河北省的环京津地理因素,故选取北京和天津作为比较对象,再选取长江三角洲的上海、珠江三角洲的广东和河北省的邻省山东,作为参比对象,进行经济基础和金融发展两方面的比较分析。

6.1.1 河北省与发达省份经济基础的比较分析

实体经济是金融发展的基础,是其存在的依据、服务对象和生存空间。实体经济的问题反映为金融风险的积淀,最终形成金融风险源,威胁地区经济和金融体系的安全。因此,经济基础是某一地区金融发展的核心要素之一。以下从经济发达程度和经济结构两方面进行比较分析。

1. 经济发达程度比较分析

选用人均 GDP、城镇居民收入、城市化(非农人口占总人口比例)来评估经济发达程度。人均 GDP 是较为普遍的衡量地区经济发达程度的指标(见图 6-1),2007—2009 年间,河北省人均 GDP 与上海、北京、天津和广东相差较多,仅为上海和北京的 31% 和 35%,与山东也有较小差距,为其 71% 的水平;从全国角度,据相关数据计算,河北省 2009 年人均 GDP 省际排名第 12 位,为人均 24 206 元,略低于当年全国人均 27 374 元的水平,总体上与全国平均水平持平。

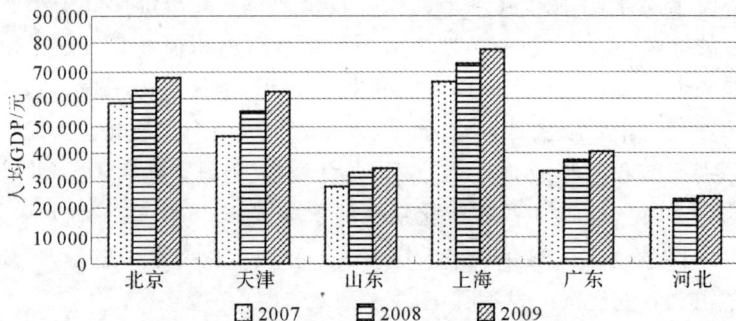

图 6-1 2007—2009 年人均 GDP 比较

数据来源:2008—2010 年《中国统计年鉴》

　　图 6-2 显示,在参比的 6 个省、直辖市中,上海城镇居民人均年收入最高,其次是北京,河北省城镇居民人均年收入分别是上海和北京的 47% 和 50%,为山东省的 80%;河北省 2009 年城镇居民收入全国省际排名 16 位,为人均 14 141.41 元。整体来看,河北省在全国具有中等水平的人均 GDP 和城镇居民人均年收入,但与发达省份相比仍相差甚远。

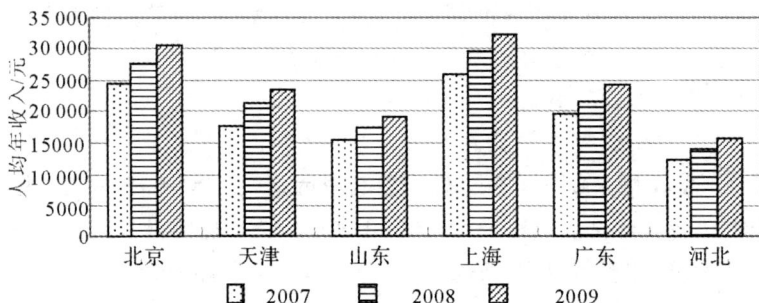

图 6-2　　2007—2009 年城镇居民人均年收入比较

数据来源:2008—2010 年《中国统计年鉴》

　　城市化率是衡量一个地区经济、社会、文化、科技水平综合发展的重要标志,城市化水平的提升有赖于私人经济部门和中小企业的繁荣,有着直接夯实地区信用文化基石的积极效果。这里以非农人口占总人口比例作为城市化率的指标。图 6-3 显示,六地区城市化排名依次是上海、北京、天津、广东、山东和河北。河北省分别比前五者低 45,44,33,22,6 个百分点;全国省际相比,河北省排名 20 位,其 41% 的城市化水平低于全国 45.68% 的平均水平。总之,人均 GDP、城镇居民人均年收入和城市化率水平较低,反映了河北省的经济欠发达程度。

　　2. 经济结构比较分析

　　经济结构是经济资源在不同类型的经济部门之间进行分配并

不断调整演化的结果,它也是决定整体经济效率和发展态势的一个重要因素。因此,地区经济结构的优化程度决定了地区经济实力的高低与未来发展的前景。这里采用地区 GDP 中第三产业占比、金融业占比、房地产业占比三项指标来评估地区的经济结构。

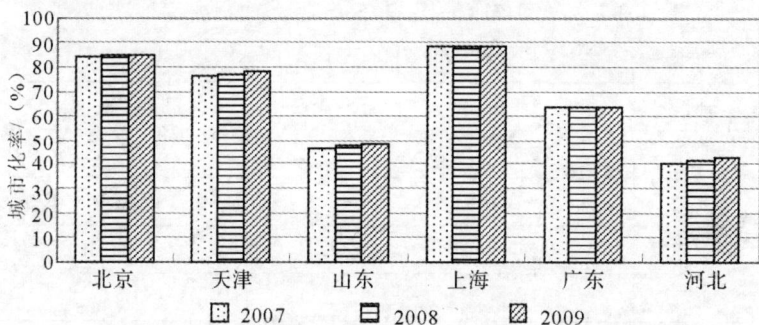

图 6-3　2007—2009 年城市化率比较
数据来源:2008—2010 年《中国统计年鉴》

表 6-1 显示,河北省第三产业占 GDP 之比与天津和山东相差微小,分别比北京、上海和广东低 40,24,10 个百分点;从全国来讲,河北省排名第 28 位,排名靠后。河北省虽然近几年加大力度打造东部沿海强省,加快经济转型的进程,但第三产业占比仍处于低水平状态,这与河北省经济发展一直以来过分依赖自然禀赋不无相关;金融业占比河北省水平很低,仅为 3.0%,与北京和上海有 12 和 8 个百分点的差距,全国排名第 19 位。金融业占比较低意味着金融资源利用效率和资源配置功能较低;房地产业不仅是地区经济发展到相当水平的必然产物,而且是资金密集型行业,与金融业发展相辅相成。但并不是说,房地产业占比越高越好。根据国际发达国家的发展历程,占 GDP5% 以内的比例是相对健康的,对地区经济发展起到重要的正向影响。但过高也有经济泡沫化的倾向。表 6-1 显示,六地区房地产业占比基本控制在 5% 以

内,河北省为 3.2%,基本为北京和上海的一半。河北省 2007 年房地产价格上升较快,但由于其为二线城市,房地产开发和投资环境尚不成熟,再加国际金融危机和国家相关调控政策的影响,河北省的房地产业占比在短期内仍会控制在较低水平。

表 6-1　2009 年六地区第三产业、金融业、房地产业
占 GDP 之比　　　　　　单位:%

地区	第三产业占比	金融业占比	房地产业占比
北京	75.5	13.2	8.7
天津	45.3	6.1	4.1
山东	34.7	3.1	3.9
上海	59.4	12.0	8.2
广东	45.7	5.8	6.3
河北	35.2	3.0	3.2

数据来源:2010 年《中国金融年鉴》《各省统计年鉴》。

6.1.2　河北省与发达省份金融发展的比较分析

1. 金融规模比较分析

一般将货币总量(通常为 M_2)与 GDP 的比值作为衡量金融发展"广度"的指标。由于中国没有各地区货币供给数据,因此本节采用金融部门存贷款余额之和来代替,即选用 FIR 指标。

表 6-2 显示,河北省金融规模略高于山东,与天津、广东相差也较小,是北京和上海的 28.7% 和 46.3%。其中,河北省城乡储蓄存款占比居于六地区首位,为 60.46%,侧面反映了企事业单位存款占比较低,存款来源仍以传统储蓄存款为主。短期贷款和中长期贷款比率相当,反映了金融机构尤其是商业银行,对于贷款的时间匹配缺乏弹性。河北省金融规模偏低的主要原因是,其在对

外贸易和吸引外资方面均不占优势,而钢铁、煤炭、纺织等传统工业的优势发展,不足以支撑河北省整体金融业的发展。加快发展第三产业,引入多层次经济体系,才能从根本上带动金融发展。

表 6-2 2009 年六地区存贷款相关数据比较

地区	FIR	城乡储蓄存款占比	短期贷款占比	中长期贷款占比	贷存比
北京	7.24	26.91%	24.43%	68.15%	54.52%
天津	3.33	35.81%	24.90%	65.07%	80.31%
山东	1.84	49.06%	45.79%	45.14%	77.65%
上海	4.49	34.06%	25.55%	62.69%	62.88%
广东	2.83	46.84%	27.35%	62.29%	63.19%
河北	2.08	60.46%	39.22%	53.90%	59.03%

数据来源:2010 年《中国金融年鉴》。

2. 金融效率比较分析

金融部门的效率,即对实体经济的支持能力,主要表现在金融部门将储蓄转化为投资的能力,可以用银行贷存比进行量化。表6-2 显示河北省贷存比略高于北京,与最高地区天津相差 21 个百分点,数据表明河北省金融效率处于中等水平,并不与发达省份相差很多。同时也反映了,河北省只有加大金融规模,金融部门的效率才能更为充分地表现出来。

3. 金融结构比较分析

对非银行类的证券业和保险业作对比分析,进而反映河北省金融结构状况(见表6-3)。

截至 2009 年底,河北省共有 36 家上市公司,其中沪市 18 家,深市 18 家(中小板公司 3 家)。这 36 家上市公司总股本为240.76亿股,流通市值 826 亿元。表6-3 显示,在六地区中,河北省股票流通市值与其余五个地区相差甚远;河北省上市的 36 家上市公司中,以石油化学类、金属类、机械设备仪表类为主,高新科技板块上市公司缺乏,更是空缺金融类上市公司。

表 6 - 3　2009 年六地区证券业、保险业相关数据比较

地区	股票流通市值/亿元	境内上市公司数/家	保费收入/亿元	保险密度/(元/人)	保险深度/(%)
北京	47 089	126	697.6	4 044.03	5.90
天津	2 033	30	151.29	1 561.51	2.02
山东	5 239	99	782.89	837.62	2.35
上海	21 176	165	665.03	4 821.19	4.46
广东	20 488	225	1 231.17	1 277.4	3.10
河北	826	36	601.09	857.3	3.53

数据来源:2010 年《中国金融年鉴》《中国证券期货统计年鉴》。

保险密度(人均保费收入)和保险深度(保费收入占 GDP 之比)反映了一个国家或地区保险的普及程度和保险业的发展水平,从国家角度,我国这两个指标就明显低于世界平均水平,2008 年我国保险密度为 691 元,保险深度为 2.81%,而 2003 世界平均保险密度已达 469.6 美元,平均保险深度已达 8.06%。从表 6 - 3 中可以看出,河北省保险密度在六地区中较低,与最高水平上海省相差 3 964 元/人,比山东省略高,且低于全国平均水平;保险深度略高于天津、山东和广东,略高于当年全国平均水平;河北省保费收入虽然在绝对值上仍低于发达省份,但其增长速度自 2002 年至2009 年间始终保持高于全国平均增幅,2009 年就高出全国平均增幅 5.59 个百分点,说明河北省保险业的发展速度是值得肯定的,保险业也势必成为河北省金融业的强力支撑产业。

6.2 河北省区域金融发展的差异分析

本节采取差异分析方法,对河北省内部的经济发展和金融发展进行深入剖析。选取指标国内生产总值代表经济增长水平,金融规模、金融结构和金融效率三个指标综合代表金融发展水平。结合经济发展水平和地理位置将河北省分为三部分,分别为冀东区(唐山市、秦皇岛市、承德市)、环京津区(张家口市、保定市、廊坊市、沧州市)和中南区(石家庄市、衡水市、邢台市、邯郸市),并采取泰尔指数的分析方法分别对河北省三大区域和区域内部的经济发展和金融发展的差异进行比对。

6.2.1 区域差异的测度方法——泰尔指数

泰尔指数(Their H,1967)最初被用来衡量地区间的收入差距,它能比基尼系数、阿特金森尺度等描述地区间差异(或称不平等度)的指标更准确地反映各区域之间及区域内部的差异,以及总差异中有多大份额是由区域间差异产生的,有多大份额是由区域内部差异产生的。

因此,使用泰尔指数作为区域差异的测度方法,并采用施沃兹(Yohannes Schwarze,1996)提出的分解公式:

$$I(O) = \sum_{g=1}^{G} P_g I(O)_g + \sum_{g=1}^{G} P_g \ln (P_g/V_g) \qquad (6-1)$$

其中,总体被分成 G 组;P_g,V_g 分别表示各组的人口比例和收入比例;$I(O)_g$ 表示第 g 组内部差别的泰尔指数;$\sum_{g=1}^{G} P_g I(O)_g$ 代表区域内差异;$\sum_{g=1}^{G} P_g \ln (P_g/V_g)$ 代表区域间差异。由公式可以看出,人口比例与收入比例相差越多,对数返回值的绝对值就越大,反映出的收入差距也就越大。

这里应用以上分解公式的变形,分析河北省三大区域的经济发展和金融发展的区间差异和区内差异。

6.2.2 河北省区域经济增长的差异分析

1. 泰尔指数指标选择

设 J,H,Z 分别代表河北省冀东区、环京津区和中南区,I_J,I_H,I_Z 分别为冀东区、环京津区和中南区三个区域的泰尔指数指标,代表三个区域的经济增长差异。选用 GDP 作为衡量经济增长的指标,根据泰尔指数的定义以及公式:

$$I_J = \sum \left[\frac{P_i}{P_J} \times \ln \left(\frac{P_i/P_J}{Y_i/Y_J} \right) \right] \tag{6-2}$$

$$I_H = \sum \left[\frac{P_i}{P_H} \times \ln \left(\frac{P_i/P_H}{Y_i/Y_H} \right) \right] \tag{6-3}$$

$$I_Z = \sum \left[\frac{P_i}{P_Z} \times \ln \left(\frac{P_i/P_Z}{Y_i/Y_Z} \right) \right] \tag{6-4}$$

其中,Y_J,Y_H,Y_Z 分别代表冀东区、环京津区、中南区 GDP 占全省 GDP 的比例,Y_i 代表第 i 市的 GDP 占全省 GDP 的比例;P_J,P_H,P_Z 分别代表冀东区、环京津区、中南区的人口占全省人口的比例,P_i 为第 i 市的人口占全省人口的比例。

根据施沃兹的分解公式可知,泰尔指数可以按区间差异和区内差异进行分解,也就是泰尔指数具有可加分解的特性。若以各区域的人口占全省人口的比例为权数,可得区间差异的指标为

$$I_D = P_J \ln (P_J/Y_J) + P_H \ln (P_H/Y_H) + P_Z \ln (P_Z/Y_Z)$$

$$\tag{6-5}$$

区内差异的指标为

$$I_R = P_J I_J + P_H I_H + P_Z I_Z \tag{6-6}$$

进一步得到总差异的泰尔指数指标为

$$I_T = I_D + I_R \qquad (6-7)$$

泰尔指数的大小表明所考察范围内各地区经济和金融发展差异性的大小,并且利用泰尔指数的时间序列可以清楚地看到各年份差异变化的动态过程。

2. 实证过程

将 1995—2008 年河北省 11 个地市的 GDP 和人口数据代入以上公式求得的结果见表 6-4 和图 6-4。

表 6-4 河北省经济增长差异的泰尔指数

年份	冀东区差异	环京津区差异	中南区差异	区间差异	区内差异	总体差异
1995	0.072 4	0.011 5	0.041 7	0.011 1	0.036 3	0.047 4
1996	0.067 9	0.011 1	0.033 3	0.009 9	0.031 7	0.041 6
1997	0.068 8	0.010 3	0.038 2	0.010 1	0.033 6	0.043 7
1998	0.065 2	0.011 4	0.038 2	0.011 0	0.033 3	0.044 3
1999	0.075 6	0.013 1	0.039 5	0.010 9	0.036 6	0.047 5
2000	0.071 0	0.011 6	0.037 1	0.010 3	0.034 1	0.044 4
2001	0.082 0	0.018 1	0.039 4	0.012 0	0.039 6	0.051 6
2002	0.082 4	0.019 6	0.039 3	0.011 9	0.040 2	0.052 1
2003	0.082 0	0.019 6	0.038 5	0.013 0	0.039 8	0.052 8
2004	0.079 7	0.014 6	0.034 0	0.015 0	0.035 7	0.050 7
2005	0.074 2	0.029 4	0.027 7	0.019 8	0.037 5	0.057 3
2006	0.072 1	0.031 3	0.026 4	0.021 6	0.037 2	0.058 9
2007	0.058 4	0.031 9	0.033 5	0.024 7	0.037 8	0.062 5
2008	0.061 7	0.032 2	0.042 0	0.031 5	0.042 2	0.073 7
2009	0.067 6	0.029 3	0.042 5	0.030 6	0.042 5	0.073 1

数据来源:1996—2010 年《河北经济年鉴》。

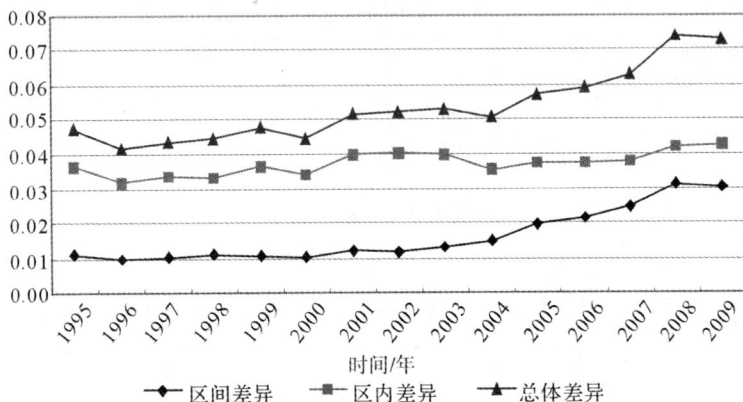

图 6-4　河北省经济增长总差异、区域间和区域内差异比较

通过图 6-4 中 1995—2009 年泰尔指数的差异分解可以看到，河北省经济增长总差异与区间差异和区内差异整体均呈现上升趋势，最小值均出现在 1996 年，泰尔指数分别为 0.041 6,0.009 9,0.031 7,最大值均出现在 2008 年,泰尔指数分别为 0.073 7,0.031 5,0.042 2;总差异的时间变化趋势与区内差异的时间变化趋势更加吻合,但在 2004 年以后,总差异的上升趋势则更加接近于区间差异的变化趋势;区间差异在 2003 以前一直徘徊在 0.01 的水平,但 2003 年以后有较大幅度的上升。因此 2004 年以后总差异的上升很大程度来自于区间差异的上升趋势,这一点在下文的贡献率分析中会更加明确。

图 6-5 为河北省三大区域经济增长差异比较,冀东区的泰尔指数曲线在 1995—1998 年呈现微量下降趋势,在 1998—2002 的 4 年间呈现上升趋势,继而至 2007 年转为明显下降趋势,2008 年又恢复上升趋势;环京津区的泰尔指数曲线在 1995—2000 年基本在 0.01 水平徘徊,在 2000 年以后则呈现明显上升趋势,仅在 2004 年有小幅下降;中南区的泰尔指数曲线在 1995—2003 年间基本保持

在 0.04 左右的水平,在 2003—2006 年间呈现下降趋势,继而在 2006 年转为持续上升趋势。通过三个区域的泰尔指数曲线比较,可以发现,冀东区的经济增长差异最高,其次是中南区,环京津区的差异水平最低。冀东区差异 2007 年的最低值 0.058 4 仍高于中南区和环京津区的最高值 0.042 0 和 0.032 3。但中南区 2006 年以后差异增速上升,有超越冀东区差异的趋势。

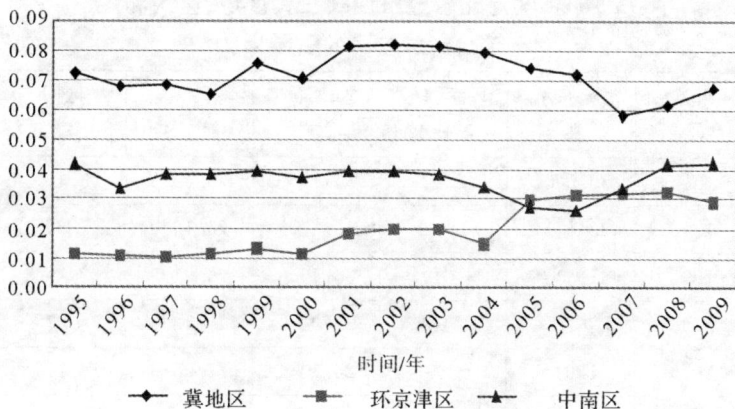

图 6-5　河北省经济增长区域间差异比较

　　泰尔指数的特点是能够进行可加分解,能够反映总差异变化的构成,根据泰尔指数,可以计算出区间、区内和各个区域差异对总差异的贡献率。

　　区间差异贡献率$=I_D/I_T$,区内差异贡献率$=I_R/I_T$,冀东区差异贡献率$=P_JI_J/I_T$,环京津区差异贡献率$=P_HI_H/I_T$,中南区差异贡献率$=P_ZI_Z/I_T$,后三者之和即为区内差异的贡献率。贡献率的大小反映了该因素对总差异的影响程度。

　　表 6-5 是根据表 6-4 和贡献率公式计算得出的,再结合图 6-6 可以发现,在 1995—2003 年间,区内差异贡献率基本维持在 76%左右,而区间差异贡献率相应在 23%左右,两者都没有明显

变动,而在 2003 年以后,区内差异贡献率呈下降趋势,而区间差异贡献率则呈上升趋势,二者变动方向相反。结合图 6 - 7 可以得出,2003 年以后的区内差异贡献率的下降主要是因为冀东区和中南区差异贡献率的下降。即使区内差异贡献率呈现下降趋势,仍高于区间差异贡献率,如前者最低值为 57.28%,后者最高值却为42.72%。但二者若保持各自趋势发展,未来有交叉的可能。

表 6 - 5　河北省经济增长三大区域、区内和区间对总差异的贡献率

时间/年	冀东区 贡献率	环京津区 贡献率	中南区 贡献率	区内 贡献率	区间 贡献率
1995	30.57%	9.26%	36.77%	76.60%	23.40%
1996	32.63%	10.17%	33.35%	76.15%	23.85%
1997	31.41%	9.01%	36.49%	76.91%	23.09%
1998	29.28%	9.84%	36.02%	75.13%	24.87%
1999	31.61%	10.60%	34.83%	77.03%	22.97%
2000	31.41%	9.86%	35.56%	76.83%	23.17%
2001	31.37%	13.38%	32.01%	76.77%	23.23%
2002	31.21%	14.40%	31.62%	77.22%	22.78%
2003	30.64%	14.19%	30.59%	75.42%	24.58%
2004	31.07%	11.20%	28.21%	70.49%	29.51%
2005	25.55%	19.23%	20.64%	65.43%	34.57%
2006	24.15%	19.92%	19.17%	63.25%	36.75%
2007	18.45%	19.12%	22.91%	60.48%	39.52%
2008	16.52%	16.43%	24.34%	57.28%	42.72%
2009	18.26%	15.04%	24.81%	58.11%	41.89%

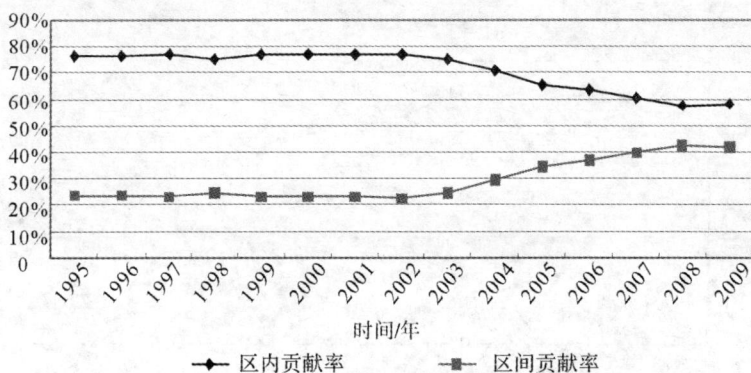

图 6-6　河北省区内和区间经济增长差异贡献率比较

从图 6-7 可知,冀东区和中南区差异贡献率明显高于环京津区差异贡献率。冀东区差异贡献率在 1995—2004 年间基本保持在 30％左右,在 2004 年以后开始呈现下降趋势,至 2008 年已下降至 16.52％;中南区差异贡献率在 1995—2000 年间基本处于 35％左右的水平,在 2000—2006 年间有较大幅度的下降,从 2000 年的 35.56％下降到 2006 年的 19.17％,2006 年以后转为上升趋势,冀东区和中南区的差异贡献率的下降阶段主要是因为本身差异的小幅下降和总差异的明显上升;环京津区差异贡献率整体处于较低水平,在 1995—2000 年间基本处于 10％的水平,在 2000—2006 年间处于上升阶段,除了 2004 年的短暂下降,至 2006 年已上升到 20％,但 2006 年以后又转为下降趋势。

从实证结果来看,以泰尔指数反映的河北省经济增长差异具有以下特点:

(1)总差异的时间变化趋势与区内差异的时间变化趋势更加吻合,但在 2004 年以后,总差异的上升趋势则更加接近于区间差异的变化趋势。

(2)冀东区的经济增长差异最高,其次是中南区,环京津区的差异水平最低。

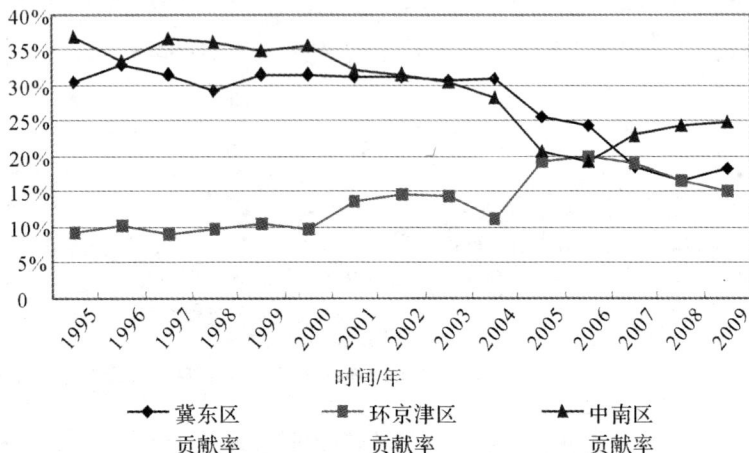

图 6-7　河北经济增长三大区域差异对总差异贡献率比较

（3）区内差异贡献率明显高于区间差异贡献率，但在 2003 年以后，区内差异贡献率呈下降趋势，而区间差异贡献率则呈上升趋势，二者若保持各自趋势发展，未来有交叉的可能。

（4）冀东区和中南区差异贡献率明显高于环京津区差异贡献率。但冀东区和中南区在 2004 年以后都有较大幅度的下降，而环京津区则有明显上升，三大区域差异贡献率曲线出现相交，未来走势不明确。

6.2.3　河北省区域金融发展差异的实证分析

在衡量金融发展指标上，哥德史密斯提出"金融相关比率"（FIR）指标，其定义为全部金融资产价值与全部实物资产（即国民财富）价值之比。金融相关比率的变动反映的是金融上层结构与经济基础结构之间在规模上的变化关系，可以被视为金融发展的一个基本特点。麦金农（1973）在研究发展中国家的金融抑制与金融深化时,用的是货币存量(M_2)与国民生产总值的比例作为衡量金融增长的标尺。韩廷春,夏金霞(2005)认为应该用金融发展规模、金融结构、金融效率等变量衡量金融发展。沈军,白钦先(2006)认为,金融结构、功能与效率是位于金融系统逻辑链条上的三大要素。"从相当意义上讲,金融结构、金融功能与金融效率及三者之间关系的研究是探究金融结构、金融发展与经济增长及其三者之间关系的一种转换。"综合上述文献,以下实证分析过程中,金融发展变量选用金融规模、金融结构、金融效率三个指标,并结合泰尔指数相关指标分别对河北省金融规模、金融结构、金融效率的差异进行测量和分析。

1. 金融规模差异分析

上文提到哥德史密斯和麦金农提出的计算金融增长的公式,由于中国缺乏各地区金融资产以及 M_2 的统计数据,不能直接采用,所以国内学术界在计算金融增长时,一般采用银行的存贷款之和与国内生产总值之比计算。这是因为中国的主要的金融资产集中在银行,而银行最主要的资产是存款和贷款。本研究也采取这一指标来衡量金融规模。

依据上文的公式推导,反映金融规模差异的泰尔指数的设定如下:

$$I_J = \sum \left[\frac{Y_i}{Y_J} \times \ln\left(\frac{Y_i/Y_J}{F_i/F_J}\right) \right] \tag{6-8}$$

$$I_H = \sum \left[\frac{Y_i}{Y_H} \times \ln\left(\frac{Y_i/Y_H}{F_i/F_H}\right) \right] \tag{6-9}$$

$$I_Z = \sum \left[\frac{Y_i}{Y_Z} \times \ln\left(\frac{Y_i/Y_Z}{F_i/F_Z}\right) \right] \tag{6-10}$$

其中,F_J,F_H,F_Z 分别代表冀东区、环京津区、中南区的银行存贷款占全省存贷款的比例,F_i 为第 i 市的银行存贷款占全省存贷款的比例;Y_J,Y_H,Y_Z 分别代表冀东区、环京津区、中南区 GDP 占全省 GDP 的比例，Y_i 代表第 i 市的 GDP 占全省 GDP 的比例。

区间差异的指标为

$$I_D = Y_J \ln (Y_J/F_J) + Y_H \ln (Y_H/F_H) + Y_Z \ln (Y_Z/F_Z)$$

$$(6-11)$$

区内差异的指标为

$$I_R = Y_J I_J + Y_H I_H + Y_Z I_Z \qquad (6-12)$$

进一步得到总差异的泰尔指数指标为

$$I_T = I_D + I_R \qquad (6-13)$$

将 1995—2008 年河北省 11 个地市的银行存贷款和 GDP 数据代入上述公式，得出以下结果（见表 6-6）。

表 6-6　河北省金融规模差异的泰尔指数

年份	冀东区	环京津区	中南区	区间差异	区内差异	总体差异
1995	0.021 5	0.088 9	0.034 3	0.002 6	0.049 2	0.051 8
1996	0.071 0	0.028 9	0.026 3	0.004 1	0.038 6	0.042 7
1997	0.032 8	0.002 0	0.015 2	0.000 2	0.015 3	0.015 5
1998	0.024 3	0.003 6	0.002 2	0.002 3	0.008 4	0.010 6
1999	0.023 5	0.005 5	0.008 9	0.004 5	0.011 5	0.016 0
2000	0.024 2	0.004 4	0.008 5	0.006 6	0.011 1	0.017 7
2001	0.023 7	0.005 0	0.018 4	0.010 6	0.015 4	0.026 0
2002	0.019 9	0.005 7	0.015 6	0.008 1	0.013 4	0.021 5
2003	0.016 0	0.004 4	0.016 4	0.004 7	0.012 3	0.017 0
2004	0.017 1	0.003 7	0.017 2	0.004 8	0.012 8	0.017 6
2005	0.024 0	0.018 5	0.023 9	0.007 0	0.022 2	0.029 3
2006	0.021 0	0.025 8	0.026 6	0.005 5	0.024 6	0.030 1
2007	0.017 5	0.032 2	0.026 9	0.003 3	0.025 8	0.029 2
2008	0.015 4	0.027 5	0.039 2	0.004 7	0.028 3	0.033 1

数据来源：1995—2009 年的《河北金融年鉴》《河北经济年鉴》。

　　图 6-8 对总差异进行分解,可以看出河北省金融规模总差异与区内差异的走势整体较为吻合,二者均是 1995—1998 年处于下降阶段,1998 年以后整体是上升的,个别年份出现反复,总差异和区内差异的均值分别是 0.025 0 和 0.020 1;区间差异与总差异的走势相差较大,基本上处于 0.01 水平以下,但在 2001 年,总差异、区内差异和区间差异同时出现了 1998—2004 年间的最高值。区间差异的较低水平可以忽略不计,主要是因为河北省的三大区域中并没有哪一个有特殊的金融发展优势和战略扶持,且本身全省金融规模也处于较低的水平。

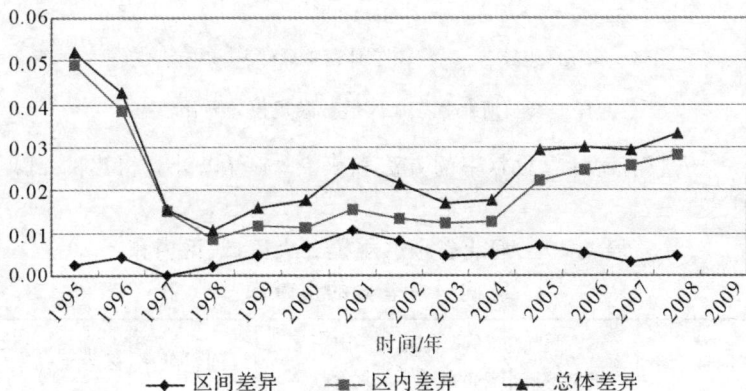

图 6-8　河北省金融规模总差异与区间和区内差异比较

　　图 6-9 为河北省三大区域金融规模差异比较,可以发现冀东区差异曲线除在 1995—1997 年三年间有较大起伏外,其余年份均变化不大,基本处于 0.02 左右,与其经济增长的差异相差较大;环京津区差异曲线 1995—1997 年有一较大幅度下降后基本上维持在 0.005 左右,基本可以忽略,在 2004 年后又有较大幅度上升;中南区差异曲线在 1995—1998 年间经历了直线下降,1998 年后处于缓慢上升趋势。总体来讲,三大区域金融规模差异都处于相对

较低的水平。

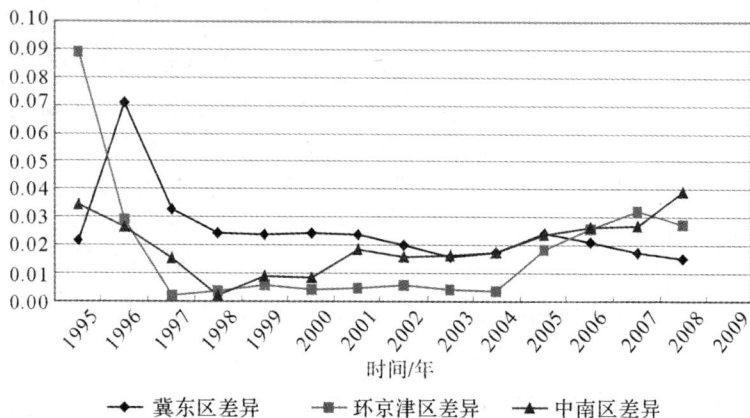

图 6 - 9　河北省三大区域金融规模差异比较

　　按照前述计算贡献率的方法和表 6 - 6 可以计算得出的结果
见表 6 - 7。

表 6 - 7　河北省金融规模三大区域、区内和
区间对总差异的贡献率

时间/年	冀东区贡献率	环京津区贡献率	中南区贡献率	区间贡献率	区内贡献率
1995	10.78%	57.42%	26.74%	5.06%	94.94%
1996	42.46%	22.59%	25.33%	9.62%	90.38%
1997	54.08%	4.25%	40.67%	1.00%	99.00%
1998	58.75%	11.26%	8.62%	21.36%	78.64%
1999	37.45%	11.42%	22.88%	28.24%	71.76%
2000	34.80%	8.27%	19.88%	37.05%	62.95%
2001	23.51%	6.28%	29.29%	40.92%	59.08%
2002	23.85%	8.67%	29.87%	37.60%	62.40%

续 表

时间/年	冀东区贡献率	环京津区贡献率	中南区贡献率	区间贡献率	区内贡献率
2003	24.46%	7.78%	40.00%	27.77%	72.23%
2004	25.85%	6.71%	40.00%	27.45%	72.55%
2005	23.02%	19.90%	33.00%	24.08%	75.92%
2006	19.84%	26.93%	35.10%	18.13%	81.87%
2007	17.59%	34.51%	36.43%	11.47%	88.53%
2008	14.27%	25.37%	46.06%	14.30%	85.70%

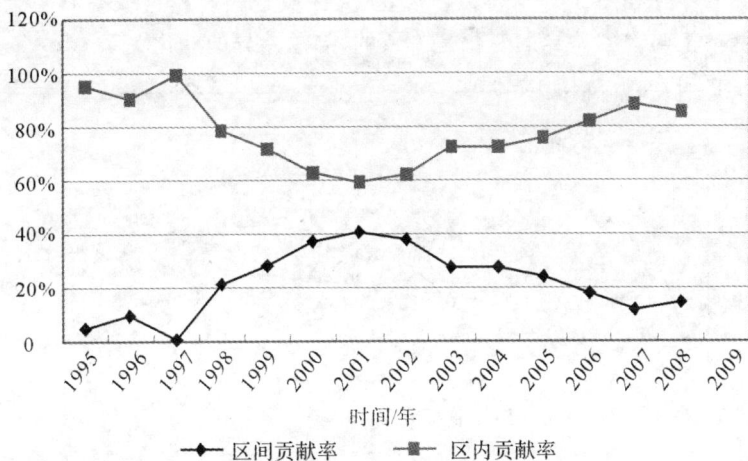

图 6-10　河北省金融规模区间与区内差异贡献率比较

从图 6-10 中可以看出河北省金融规模总差异的变化,区内差异贡献率远高于区间差异贡献率,尤其明显的是在 1997 年,区内差异贡献率为 99%;2001 年区内差异贡献率达到 59.08% 的最小值,仍高于区间差异贡献率的最高值 49.92%。区内差异贡献率曲线整体呈现先下降后上升的趋势,相应的区间差异贡献率曲线则呈现先上升后下降的趋势,未来短期内仍以区内差异影响为主。

图 6-11 显示,冀东区差异贡献率曲线在 1995—1998 年间处于上升趋势,1998 年以后整体处于下降趋势,从 1998 年最高点的58.75%下降至 2008 年的 14.27%;环京津区差异贡献率曲线在1995—1997 年两年间直线下降,后来一直到 2004 年基本在 10%上下波动,2004 年以后出现快速上升趋势,但在 2008 年出现下降;中南区差异贡献率曲线在 1995—1998 年呈现几次大的波动后,基本上呈上升的态势,只在个别年份出现小幅的下降。对比图 6-10 和图 6-11,可以发现,三大区域金融规模贡献率的变化基本上与本省差异的变化是一致的,与总差异的变化关系不大。

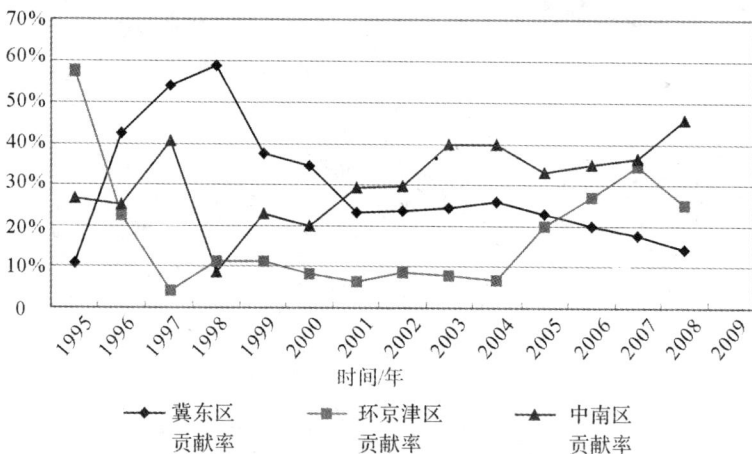

图 6-11　河北省金融规模三大区域差异贡献率比较

2. 金融结构差异分析

由于我国各地区的金融体系总体上都属于金融中介主导性的金融结构,以银行类金融结构所占比例最大,公众绝大部分存款为储蓄存款,金融结构相对单一。如果一个地区的金融机构能推行个性化、差别化的金融服务,如推出多元化保险产品、消费信贷、个人理财等,以此激发金融需求和金融创新,推动金融市场发展,则有利于金融结构的转型。因此,基于有利于提高金融结构多元化发展的角度,选用非银行金融中介体系来探究该地区的金融结构,具体地,用保费收入占 GDP 的比例作为衡量金融结构的指标。

依据上文公式推导,反映金融结构差异的泰尔指数指标设定为

$$I_{\mathrm{J}} = \sum \left[\frac{Y_i}{Y_{\mathrm{J}}} \times \ln \left(\frac{Y_i/Y_{\mathrm{J}}}{S_i/S_{\mathrm{J}}} \right) \right] \tag{6-14}$$

$$I_{\mathrm{H}} = \sum \left[\frac{Y_i}{Y_{\mathrm{H}}} \times \ln \left(\frac{Y_i/Y_{\mathrm{H}}}{S_i/S_{\mathrm{H}}} \right) \right] \tag{6-15}$$

$$I_{\mathrm{z}} = \sum \left[\frac{Y_i}{Y_{\mathrm{z}}} \times \ln \left(\frac{Y_i/Y_{\mathrm{z}}}{S_i/S_{\mathrm{z}}} \right) \right] \tag{6-16}$$

其中,S_{J},S_{H},S_{z} 分别代表冀东区、环京津区、中南区的保费收入占全省保费收入的比例,S_i 为第 i 市的保费收入占全省保费收入的比例;Y_{J},Y_{H},Y_{z} 分别代表冀东区、环京津区、中南区 GDP 占全省 GDP 的比例,Y_i 代表第 i 市的 GDP 占全省 GDP 的比例。

区间差异的指标为

$$I_{\mathrm{D}} = Y_{\mathrm{J}} \ln (Y_{\mathrm{J}}/S_{\mathrm{J}}) + Y_{\mathrm{H}} \ln (Y_{\mathrm{H}}/S_{\mathrm{H}}) + Y_{\mathrm{z}} \ln (Y_{\mathrm{z}}/S_{\mathrm{z}})$$
$$\tag{6-17}$$

区内差异的指标为

$$I_{\mathrm{R}} = Y_{\mathrm{J}} I_{\mathrm{J}} + Y_{\mathrm{H}} I_{\mathrm{H}} + Y_{\mathrm{z}} I_{\mathrm{z}} \tag{6-18}$$

进一步得到总差异的泰尔指数指标为

$$I_{\mathrm{T}} = I_{\mathrm{D}} + I_{\mathrm{R}} \tag{6-19}$$

将 1995—2008 年河北省 11 个地市的保费收入和 GDP 数据代入上述公式,得出以下结果(见表 6-8)。

表 6-8　河北省金融结构差异的泰尔指数

时间/年	冀东区	环京津区	中南区	区间差异	区内差异	总体差异
1995	0.040 6	0.010 3	0.054 9	0.022 4	0.039 1	0.061 5
1996	0.005 7	0.050 3	0.046 0	0.001 4	0.033 8	0.035 2
1997	0.000 8	0.003 9	0.027 8	0.005 4	0.013 0	0.018 4
1998	0.002 2	0.000 5	0.043 2	0.009 5	0.018 5	0.027 9
1999	0.002 8	0.006 0	0.037 9	0.005 9	0.018 4	0.024 3
2000	0.005 1	0.004 6	0.017 8	0.003 8	0.010 2	0.014 0
2001	0.026 3	0.014 7	0.028 5	0.008 3	0.023 4	0.031 7
2002	0.005 3	0.020 8	0.041 8	0.003 8	0.025 5	0.029 3
2003	0.027 2	0.010 2	0.024 7	0.001 0	0.020 6	0.021 6
2004	0.012 2	0.003 7	0.006 6	0.002 7	0.007 2	0.009 9
2005	0.022 5	0.003 8	0.006 9	0.001 4	0.010 3	0.011 6
2006	0.020 7	0.006 7	0.003 7	0.002 2	0.009 5	0.011 7
2007	0.018 5	0.007 6	0.005 1	0.002 1	0.009 8	0.011 9
2008	0.030 2	0.013 0	0.007 5	0.003 5	0.016 1	0.019 7
2009	0.035 4	0.010 6	0.001 9	0.009 1	0.014 9	0.024 0

数据来源:1996—2010 年《中国保险年鉴》《河北经济年鉴》。

通过图 6-12 对河北省金融结构总差异的分解可以看出,和金融规模的情况类似,区内差异的变化趋势基本与总差异的走势一致,二者在 1995—1997 年间有较大幅度下降后,一直在 0.02 左右有两次波动,在 2004 年后维持在 0.01 左右的水平,应该说整体处于一个较低水平;而区间差异则处于更低水平,基本上可以忽略不计。可见河北省金融结构整体差异不大,主要是因为保险业整体发展水平处于初级阶段,差异尚未明显表现出来。

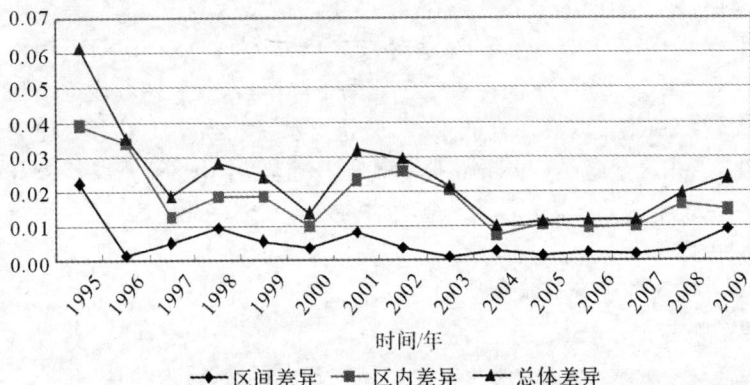

图 6-12 河北省金融结构总差异与区间和区内差异比较

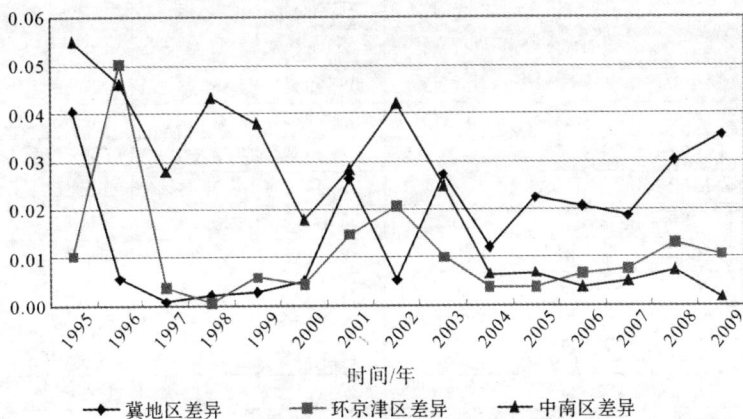

图 6-13 河北省金融结构三大区域差异比较

通过图 6-13 对河北省金融结构三大区域差异进行比较,冀东区在 1996 年出现大幅下降后,一直到 2000 年,始终徘徊在

0.01 以下的低位,后续就在 0.03 和 0.01 间震荡,但震荡幅度逐渐减弱;环京津区自 1996 年开始经历了两个先下降后上升的波动周期,两个周期的分界点是在 2002 年,除去 2001—2003 年差异水平在 0.01 以上外,其余年份均在 0.01 以下,可以忽略不计;中南区在 1995—2004 年间一直处于震荡下降阶段,且震荡幅度逐渐加大,在 2004 年以后一直低于 0.01,差异水平相当小。三者对比来讲,冀东区金融结构差异整体呈现上升趋势,中南区金融结构差异则呈现下降趋势,环京津区金融结构差异整体变化不大,且始终徘徊在低位。

按照前述计算贡献率的方法和表 6-8 可以计算得出如下结果(见表 6-9)。

表 6-9 河北省金融结构三大区域、区内和
区间对总差异的贡献率

时间/年	冀东区 贡献率	环京津区 贡献率	中南区 贡献率	区间 贡献率	区内 贡献率
1995	22.45%	4.09%	36.99%	36.48%	63.52%
1996	5.33%	35.31%	55.32%	4.05%	95.95%
1997	1.09%	6.97%	62.45%	29.50%	70.50%
1998	2.07%	0.65%	63.45%	33.84%	66.16%
1999	3.00%	8.20%	64.55%	24.26%	75.74%
2000	9.33%	10.85%	52.55%	27.27%	72.73%
2001	21.36%	15.27%	37.23%	26.14%	73.86%
2002	4.67%	23.36%	58.91%	13.07%	86.93%
2003	32.76%	15.38%	47.44%	4.41%	95.59%
2004	32.91%	12.16%	27.47%	27.46%	72.54%
2005	54.14%	10.26%	23.93%	11.67%	88.33%
2006	50.49%	17.93%	12.72%	18.86%	81.14%
2007	45.54%	20.01%	17.03%	17.42%	82.58%
2008	47.01%	20.22%	14.84%	17.93%	82.07%
2009	45.07%	13.79%	3.07%	37.92%	62.08%

图 6-14 显示河北省金融结构总差异的构成同经济增长、金融规模的情况基本类似,均是总差异的变化主要是由区内差异产生的。图 6-14 中,区内差异贡献率最低值是 1995 年的 63.52%,最高值达到了 95.95%,平均值为 79.12%,整条区内差异贡献率曲线在 80% 上下波动,且波动幅度趋于缩小;相应的区间差异贡献率一直在 20% 左右,二者差距较大。

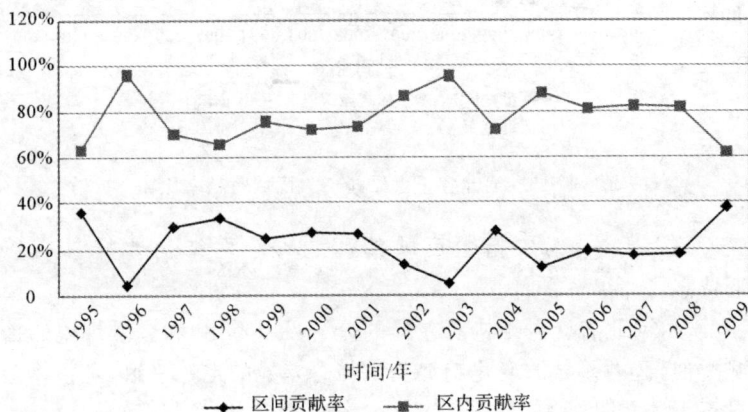

图 6-14　河北省金融结构区间与区内差异贡献率比较

图 6-15 显示,冀东区差异贡献率曲线走势基本与其差异曲线一致,只是在 2002—2005 年间有较大幅度的上升,主要是因为在这一时间段总差异处于下降阶段;环京津区差异贡献率曲线多数年份处于 20% 以下水平,整体变化不大;中南区差异贡献率曲线在 2002—2006 年有较大幅度的下降。由于区内差异贡献率是三大区域贡献率之和,区内差异贡献率曲线整体走势比较稳定,主要是因为冀东区和中南区差异贡献率曲线在相同年份有大致相反的变化趋势。

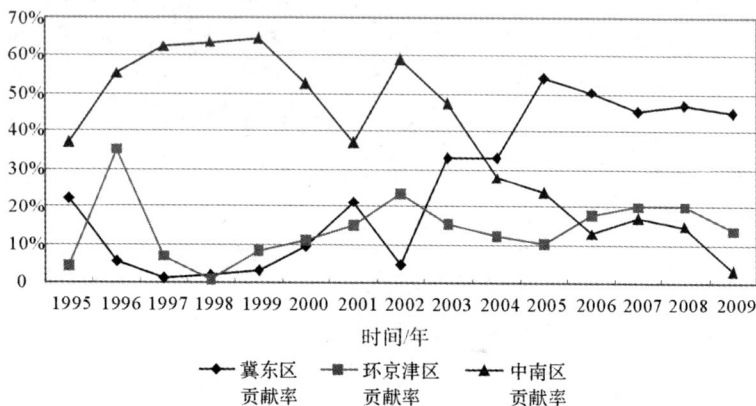

图 6-15　河北省金融结构三大区域贡献率比较

综上所述,泰尔指数反映的河北省金融结构差异具有以下特点:

(1)河北省金融结构总差异的分解可以看出,和金融规模的情况类似,区内差异的变化趋势基本与总差异的走势一致,且整体差异不大。

(2)冀东区金融结构差异整体呈现上升趋势,中南区金融结构差异则呈现下降趋势,环京津区金融结构差异整体变化不大,且始终徘徊在低位。

(3)河北省金融结构总差异的构成同经济增长、金融规模的情况基本类似,均是总差异的变化主要是由区内差异产生的。

(4)区内差异贡献率曲线整体走势比较稳定,主要是因为冀东区和中南区差异贡献率曲线在相同年份有大致相反的变化趋势。

3. 金融效率差异分析

金融部门效率是指金融部门对金融资源配置的有效程度,金融部门效率直接关系实体经济的发展,是地区金融发展水平的重要表现。金融部门对实体经济的支持能力主要表现在金融部门将储蓄转化为投资的能力,因此,选用银行贷存比进行量化。

反映金融效率差异的泰尔指数指标设定为

$$I = \sum \left[\frac{F_{Di}}{F_{DJ}} \times \ln \left(\frac{F_{Di}/F_{DJ}}{F_{Li}/F_{LJ}} \right) \right] \qquad (6-20)$$

$$I = \sum \left[\frac{F_{Di}}{F_{DH}} \times \ln \left(\frac{F_{Di}/F_{DH}}{F_{Li}/F_{LH}} \right) \right] \qquad (6-21)$$

$$I = \sum \left[\frac{F_{Di}}{F_{DZ}} \times \ln \left(\frac{F_{Di}/F_{DZ}}{F_{Li}/F_{LZ}} \right) \right] \qquad (6-22)$$

其中,F_{LJ},F_{LH},F_{LZ}分别代表冀东区、环京津区、中南区的银行贷款占全省银行贷款的比例,F_{Li}为第i市的银行贷款占全省贷款的比例;F_{DJ},F_{DH},F_{DZ}分别代表冀东区、环京津区、中南区银行存款占全省银行存款的比例,F_{Di}代表第i市的银行存款占全省银行存款的比例。

区间差异的指标为

$$I_D = F_{DJ}\ln\left(F_{DJ}/F_{LJ}\right) + F_{DH}\ln\left(F_{DH}/F_{LH}\right) +$$
$$F_{DZ}\ln\left(F_{DZ}/F_{LZ}\right) \qquad (6-23)$$

区内差异的指标为

$$I_R = F_{DJ}I_J + F_{DH}I_H + F_{DZ}I_Z \qquad (6-24)$$

进一步得到总差异的泰尔指数指标为

$$I_T = I_D + I_R \qquad (6-25)$$

将1995—2008年的河北省11个地市的银行贷款和存款数据代入上述公式,得出河北省金融效率差异的泰尔指数(见表6-10)。

图6-16显示,河北省金融效率总差异整体水平偏低,大部分年份处于0.01以下,走势依然与区内差异一致,区间差异更低,最大值在2001年为0.007 4,几乎可以忽略不计,三条曲线均在2001年出现1996年后的最高点。整体来看,由于河北省整体贷存比偏低,金融效率还处于低位,故11个地市及三大区域的差异都不明显。

表 6 - 10　河北省金融效率差异的泰尔指数

时间/年	冀东区	环京津区	中南区	区间差异	区内差异	总体差异
1995	0.019 3	0.019 3	0.098 2	0.002 9	0.053 0	0.055 9
1996	0.010 3	0.014 8	0.008 5	0.000 7	0.011 1	0.011 8
1997	0.010 7	0.012 2	0.010 5	0.000 6	0.011 2	0.011 8
1998	0.008 6	0.014 1	0.011 4	0.000 6	0.011 6	0.012 2
1999	0.012 9	0.016 4	0.003 4	0.000 3	0.009 7	0.010 0
2000	0.009 0	0.008 5	0.001 3	0.001 9	0.005 4	0.007 3
2001	0.008 3	0.008 2	0.006 3	0.007 4	0.007 4	0.014 7
2002	0.003 3	0.005 7	0.002 9	0.003 6	0.003 6	0.007 2
2003	0.001 8	0.006 6	0.001 6	0.001 9	0.003 3	0.005 1
2004	0.001 3	0.009 6	0.002 1	0.000 2	0.003 4	0.003 6
2005	0.002 3	0.008 7	0.003 0	0.000 7	0.003 9	0.004 6
2006	0.001 7	0.013 9	0.002 4	0.002 3	0.005 8	0.008 1
2007	0.001 3	0.018 1	0.003 2	0.001 6	0.007 4	0.009 0
2008	0.001 6	0.031 3	0.007 1	0.002 7	0.013 2	0.015 9

数据来源:1995—2009 年《河北金融年鉴》

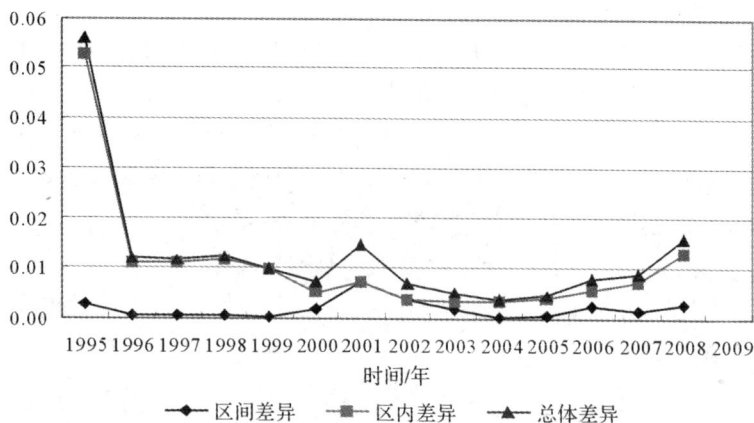

图 6 - 16　河北省金融效率总差异与区间、区内差异比较

从图 6-17 可以看出,环京津区的金融效率差异水平稍高于总差异水平,且在 2003 年以后有上升趋势。但整体起伏不大,冀东区和中南区整体起伏不大,而且差异几乎可以忽略不计。

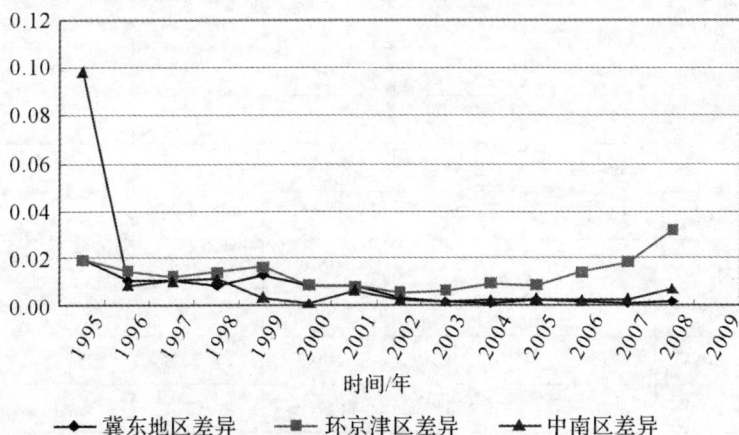

图 6-17　河北省金融效率三大区域差异比较

按照前述计算贡献率的方法和表 6-8 可以计算得出如下结果(见表 6-11)。

表 6-11　河北省金融效率三大区域、区内和区间对总差异的贡献率

时间/年	冀东区贡献率	环京津区贡献率	中南区贡献率	区间贡献率	区内贡献率
1995	7.50%	12.28%	75.10%	5.12%	94.88%
1996	18.23%	44.00%	31.45%	6.32%	93.68%
1997	22.02%	34.97%	37.86%	5.15%	94.85%
1998	16.02%	37.63%	41.46%	4.88%	95.12%
1999	28.92%	53.16%	15.28%	2.65%	97.35%

续　表

时间/年	冀东区 贡献率	环京津区 贡献率	中南区 贡献率	区间 贡献率	区内 贡献率
2000	27.56%	37.45%	8.37%	36.29%	73.37%
2001	12.41%	17.82%	19.63%	50.14%	49.86%
2002	12.98%	16.28%	20.03%	49.11%	49.29%
2003	8.05%	41.31%	14.45%	36.19%	63.81%
2004	10.10%	54.21%	29.02%	6.67%	93.33%
2005	15.14%	37.84%	32.04%	14.99%	85.01%
2006	5.22%	53.43%	12.77%	28.58%	71.42%
2007	3.84%	63.03%	15.00%	18.13%	81.87%
2008	2.65%	61.01%	19.25%	17.09%	82.91%

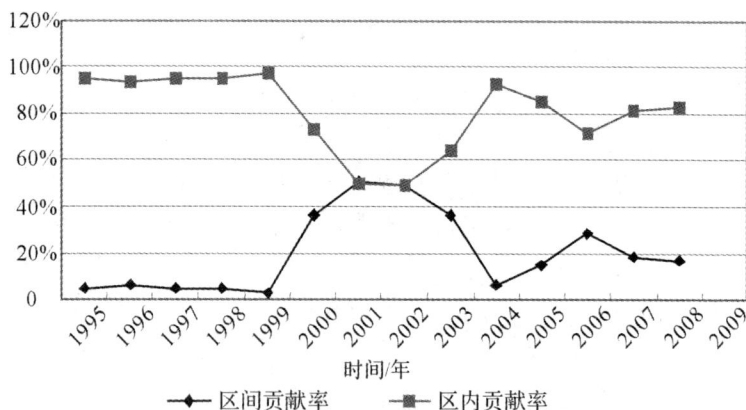

图 6-18　河北省金融效率区间与区内差异贡献率比较

图 6-18 可以看出,河北省金融效率总差异中区内差异贡献率依然占据优势。区内差异贡献率曲线在 1995—1999 年间基本

上95%以上,1999—2002年间处于下降阶段,且下降幅度较大,
2002年下降到49.29%,在2003和2004年两年内又转为上升趋
势,以后年份在80%上下徘徊;区间差异贡献率曲线则呈现相反
变化趋势。两条曲线曾在2001年和2002年有短暂重合,未来几
年内区内差异贡献率占据优势的局面不会改变。

图6-19显示,三大区域的金融效率差异贡献率曲线变化较
为不规则,主要是因为总差异和三大区域的金融效率差异均处于
较低水平,贡献率曲线的不规则变化并不能说明太多问题。但整
体来讲,环京津区的差异贡献率明显高于冀东区和中南区,且有继
续上升的趋势。

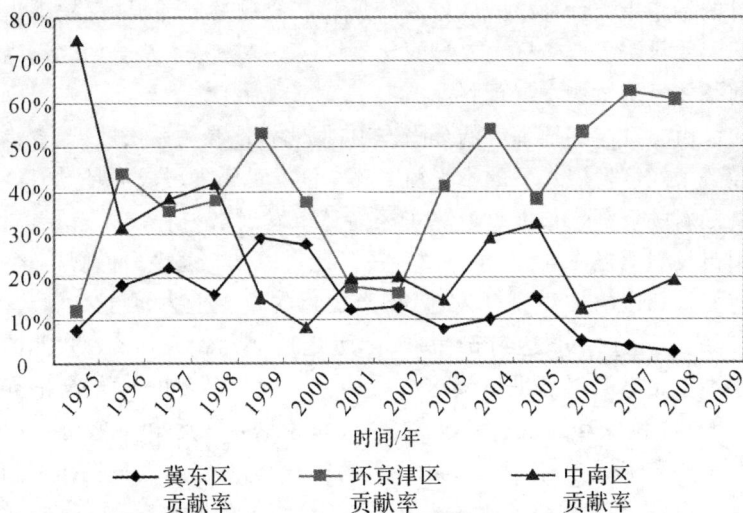

图6-19　河北省金融效率三大区域差异贡献率比较

以泰尔指数反映的河北省金融效率差异具有以下特点:

(1)河北省金融效率总差异整体水平偏低,大部分年份处于
0.01以下,走势依然与区内差异一致,区间差异水平则更低。

（2）环京津区的金融效率差异水平略高于总差异水平,但整体起伏不大,冀东区和中南区整体起伏不大而且差异几乎可以忽略不计。

（3）河北省金融效率总差异中区内差异贡献率依然占据优势,且未来几年内区内差异贡献率占据优势的局面不会改变。

（4）三大区域的金融效率差异贡献率曲线变化较为不规则,主要是因为总差异和三大区域的金融效率差异均处于较低水平。

6.2.4　河北省区域金融发展差异原因分析

将河北省分成三大区域(冀东区、环京津区和中南区),通过各自的泰尔指数计算出的区域经济增长和金融发展差异,都呈现出区间差异明显低于区内差异的现象。这一结论基本符合河北省当前整体经济金融发展现状。

由于京津在地理上的分隔作用,河北省地缘关系松散,这直接导致了经济发展水平的不平衡。冀东区立足于发展成为环渤海经济区新的经济增长极。但冀东区内三市发展水平有较大差距,唐山市发展明显靠前,其经济总量占河北省的 1/5 之多,特别是随着曹妃甸新区的大规模开发建设,唐山市的重工业发展更有优势。2009 年人均 GDP 达到 51 054 元,远超过河北省人均 24 993 元的水平。秦皇岛市是世界级旅游度假区,区位优势明显,与全世界130 多个国家和地区有贸易往来,经济发展水平也相对较高。承德市旅游资源丰富,拥有全国最大的钒钛资源基地,但秦皇岛市和承德市的经济发展水平相对于唐山市尚存在较大差距,前两者2009 年人均 GDP 分别为 27 016 元和 22 083 元,只为唐山市的一半左右,三市之间存在明显差异。

环京津区中的廊坊市位于京津两市之间,地理位置优越,资源积累比较丰富,经济金融发展具有较高水平,2009 年人均 GDP 为27 838 元。沧州市港口资源比较丰富,尤其是随着天津滨海新区的开发和建设,以黄骅港为代表的临港产业急速聚集和发展,使沧州市经济金融的发展步入快车道。保定市地处平原区,人口数量位居 11 地市之首,经济金融发展相对较慢,张家口市作为一个老工业基地,多年来由于地理优势不明显,且经济结构不合理、发展体制滞后、设备老化等问题突出,经济金融发展较为落后,2009 年人均 GDP 为 18 896 元。很明显,四市间虽同为环京津区,但经济金融发展较为不平衡。

中南区中,石家庄市作为河北省省会,享有发展倾斜性优势,政治、经济、文化等各项资源集中度较高,综合性发展趋势比较明显,2009 年人均 GDP 为 30 373 元。邯郸市矿产资源较丰富,尤其是其西南部煤矿,铁矿和水泥用石灰岩较为集中,加上其境内的青兰高速是国家"7918"高速公路网的组成路段,特殊的地理位置已经是连接东西物流的中心点,成为河北省南部重要的经济增长极,2009 年人均 GDP 为 22 698 元。衡水市和邢台市由于地理位置相对其他市不具备交通、物流等资源整合的优势,且自身自然资源缺乏,经济金融发展相对滞后,2009 年人均 GDP 分别为 15 148 元和15 114 元。虽然四市同位于河北省中南腹地,但在经济金融发展上具有较大差距。

因此,通过泰尔指数反映出的河北省经济增长和金融发展区内差异较区间差异明显这一特点,与河北省三大区域和 11 个地市的实际情况相符。由此得出结论,河北省区域经济增长和区域金融发展的差异主要是 11 个地市间的差异,后续将在此基础上进一步利用实证,分析河北省 11 个地市金融发展对经济增长的支持作用。

6.3 河北省金融业发展的政策建议

结合河北省的经济和金融业发展的现状,应在以下两个方面共同努力,以求打造沿海强省。一方面提升区域金融扶持力度。因为河北省的 11 个地市在地理上分布较为分散,被北京和天津所分隔,11 个地市之间关联度不高,很难以一个整体的面貌、整体的经济实力来参与对京津的经济合作。而环京津的优势和劣势是并存的,在既能享受到京津较为发达的经济实力的辐射之外,也会有相应的独立发展的丧失;而随着环渤海区增长极的推进,河北省 2009 年提出冀东区的发展策略,促进唐秦承的深度合作,已达到与京津的更好对接;而中南部除了石家庄市外的衡水市、邢台市和邯郸市的金融发展还较为落后,应该采取适合的金融改革策略。另一方面整体提升河北省金融生态环境建设。从全国角度看,河北省的金融发展处于较低的水平,表层原因是相关扶持性政策缺乏统一的战略性指导和连续性;深层原因是河北省的金融生态环境的建设亟须在现有基础上缩减落差,多层次多角度提升。

6.3.1　提升区域金融扶持力度

1. 重视沿海城市区域金融扶持

近几年国家加大了对沿海地区开发的支持力度,河北省环渤海城市群,逐渐被纳入河北省沿海城市发展战略布局之内。沿海城市具有其天然的地理优势,旅游业、海洋煤油业和海洋物流业都有较大的发展前景,也必然会成为河北省新一轮的增长极,从而带动其他省内地市的发展,进而与京津地区有更实质的经济合作和对接融合。

近几年河北省沿海城市的 GDP 均有较大增加,如唐山市在 2008 年首次跻身 GDP 3 000 亿元俱乐部,而 2008 年我国还有甘肃、宁夏、青海、西藏等省份的 GDP 尚未超过 3 000 亿元。但实证结果证明,其金融规模、金融结构和金融效率的增速对经济增长增速的弹性系数均为负值,及金融规模绝对值多数年份居于最小值的地位,凸显了金融业发展与实体经济发展在量与质的双脱钩。

就目前来看,沿海城市群的发展主要是利用其自然禀赋的优势,而金融平台发展滞后,金融支持经济的效应十分不明显,经济增长对金融的需求也非常有限,没有需求的动力,就没有内在发展的动力,也就更需要外在相关金融支持政策的推进。2009 年提出的冀东区发展战略和 2010 年提出的秦唐沧国家发展战略,都例证了河北省发展沿海经济区的决心,本书也是寄希望于在发展沿海增长极的同时,要重视金融平台的跟进,提出更适合河北省沿海城市的金融发展战略,充分调动河北省和周边发达省份的金融对接,挖掘金融业的潜力,使沿海城市群的发展战略更具长远意义。

2. 促进环京津区域金融合作

作为环京津的河北省城市,多年来主要处于经济附属的地位,没有太多主导性产业和明确性的发展战略。而随着近些年京津地区经济圈的往外扩张,河北省一些地区率先进入经济高速发展的轨道,但多数也是集中于房地产业、旅游业等产业,而作为经济发展所需的金融业的融合尚处于初级阶段。发展较为成熟的京津区金融业,是一个很好的平台,具有金融机构多元化和金融服务优质化等特点,河北省应主动进入京津区金融业的辐射范畴,尤其是在环京津区,更要结合自身金融业发展的水平,加强与京津金融业的对接,从而更为有效地带动省内经济的发展。

3. 针对性发展中南区区域金融

河北省中南区因其地理位置、历史发展等因素,整体经济发展较为落后。石家庄市因其为省会城市,聚集了全省较为优质的各种资源,金融业的发展尚可,其余地市的金融业发展都相对落后,尤其是衡水市和邢台市。主要原因是金融业受地方政府参与的痕迹过重,导致金融效率低下,而进一步形成恶性循环,实体经济本身缺乏有力度的增长点,金融业又不能促进经济的有效增长,这一点从以上实证结果中均可得出。针对性发展主要是促进金融业发展较为落后地市的市场化经营,减少地方政府的非调控性干预,增强金融业自身的内在发展动力。

6.3.2　进一步优化河北省金融生态环境建设

1. 促进经济发展模式转变

从前文的分析中可以看出,河北省的经济发展相对更加依赖自然禀赋要素,转变经济发展模式,如进一步开发沿海城市资源,使其多角度发展,如促进旅游业、物流业、生产前后台信息产业等,毋庸置疑,经济发展模式的转变是提升金融生态环境的基础。

2. 加大对中小企业的金融支持力度

中小企业融资难是中小企业发展的瓶颈,从而也制约了当地经济的发展,因此,加大对中小企业的金融支持力度至关重要。中小企业的规模小、盈利少和市场竞争残酷是其融资难的主要原因,金融业若能真正服务于中小企业,也就能真正发挥其对实体经济的内在促进作用。河北省由于整体金融业发展水平较低,对中小企业的支持力度也有限,但随着经济转型的加快和金融业不断地发展,这一现象在日趋改善。如 2009 年 4 月,唐山市政府与建设银行河北省分行签订协议,约定在以后三年内,唐山市中小企业将获得 100 亿元的金融支持;2010 年 4 月,河北省工业和信息化厅与建设银行河北省分行、河北银行等 6 家商业银行签订政银合作协议,确定为省内中小企业提供 750 亿元的信贷资金支持。

纵观河北省迄今对中小企业的金融支持,多以政府作为中介、政银企的合作模式出现,尚未形成以中小企业为服务主体的金融市场化服务。因此,让金融业和中小企业达成基于真正相互需求的合作模式,是加大对中小企业的金融支持力度的本质,达到这一目标,首先需要中小企业增强自身经营和抵御风险的能力,其次是金融业尤其是商业银行业应开发更多针对中小企业的金融产品,如知识产权贷款、商誉抵押等产品,而不能一味用适用于少数大型国企的标准搞"一刀切"。这是一个循序渐进的过程,政府的积极支持无疑会加快这一进程。

3. 完善多元化的银行竞争机制

金融市场体系是影响一个地区金融风险的主要因素,而信贷资金由于受地区金融风险差异的影响,会从高风险地区向低风险地区流动,会对一部分地区形成一种压力,迫使其改进金融生态环境,以便吸纳更多的信贷资金。从总体上讲,通过构建和发展多层次的金融市场体系,通过强化银行体系的内部控制和风险管理,信贷资金相对可以更为自由地在不同地区间流动,从而促使各地区从法治环境、行政监管、金融发展、诚信体系建设等各方面致力于改善当地的金融生态环境。河北省的银行体系相对单一,这已成为近些年制约河北省金融业经济促进效应的主要原因,这一弊端虽已引起重视,但短期内尚没有明显转变,河北省的银行业仍然处于相对缺乏竞争机制的状态,进一步完善多元化的银行竞争机制势在必行。

4. 完善制度文化建设

完善制度文化建设主要是做好两个方面的工作,改善法治环境和促进信用文化建设。良好的金融法治环境是金融生态得以稳定发展的基本条件,完善的金融法治环境能够有效地保护金融主体的产权,有效遏制恶意信用欺诈和逃废金融债务。河北省目前在法律和制度环境方面还存在诸多缺陷,这样就会导致当地政府把更多的注意力转移到对中央控制的公共金融资源的竞争上,以及倾向于充当地方企业的保护伞,这必然会促生种种地方机会主义行为,从而对本地区金融生态环境产生显著的不良影响;而社会诚信文化作为金融信用关系中的一个软约束条件,这一方面的因素对地区金融信用环境的影响力是不可小觑的。在浙江、上海等地区,社会信用基础良好,对当地金融资产质量有非常积极的影响。很难想象在一个信用文化匮乏的地区能营造出让资本有效运作的环境。

第7章　中国金融业发展与创新

目前我国金融业面临着两种情况：一是要进一步深化金融改革，构建市场化金融体制架构。我国的市场化金融体制尚未完成，金融领域内还存在诸多问题，如金融监管体制和制度还不健全、金融管理体制还不顺畅、金融市场运行秩序还比较混乱、金融业务和金融工具还比较单一等等，这些方面都要求金融业不断深化改革。二是要实现金融对外开放。在金融全球化以及我国加入世界贸易组织后金融对外开放的大背景下，中国金融业将面临前所未有的外部金融挑战。按照加入世界贸易组织后金融领域对外开放的要求，我国将有步骤地开放我国的金融服务业，中国金融业也不可避免地要融入金融全球化的浪潮中，届时，将出现金融机构设置的全球化、金融活动和市场的全球化、资本流动的全球化以及金融监管的国际化，中国金融将不再是"中国化"的，而是"国际化"的。因此，国际金融形势变化、区域金融动荡，都将对中国金融的稳定和安全产生实质性影响。只有不断创新，才能不断地提高我国金融机构的国际竞争力，也才能维护我国的金融安全和稳定。

7.1　金融创新的必要性

1.金融市场化的要求

中国金融创新的实质就是在金融领域内引入市场机制，运用市场功能实现资金要素的合理配置，这种做法适应中国经济发展和经济改革的需要。

在传统的计划经济条件下，中国的金融在指令性计划下运转，信用由国家银行高度垄断,金融工具单一,利率和汇率由国家统一规定且长期固定不变,银行没有自身的经济利益和经营自主权,其结果是货币资本的稀缺性得不到准确的反映,降低了资金的供给能力和使用效率,造成对有限资本资源的浪费,还限制了资金流动,妨碍了资源的优化配置,资金的计划配置难以适应经济变化,制约了经济结构调整和技术进步。

改革开放以来,中国经济体制改革的成就瞩目,改革的目标也在探索和实践中逐步明朗,党的十四大确定把建设社会主义市场经济体制作为经济体制改革的目标,就是要使市场对资源配置起基础性作用,资金的市场化配置就成为一个关键。从 20 多年来的发展可以看到,金融改革有力地支持了国民经济的高速增长,而经济发展中存在的诸多问题又往往与金融改革和金融市场化滞后有关,1992—1993 年的通货膨胀问题,其直接原因在于金融秩序混乱,而金融秩序混乱就是金融体制深层次矛盾的直接体现。

金融创新是金融发展的一种高级形态,只要中国金融市场化历程继续下去,金融创新就一定会在中国兴起。中国金融市场化的必要性、迫切性决定了发展中国金融创新的必要性。

2.经济金融国际化的要求

在当代,随着国际分工与国际交换的深化,各国之间的经济联系日益加强,各国经济越来越广泛地纳入了国际经济发展的轨道。这是一种历史发展的必然趋势,因此实行对外开放是适应国际经济关系变化的客观要求。市场经济本质上就是一种开放的经济,因此发展市场经济就不可能闭关锁国,脱离国际经济联系。否则市场配置资源的效率必然受到影响,从而导致企业和整个国民经济效益的下降。这就需要我们通过对外开放,广泛交流,逐步了解和学会运用国际惯例。

经济的国际化是对外开放的重要内容,一方面使得中国的外汇资产大幅度增加,另一方面大批利用外资或有进出口业务的企业将直接面对国际金融市场的汇率风险。运用金融创新工具规避汇率风险,对外汇资产进行保值和增值已经成为中国经济外向型发展的必然要求。

西方商业银行大多都开办衍生金融业务,在中国的一些外资银行也把发展衍生金融交易等表外业务作为其占领中国市场的突破口。发展中国的金融创新工具市场才可以培养锻炼中国银行和其他金融机构从事衍生金融交易的能力,才能使中国的金融机构具有国际水准的经营能力,才能与外资银行一争高低,保证足够的国内市场份额。

金融国际化服务于经济国际化,是经济国际化的重要组成部分。尽管建立一个完善的、中国自己的金融创新工具市场尚需时日,但是适当参与国际金融创新工具交易已经刻不容缓。

3. 新经济主体的要求

改革开放也给政府、工商企业、金融机构及城市居民带来了深刻的变化,形成了不同于传统体制下的新型经济主体。从各主体所持有或支配的金融资产分布结构来看,中央政府集中控制金融资产的格局被彻底打破,中央政府、地方政府、金融机构、企事业单位和城乡居民都持有或者支配着多种金融资产,各个主体金融资产的绝对数量呈快速上升之势。因此,运用金融创新工具规避利率和汇率等风险,保护自身金融资产的安全正在成为迫切的要求。

从另一侧面来看,新经济主体拥有独立的经济利益和不断扩张的权利,他们都有十分强烈的趋利倾向。在金融市场上,他们既有增加投资渠道的迫切要求,又需要市场提供规避风险、保全其金融资产的机制,这些仅仅依靠现有的金融工具显然不够,只有发展金融创新工具交易才可以充分满足新经济主体的要求。

7.2　中美金融创新的现状比较

无论在观念上,还是制度、产品或服务上,金融创新都首先发生在西方发达国家。市场经济体制建立后,西方金融体系也经历了重大变化,进行了广泛的制度创新、工具创新,建立了新的金融市场,为经济发展做出巨大贡献。研究和分析我国的金融创新,有必要了解西方发达国家的金融创新,本节在金融创新的四个领域列示了我国金融创新的现状,并与美国进行对比,在此基础上分析我国金融创新现存的问题,以及我国金融创新的政策取向。

7.2.1　金融制度创新比较

金融制度创新是与金融活动相关的一系列规则、惯例和组织安排的变化。主要包括两个方面:组织制度创新和监管制度创新。组织制度创新包括单个金融组织创新和金融组织结构或体系的创新;监管制度的创新包括各种规章、指引、意见和劝告,其作用在于规范市场主体的行为,保证金融交易安全、高效运行。

1. 中美金融组织体系比较

中美金融组织体系结构如图 7 - 1、图 7 - 2 所示。

2. 中央银行比较

中央银行在金融体系中的核心作用决定了它的不可替代性,我国和美国的中央银行都具有发行货币的权利,可以代表政府调整货币政策、控制货币供给、负责销售政府债券等,但由于政治体制、经济体制、经济发展水平不同,两国中央银行的性质及运作方式也有不同。主要表现在下列四方面:

(1)所有制结构。美联储为私有制结构,由各区私人商业银行通过购买联邦储备银行股票取得所有权,中国人民银行为公有制结构,归国家所有。

美国金融组织体系

金融经营机构　　　　　金融监管机构　　　中央银行联邦储备委员会

金融经营机构　　非银行金融机构　　商业银行　　州保险厅　　证券交易委员会　　金融监管局　　联邦储备委员会

其他政府信贷机构　　农业信贷机构　　房屋住宅金融机构　　投资公司和投资银行　　金融公司　　契约型机构　　储蓄机构　　州立银行　　国立银行

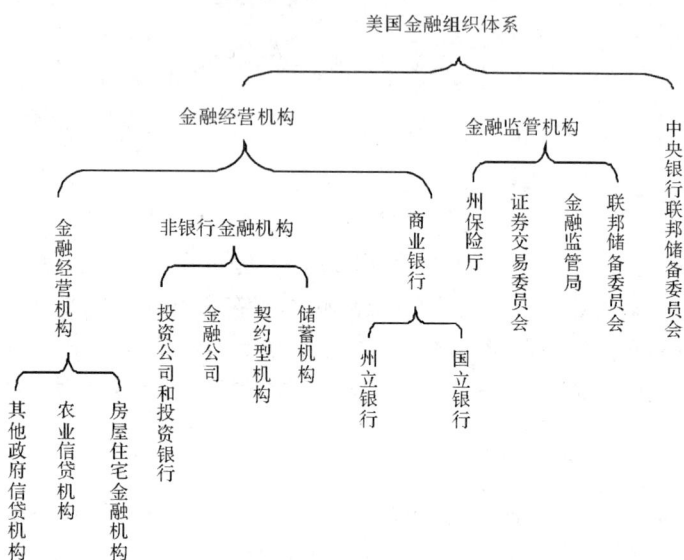

图 7 - 1　美国金融组织体系结构图

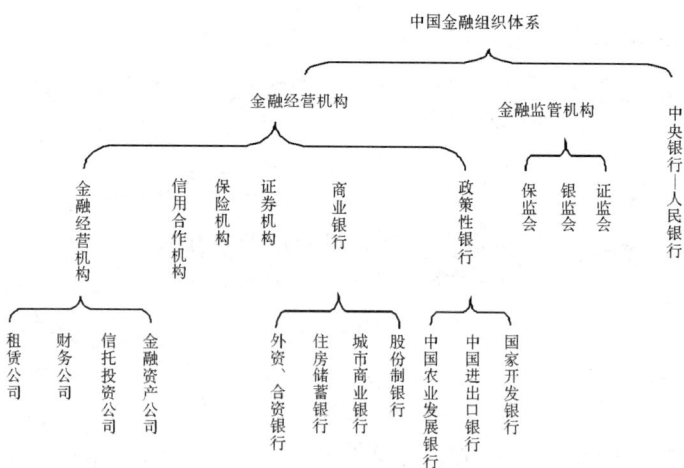

中国金融组织体系

金融经营机构　　　　金融监管机构　　中央银行——人民银行

金融经营机构　　信用合作机构　　保险机构　　证券机构　　商业银行　　政策性银行　　保监会　　银监会　　证监会

租赁公司　　财务公司　　信托投资公司　　金融资产公司　　外资、合资银行　　住房储蓄银行　　城市商业银行　　股份制银行　　中国农业发展银行　　中国进出口银行　　国家开发银行

图 7 - 2　中国金融组织体系结构图

(2)体系结构。美联储为二元式中央银行制度,中央和地方两级机构相对独立,非隶属关系;中国人民银行为一元式中央银行制度,地方机构为中央机构的分行,权力垂直隶属。

(3)独立性。联邦储备委员会有权独立地制定和执行货币政策,总统未经国会批准,不能对联邦储备委员会发布指令;中国人民银行由国务院领导,属于政府部门之一,独立性较弱。

(4)履行职能手段。美联储借助多样化的金融资产形式和金融市场,主要运用法律和经济手段对金融体系进行调节;中国人民银行调节方式更偏向于政府干预等行政手段。

3.行业结构比较

我国银行业比例过高,截至 2007 年 7 月,商业银行资产占金融业总资产的比例为 72%,远远超过证券业、保险业、信托业、租赁业的份额,以间接融资为主的金融体制导致直接融资不发达。截至 2007 年,我国直接融资比例仅为 18%,而美国高达 88%。

4.金融机构质量比较——以银行业为例

(1)产权制度归属。我国金融机构国有成分比例偏高,四大银行中国家占据绝对控股地位,而在一些股份制银行中,国有资本也占很大比例,如财政部持有交通银行 26.48% 的股份。美国的产权归属多元化,美国银行多为股份制商业银行,其产权主体在数量上和股东身份上呈现多元化,如花旗集团 51.18 亿股被 12 万股东掌控,金融危机前最大股东持有比例仅为 4.5%。

(2)所有权和经营权。我国由国家代表人民来行使管理金融机构的权利,所有权和经营权合一。而美国所有权和经营权分离,这两部分权利由银行出资者和经营者分别行使,这种产权制度既保障了出资者的权利,又给予经营者充分的自主权,被认为是目前最有效的经营模式。

(3)产权转让性。我国法律规定国家控制的银行产权部分禁止转让,美国商业银行出资人以持有股份的方式取得所有权,股权的自由转让是银行的必要运作机制,通过股权转让,出资者能对经营者业绩做出评价,从而形成有效的监督、激励机制。

(4)资本充足率。美国银行的资本充足性都很高,每家银行都达到最高级"资本很充足"的标准,平均资本充足率、核心资本充足率分别为12.6%和8.5%。

比较而言,我国银行资本充足率和核心资本充足率不足,见表7-1。全部银行在资本充足率和核心资本充足率的平均值分别为10.8%和7.6%,大大低于美国同业的水平。中国银行、中国建设银行和中国工商银行因为刚刚上市,资本充足率明显超过其他银行;招商银行、民生银行和华夏银行虽然资本充足率和核心资本充足率较高,但由于资本杠杆率都小于4%,也属于资本不足一类;浦发银行和深圳发展银行资本杠杆率小于3%,资本不足程度严重。

表7-1 2009年我国上市银行资本充足率

单位:%

银行名称	资本充足率	核心资本充足率
交通银行	12	8.15
工商银行	12.36	9.9
中国银行	11.14	9.07
建设银行	11.7	9.31
招商银行	10.45	6.63
民生银行	10.38	6.64
华夏银行	10.2	6.84
浦发银行	10.34	6.9
深圳发展银行	8.88	5.52

数据来源:各银行2009年度财务报告。

　　(5)不良资产比率。据统计,截至 2005 年末,我国商业银行不良贷款余额为 13 133.6 亿元,占全部贷款比例的 8.61%;4 家美国银行的平均不良资产比率仅为 0.32%,不到我国银行的十分之一。2007 年末,我国 5 家上市银行的不良贷款余额总计 437 亿元,比上年增加 70 亿元,同比增长 19.20%;各家上市银行的不良贷款余额都明显上升,其中,民生银行的不良贷款余额上涨速度最快,达 45.19%,净增 11 亿元;深圳发展银行的不良贷款净增额最大,2007 年年末达到 30 亿元。

7.2.2　监管制度比较

1. 监管机构设置

　　中美两国都采用分业监管体制,即由机构监管人分头对各个行业进行监管,但美国采取双线多头的监管模式,存在多种类型和多种层次的金融监管机构,见图 7-3,即联邦政府和州政府两条线对金融都有监管权,具体来说就是成立金融控股公司,对银行、证券公司和保险公司进行控股,由联邦储备体系负责监管。

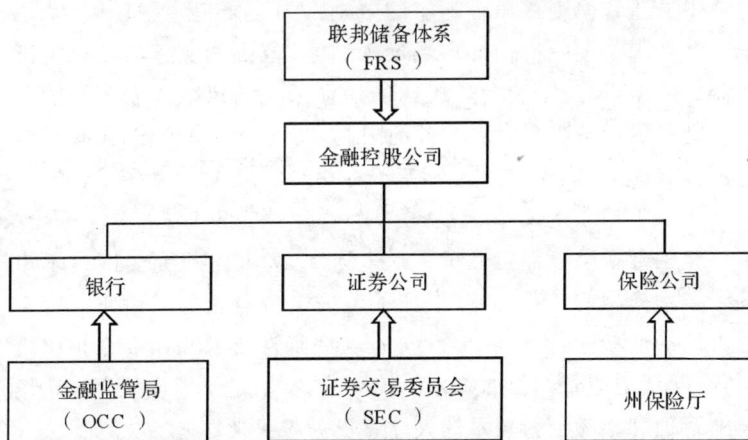

图 7-3　美国金融监管体系结构图

　　我国目前实行的是机构监管制度,由银监会、证监会、保监会分别对银行业、证券业、保险业实行监管,而银行间同业拆借市场和银行间债券市场、外汇市场和货币政策实施等行为则由中国人民银行实施监管,各个机构之间建立定期磋商制度,见图7-4。

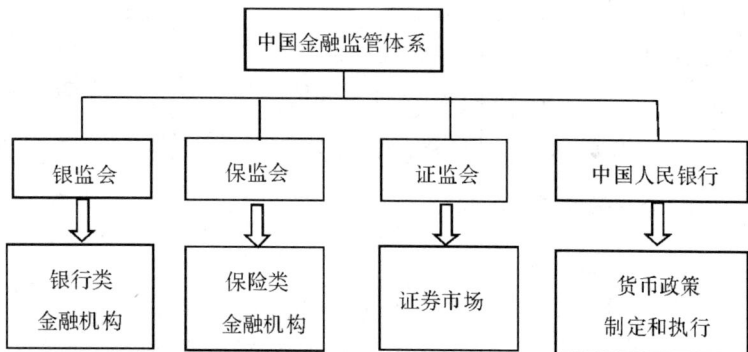

图7-4　中国金融监管体系结构图

　　2.监管原则

　　中美监管原则存在着本质的区别。为了防范金融风险,我国采取严格限制金融机构的市场准入、业务范围和业务活动自由度的监管原则,通过限制金融机构的活动来预防风险。而美国的监管原则是尽量减少对金融业务的限制,鼓励金融自由化,细化金融监管。

　　3.监管人才建设

　　美国金融监管部门聚集了众多人才,尤其是研究美国资本市场和金融模型的专业人才,保证了美国金融监管部门快速了解金融市场的创新业务,顺利推行新的风险监管技术和标准。相比之下,我国金融监管部门的人才比较缺乏,特别是了解现代金融市场风险管理和金融创新技术的人才就更为匮乏。

4.重大监管决策机制和效率

从对 2007 年金融危机的反应来说,尽管美国金融监管当局在危机发生初期未能及时做出有效的应对之策,但随着危机的不断深化,他们与各类金融机构之间,与其他国家货币当局和监管当局之间,甚至政府与国会两院之间的配合,都体现了极高的决策效率,确保了一系列重大的政策救助计划能够比较迅速地得以通过和实施,而我国是分业监管体制,各机构的沟通和配合方面存在不小差距。

7.2.3　金融市场创新比较

1.货币市场的比较分析

(1)交易主体比较。我国交易主体主要包括政策性银行、国有商业银行、股份制银行、非银行机构、人民银行、中央政府、企业和居民。截至 2008 年年底,银行间市场主要资金供给者为政策性银行、商业银行和股份制银行,比例分别为 38.72％,31.15％ 和 27.45％;主要资金需求者为城市商业银行、农信社联社、外资金融机构,比例分别为41.03％,27.72％ 和 10.75％。我国对市场参与者限制较多,大量的中小银行、非银行金融机构、外资金融机构及企业和居民都没有真正进入货币市场。

美国的交易主体包括美联储、各地区联邦储备银行、商业银行、互助储蓄银行、储蓄协会、外国银行分行、证券交易商、财政部、联邦政府与地方政府、政府其他有关机构、工商企业、非金融公司、居民个人和外国居民等,交易主体数量和种类相对较多,对市场参与者限制最少,基本上任何个人、机构和团体都可以进入货币市场进行交易。

(2)市场结构比较。美国的货币市场以国库券市场、商业票据市场、联邦基金市场、大额可转让定期存单市场(CDS)为主,银行承兑汇票市场、回购协议市场、联邦政府机构短期证券市场和市政短期证券市场为辅,各子市场各司其职,市场体系较为完备;我国的货币市场主要包括同业拆借市场、票据贴现市场、可转让大额定期存单市场和短期证券市场四个子市场,与美国相比,市场种类较少,且票据贴现市场发展严重滞后,市场结构严重不均衡。

美国货币子市场专门经营自己的金融业务,各个子市场之间相互关联,其经营的所有金融资产在一定程度上是相互替代的。相比较而言,我国货币市场种类较为单一,各子市场相互封闭,局部性、区域化特征比较明显,无法形成一个有机整体。

2. 资本市场的比较分析

(1)融资结构比较。美国债券市场和股票市场规模基本匹配,截至2007年年末,美国股票总市值超过20万亿美元,债券余额为23万亿美元,共同基金净资产高达11.5万亿美元,银行总资产约为10.3万亿美元。

我国债券市场和股票市场规模严重不均衡,截至2007年年末,我国股票总市值为32.71万亿元,债券余额仅为7.97万亿元,规模远小于股市,我国直接融资比例一直很低,其中一个重要原因是债券市场发展严重滞后。

(2)股票子市场比较。美国股票市场规模庞大,品种众多,仅纽约交易所就有3 000多家挂牌上市公司,总市值高达20万亿美元,美国股票市场分为四级,见表7-2。

表7-2　美国股票市场级别划分

级别	交易场所	服务对象
第一级	纽约证券交易所和纳斯达克全国性市场	大型企业
第二级	美国证券交易所和纳斯达克小型市场	中小企业
第三级	波士顿股票交易所、芝加哥股票交易所等地方性股票交易所	区域性企业
第四级	粉红单市场	实力较差的小企业

我国股票市场只有上海证券交易所、深圳证券交易所、中小企业板市场三个上市渠道,共有上市公司 2 045 家(2009 年),其中中小企业板块刚推出不久,且入市门槛较高,诸多中小企业仍然难以借助发行上市实现创业资本的筹集。

美国股票市场的产品品种十分丰富,有股票和股指的现货、期货及期权、可转换债券、信托凭证(ADRS)等品种,投资者可以进行各品种单个交易,也可以进行组合交易,例如,投资者可通过同时买入看跌期权或卖出股指期货合约,使股市投资风险得到有效分散,减少因大量抛售带来的股票市场进一步下跌;我国的产品品种比较单一,仅有 A、B 股现货交易和可转换债券等品种,没有避险工具。截止到 2007 年,美国股市总值为 20 万亿美元,而我国只有 32 万亿元,还不到美国市值的 23%。

美国股票市场的投资者多以机构投资者为主,其中以证券投资基金为主体,此外还包括养老金、保险基金等机构投资者,占美国的股本总数超过 50%,共同基金发展最为迅速,其规模由 1990 年的 10 651.9 亿美元上升到 2007 年的 120 210.3 亿美元,平均年增长速度达到 60.5%。而我国以个人投资者为主,截至 2005 年底,我国市场投资者为 6 801 万户,其中个人投资者占 95.5%,近几年也呈现向机构投资者演变的趋势,基金管理公司由 2000 年的 10 家增长为 2008 年的 59 家,基金净值由 2000 年的 846 亿元增长为 2008 年的 19 389 亿元。相比来看,美国的机构投资者理性投资较多,而我国个人投资者中具有较高专业知识的人并不多,投机现象严重。

(3)债券市场比较。美国债券市场是世界上历史最悠久的债券市场之一,是美国政府和企业融资的主要场所。截至 2007 年 12 月,美国债券市场余额为 23 万亿美元,相当于我国同期市场余额的 26.28 倍,且增长速度较平稳。美国债券市场流通品种丰富,包括国债、市政债券、公司债券、抵押支持债券、资产支持债券、联邦机构债券等。

截止到 2009 年 10 月末,我国债券市场可流通债券余额为 7.03 万亿元,增速较快,年平均增长率达到 38.95%,但是规模较小,债券品种比较单一,主要为国债、政策性银行债券、中央银行债券、商业银行债券等。美国债券市场主要以抵押支持债券和企业债券为主,占市场总体的 50%,抵押支持债券余额为 72 106 亿美元,占市场可流通总额的 27%,公司债券余额 58 252 亿美元,占市场可流通总额的 23%;国债比例较小,余额为 45 176 亿美元,比例为 18%。我国政府类债券所占比例较大,中央行票据和国库券占市场整体规模的 64%,政策性债券占 12%,与美国相比,以企业为发行主体的债券产品份额极小,如企业债券、资产支持证券分别为 4 413.33 亿元、3 679.05 亿元,仅占市场整体规模的 11%。

独立、客观的企业债券信用评级是保证企业债券市场长期健康发展的基石。美国债券市场要求债券发行人披露高管人员的信用记录、历史信用违约记录、银行贷款偿还情况、公司财务状况等信息;相比较而言,我国现在的信用评级机构还不健全,虽然债券发行时都要求进行信用评级,但信用评级标准并不完善,评级结果的公正性无法保证。披露内容主要限于公司发行时的财务状况,对高管人员信用情况,募集资金的使用动向等无具体要求。

(4)期货市场比较。美国主要的期货交易场所有四个,分别位于芝加哥和纽约,芝加哥商业交易所是美国最大的期货交易所,主要提供农产品和金融产品期货、期权交易;芝加哥期货交易所是目前世界上交易规模最大、最具代表性的农产品交易所,除农产品外,还提供金融、金属产品的期货、期权交易;纽约商业交易所是世界上最大的实物商品交易所,以能源和金属提供期货和期权交易为主;纽约期货交易所是由纽约棉花交易所和咖啡、糖、可可交易所合并而来的,是世界上唯一一家交易棉花期货和期权的交易所。美国期货市场的交易品种既有金属、农产品等商品期货、商品期权,又有股指期货、市政债券指数期货等金融期货,见表 7-3。2009 年美国期货市场总成交量中,来自汇率期货和股指期货的贡献均超过 30%,而商品期货还不到 8%。

表 7-3 中美交易场所及产品品种对比

	交易场所	产品品种	
中国	上海期货交易所	黄金、铜、铝、锌、天然橡胶、燃料油期货	
	大连商品交易所	黄大豆一号、黄大豆二号、豆粕、豆油、玉米、棕榈油、线性低密度聚乙烯期货	
	郑州商品交易所	小麦、强筋小麦、棉花、白糖、菜籽油、精对苯二甲酸期货	
	中国金融期货交易所	股指期货	
美国	芝加哥商业交易所	金融和农产品交易期货及期权	
	芝加哥期货交易所	玉米、大豆、小麦等农产品的期货交易;中、长期美国政策债券、股票指数、市政债券指数、黄金和白银等商品期货交易;农产品、金融及金属的期权交易	
	纽约商业交易所	NYMEX 分部	原油、汽油、燃油、天然气、电子期货和期权、煤、轻质低硫原油、钯期货
		COMEX 分部	金、银、铜、铝的期货和期权合约
	纽约期货交易所	棉花、咖啡、可可、糖的期权和期货交易	

我国期货交易场所主要有四个,见表 7-3,上海交易所以金属期货交易为主,大连和郑州商品交易所以农产品期货交易为主,

而中国金融期货交易所,成立于 2006 年 9 月 8 日,于 2010 年正式推出目前我国期货市场唯一的非商品期货——股指期货。与美国相比,我国期货产品品种较少,金属和农产品只有期货业务,相应的期权产品还未推出,股指期货也只是刚刚起步,期货市场 2009 年总成交额达到 130 万亿,全部来自商品期货,期货市场表现出明显的滞后性。

3.技术创新比较

金融技术创新为其他领域的金融创新提供了技术支持,其作用主要为提高效率和规避风险,20 世纪 90 年代以来,以互联网为核心的信息技术和全球一体化的发展给世界带来了新的机遇和挑战,这一时期的技术创新主要表现为金融技术的信息化发展。

美国早在 20 世纪 50 年代就引入了计算机设备,美国金融业主要通过信息技术辅助处理银行业务、内部联机处理业务、共享信息资源、分析客户信息以及创造新产品,建立了三层信息系统,见表 7 - 4。

表 7 - 4　美国金融业的信息系统

信息系统名称	作用	代表性技术创新
金融业内部信息系统	负责以银行为主的内部业务的脱机业务处理	柜台业务服务网络以及银行管理信息系统网络
金融业之间的信息系统	在各项业务之间交往频繁、结算业务急剧上升的背景下,及时有效地处理资金清算	联邦储备体系的资金转账系统、美国清算所同业支付系统、环球金融网
金融业与客户间的信息系统	降低交易成本,加快交易速度,满足客户需求	与企业客户建立的企业银行、与社会大众建立的电话银行

　　我国金融信息化起步于 20 世纪 80 年代,构建了大量基础设施、网络建设,截至 2006 年,我国银行系统已经配置大中型计算机 700 多台,小型机 6 000 多台,PC 及服务器 50 多万台,自动柜员机 6.8 万多台,销售点终端(POS)38.94 万台,全国大部分金融机构都已完成本系统内联网的建设,但与美国相比,我国金融信息化发展比较薄弱,主要侧重于第一层金融业内部脱机业务的处理,二、三层技术创新很不发达。我国技术创新在银行业、保险业和证券业的表现如表 7-5 所示。

表 7-5　我国金融业技术创新状况

行业	技术创新
银行业	①建成全国范围的电子清算系统、金融卫星专用网络、电子联行系统、电子汇总系统、银行转账系统;②建立银行卡信息交换中心,开通金融认证中心和支付网关,发展了网上银行;③建成覆盖全国的电视会议系统、电子邮件系统、电子公文传输系统、信贷登记咨询系统
保险业	保险机构安装了高效运行的计算机系统,5 000 多个保险独立单位使用统一的财务软件
证券业	证券业已经进入全程电子化交易阶段,上海、深圳证券交易所建立了高效的交易通信网络、地面通信网络、双向卫星网络和单向卫星数据网络

4.金融产品创新比较

中美两国主要的金融业务和产品创新见表 7-6。

表 7 - 6 中美金融创新业务对比

类别	美国	中国
资产业务	短期贷款、中长期贷款、设备租赁款、不动产抵押贷款、消费贷款、票据抵押贷款、个人抵押贷款、农业贷款、私人住宅贷款、平行命令贷款、分享股权贷款等	信用贷款、按揭贷款、抵押贷款、质押贷款、商业网点贷款、外汇贷款、票据抵押贷款、个人抵押贷款、基建贷款、设备贷款、流动资金贷款、房地产开发贷款等
负债业务	可转让支付命令账户、股金汇票账户、自动转账服务、货币市场存款账户、货币市场存款单、大额可转让定期存单、储蓄人存单	3、6、9个月的定期存款、保值储蓄、住房储蓄存款、委托存款、大额可转让定期存单、信托存款等
中间业务	中间业务比重占50%以上，主要收入来源为托管业务、手续费收入、投资银行业务收入、保险收入、信用卡收入、证券交易收入	中间业务比重平均不到10%，主要收入来源为代理业务收入、银行卡收入、结算业务收入
金融工具	国库券、回购协议、远期外汇合约、利率互换（期货、期权、掉期）、商品期货、期权、远期、股指（期货、期权、互换）、可转换债券、抵押债券期货、浮动利率债券、可转让存单、企业债券、金融债券、受益资产债券、认股权证、基金证券、隔日回购协定、联邦基金、资产支持证券、抵押贷款证券、银行承兑票据等	国库券、回购协议、利率互换（掉期）、商品期货、短期融资债券、大额可转让存单、中长期政府债券、企业债券、金融债券、可转换公司债券、受益债券、股权证、股票、基金证券、短期融资券、资产支持证券

7.3　中国金融创新存在的问题

1.政府主导作用显著

在我国经济转轨时期,政府是推动金融创新的主导力量,金融创新的政策、创新的步伐都无法逃离政府权力的干涉,直到现在,我国的金融领域中国有资本仍占据绝对的主导地位,四大银行改制后仍由国家主导控股,政府对经济运行和金融创新活动有着极强的控制力。强制性的创新虽然能够在一定程度上减少金融创新成本,但却造成了创新供需的不平衡,扼制了微观金融主体创新的主动性和积极性,即使微观主体发现潜在获利机会准备自行推出金融创新产品,也要经过层层政府审批。

单纯以政府主导的创新发展,还存在以下不足:①由于市场经济的发展和市场信息的不对称性,政府推出的创新产品往往滞后于市场经济的发展;②政府推出创新的动因偏重于考虑社会稳定,忽略了市场特征,推出的创新产品可能并不符合市场需求,比如强制推销政府债券;③长期的政府主导的创新约束了金融机构自主创新水平的提高,政府在推出创新产品时,大多应用"调研——试点——推广"的模式,而选择标准偏重所有者结构、企业规模,而非人才建设、创新能力等市场因素,由此鼓励金融机构忽略自主创新的重要性,追求企业规模、经营范围等目标。另外由政府主观选择的调研模式还可能变相拉开发达地区与欠发达地区的差距,加剧金融创新的地域不平衡。

2.金融创新层次单一

(1)产品创新不平衡。对于一个成熟的金融市场来说,其金融创新产品一般包括三个层次:基础工具,如普通股票、债券等;衍生工具,如远期合约、期货合约、期权合约、货币和利率、汇率的掉期和互换等;组合工具,如各种类型的投资基金。整体上看,我国金

融创新结构极不平衡,衍生工具很少,组合工具基本没有,我国金融创新产品不平衡表现如下:

首先,金融产品自主研发少。我国超过80%的金融创新产品来源于对国外产品简单、形式性的模仿,自主创新不足20%,引入国外创新品种,虽然可在短期内节省创新成本,避免自主创新风险,但机械克隆国外产品不一定适合国情需要,比如信用卡的引进不仅增加了成本和风险,而且造成了浪费。

其次,金融产品层次较低。我国的原创金融产品只限于内部职工股权证、法人股权证、B种股票等少数产品,大多来自于对传统业务的组合和改进,真正涉及先进技术的深层次创新很少,创新层次低。

最后,专业化产品不足。我国金融创新产品尤其是衍生产品品种单一,不能适应市场需求,我国曾试点推出外汇期货、股指期货、国债期货和认股权证交易,都以失败告终。现有的创新产品趋于大众化,专业化、个性化产品很少,多数产品缺乏对市场客户的细分,不能满足市场经济环境下不同客户群体的需求。

(2)市场结构不平衡。从我国金融创新现状研究可知,我国虽已建立了包括同业拆借市场、股票市场、债券市场、外汇市场等在内的基础市场,初步发展了以商品期货为代表的初级衍生品市场,但期权类和远期类衍生品市场还未创建,金融市场结构单一,各个子市场之间以及子市场内部结构严重不平衡,具体表现在如下几方面:

第一,直接融资市场与间接融资市场结构不平衡。由于历史、体制等多种原因,以银行为主导的间接融资仍是我国融资的主要渠道,比例大大高于直接融资。在直接融资市场中,债券市场滞后于股票市场,尤其是公司债券市场。数据显示,截至2007年年末,我国股票总市值为32.71万亿元,国内债券余额仅为7.97万亿元,不到股票市值的四分之一;在间接融资市场中,金融资源主要集中在四大国有持股银行,中小银行资源持有率较低。

第二,货币市场与资本市场结构不平衡。首先,从经济学理论分析,资本市场应以货币市场为基础发展,而我国由于经济发展阶段的特殊性和政府导向作用选择从资本市场到货币市场的发展次序,这种人为的逆序发展导致金融市场功能不能正常发挥;其次,在发展战略上,我国长期以来重视资本市场发展、忽视货币市场发展,导致了货币市场发展的严重滞后,限制了货币市场功能的发挥。此外,资本市场和货币市场之间缺乏完善的衔接和沟通机制,不仅约束了货币市场的良性循环,而且加深了资本市场的投机性与震荡性。

第三,货币市场和资本市场的内部结构不平衡。货币市场中,同业拆借市场和票据市场大大滞后于债券回购市场的发展;资本市场中,债券市场滞后于股票市场发展,全球平均债券市值相当于GDP 的 95%,而我国约占 GDP 的 30% 左右,相当于全球统计指标的 1/3;在股票市场内部,发行市场滞后于流通市场,场外市场滞后于场内市场;在债券市场内部,企业债市场滞后于国债市场,短期债市场滞后于长期债市场。

第四,市场参与主体结构不平衡。货币市场中,金融机构参与多于其他企业参与,尤其是民营和中小企业;股票市场中个人投资者参与多于机构投资者参与,上市公司中国有控股公司多于民营企业,目前沪深股票市场共有上市公司 1 419 家,其中国有控股公司比例高达 90%。

3. 金融监管发展滞后

(1)金融监管体制滞后。我国的金融市场、金融产品、监管体制创新大多借鉴国外的金融发展历程,经过适当变化以适应我国国情,我国监管体制与美国相似,都实行分业监管体制,即各行业由不同的监管机构负责,存在的问题也与美国类似,由于各机构监管工作孤立,无法全面系统掌握金融机构经营的整体情况,容易造成监管重叠和监管真空。近年来,银行、证券、保险和信托之间逐步形成了相互渗透、优势互补、联合发展的新型利益关系,各行业界限逐渐模糊,金融综合化经营趋势不断加快,同时,我国金融控股公司不断出现,形成了事实上的混业经营,监管机构间的统一协调变得更加重要,分业监管越来越不能满足金融市场的需要。

(2)对信息披露监管不力。以银行业为例,目前我国银行业的风险管理水平远不能支持相关信息的采集、处理和披露,并且在已有的信息披露方面,还存在披露内容和形式不一致等问题,披露信息的质量和数量都远远不能满足市场的要求。

(3)对金融机构监管不力。目前,我国有些金融机构为了追求业务数量,放松对投资者的资质审查,如许多银行降低贷款标准,减少审查步骤,放松贷款人的信用真实性审核。2006年有关部门对16个城市的住房贷款抽样调查发现,约有22.31%的借款人办理贷款时未曾与银行直接见面,北京、广州、杭州该比例分别高达35.4%,32.2%和32.83%。

4. 技术创新不足

(1)金融创新人才短缺。国内金融从业人员的业务知识与知识结构较为老化,偏重于传统的基础业务,难以应对创新过程中遇到的问题,除此之外,负责开发的员工大多为计算机专业人员,对金融业务了解较少,综合性高素质人才的短缺加大了我国自主创新的难度。

(2)技术创新不足。我国各个行业的主要业务操作虽然实现了电子化,但是数据集中程度应用不够,各项业务数据还处于分离状态,业务的兼容性不够。同时,我国各行业信息管理系统还未能和客户服务、管理决策有机结合。

7.4 中国金融创新的路径选择

结合我国的金融现实和金融对外开放的要求,我国的金融创新应以深化金融改革为依托,循序渐进地推动和实行。

1. 层次推进金融产品创新

从金融产品的创新内容上看,我国可以借鉴西方国家的金融产品创新思路,即应用"基础业务创新——衍生业务创新——组合业务创新"的逐层推进路径。首先,充分注重基础业务创新,其次在此基础上发展衍生业务创新和组合业务创新,寻找新的融资方式和利润增长点,见表7-7。

表7-7 西方国家金融创新产品层次

	银行	保险	证券
基础业务创新	多方委托贷款、外汇票据买断业务、个人住房贷款按揭、各种费用代收、代理、咨询与顾问、应收账款买断等	保险公司的各种基本险种、保险中间业务的拓展,国际化、资本证券化、业务表外化等	普通股、优先股、可转换债券、零息债券、浮动汇率债券等
衍生业务创新	货币(期货、期权、互换)、利率期货(期权、调期、互换)、银行存款单期货、票据发行便利、货币利率互换、资产销售、备用贷款承诺和循环贷款等。	变额保险、分红险,巨灾保险期权,定期寿险,如保险证券、保险灾难期货合同、投资连接保险、综合性保险等	远期、股票期货、抵押债券期货、国库券(期货、期权、互换)、股指(期货、期权、互换)、合约、可交换债券、可转换债券等
组合业务创新	银证业务、银保业务、证保业务组合;金融各类业务之间、金融业务与非金融业务打包组合;如购并、股权、综合业务、资产证券化、共用网络、委托和代理、结算、基金、证券托管、交叉销售、服务外包、信息合作		

　　从金融产品的创新来源上,我们应该实行"引进创新——改造创新——创造创新"的路径,当引入国外现有金融产品时,要考虑国情和金融发展阶段的差别,对其加以适当的改造,同时研究其中的原理,逐渐推进符合我国市场需求的自主创新。

　　2.发展多层次市场创新

　　我国要大力发展金融市场,构建多层次的金融市场体系,同时均衡市场结构,提高直接融资比例,主要从以下方面采取行动:

　　(1)增加金融市场的层次。我国要引入更多的创新子市场,不仅要进一步健全和完善同业拆借市场,还要加快资本市场发展,如债券市场中可以引入更多结构性产品和信用衍生产品,股票市场中可以引入备兑权证和股指期货,外汇市场中可以推出更多互换产品等。

　　(2)增加融资途径。我国应该鼓励资本市场发展,加大直接融资发展力度,为中小企业提供融资途径,在直接融资结构中,侧重发展债券市场,尤其是公司债券的发展。在货币市场上鼓励非金融机构参与,在资本市场上构建以机构投资者为主导的证券市场,鼓励中小企业和民营企业上市。

　　(3)加强市场间的互动。资本市场、货币市场及它们的子市场间不是割裂的,而是相互联动、互相影响的有机整体,如货币市场中同业拆借市场和回购市场的利率波动与资本市场的IPO之间的关系就十分显著,金融市场间的联动效应可以促使金融市场协调发展。

　　3.完善我国监管体制

　　我国现有的分业机构型监管体制已经不适合混业经营发展的要求,综合功能型监管结构成为必然选择,考虑金融危机暴露的美国监管体制的缺陷,结合我国金融创新未来发展趋势,对现有的监管机构进行精简、整合,提出从机构性监管到功能性监管的新框架。

（1）设立金融联合监管委员会。由人民银行、财政部、发改委、国务院法制办以及现有的三大监管机构分别抽出部分人员共同参与设立金融联合监管委员会，并将中国人民银行现有的防范与化解系统性金融风险的监管职能彻底分离出来，使其主要负责宏观政策调控和对金融联合监管委员会的监管。

（2）取消各行业监管机构的独立地位。将银监会、证监会、保监会转化为金融联合监管委员会的内部分支部门，由金融联合监管委员会全面负责金融监管工作。它的职责包括对金融控股公司进行监管；划分证监分会、银监分会和保监分会的职责范围并协调监管事项，定期与央行进行信息交流和沟通。这种机构一方面设置将机构性监管转化为对业务的功能性监管，与我国混业经营趋势一致，提高了监管的灵活性，减少了监管空白；另一方面也吸取了美国金融危机的教训，将银监会、证监会、保监会转化为联合监管委员会的内部分支部门，避免了较高的协调成本，提高了金融业的监管效率。

（3）加强技术创新发展。资本市场的不断发展，要求商业银行为客户提供更迅捷的服务，这就需要强大的技术力量的支持。在现代信息技术的支持下，银行可为客户开立资金实时划转的账户，使投资者的保证金与证券公司的自营资金严格区分开来，从而有效地防范风险。同时，在强有力的技术支持下，加强业务经营网点建设和客户建设。国有商业银行应积极地以网络、电子银行等手段，通过服务能力的提高和功能的丰富，提升市场竞争力和对客户的吸纳能力。在银行发展中要坚持"科技兴行"战略，加强科技规划和科技资源配置，加快电子化、网络化银行的发展步伐。在业务经营中，要坚持面向客户、面向管理的原则，推动业务流程再造和产品创新的信息科技开发，坚持数据集中方向，加快推进银行业务处理系统的统一。要集中资金、技术和人才力量，开发和推广新一代综合业务系统，优化和落实网络应用规划方案，支持新系统、新产品的上线开发,开发网上综合服务与应用,打造全新的网上银行服务品牌,使电子银行、网上银行成为银行新的利润增长点。

我国金融创新的另一问题是缺乏高层次人才,需要从三方面培养人才:一是要加大培训力度,不仅要培训业务人员、管理人员,而且要培训精通计算机技术并具有金融知识的开发人员、专业人员;不仅包括传统业务的培训,而且包括创新业务的培训;不仅培训金融知识,而且注重外语能力,以适应国际化发展。二是要建立合理的激励机制,鼓励人员工作的积极性,包括物质激励和精神激励,物质激励主要有提高工资、奖金、给予股票期权等,精神激励如奖励带薪假期。

(4)构建我国金融创新的风险防范体系。金融危机告诉我们,在现代金融创新体系中,由于金融市场和金融机构的高关联度、高杠杆率、高不对称性特征,无论风险管理手段多么先进都不可能完全避免风险。我国金融业对外开放的过程也是金融风险不断暴露的过程,随着开放程度的加深,金融体系的风险管理也需要不断完善,我们要吸取美国金融危机的教训,提前建立有效的风险防范体系,防患于未然。风险防范体系的主要目的是采取一些措施,在风险发生之前起到预防作用,包括构建监管体系、设定市场准入制度、加强信用评级和信息披露以及建立风险预警机制。

(5)金融制度创新。第一,积极稳妥地推进国有独资商业银行的股份制改造。国有独资商业银行可以充分利用我国正在走向规范的资本市场的形势,稳妥推进股份制改造,适当吸收外资参股,最终实现国有独资商业银行成功上市。这样,就可以在国有独资商业银行内部建立规范的法人治理结构。国有独资商业银行能够通过上市筹集到数量可观的资金,改善资本金状况。与此同时,上市后的国有商业银行也必然会受到各方面的强有力的监督,承担着更大的责任,也促使上市银行加强内部管理,提高资产质量,使国有独资商业银行的业绩得到进一步改善。第二,改变目前实行的分业经营的体制。银行业与证券业的融合是银行业提高经营效益、增强竞争力的需要。面对日趋激烈的市场竞争和客户需求的多样化,银行的存贷款业务已失去传统优势,难以维系银行业的高效运转。因此,商业银行要想在激烈的竞争中立足,必须进行经营体制的创新。从全球来看,一些实行金融分业经营的国家,正在逐步引进银行业的综合经营模式。今后,随着国有独资商业银行内控制度的不断完善、银行整体素质的提高、金融监管的不断加强,我国金融业应由分业经营走向综合经营,为商业银行参与资本市场创造条件。

参 考 文 献

[1]   Atje R, Jovanovic B. Stock Markets and Development [J]. European Economic Review. 1993 (37):632 - 640.

[2]   Battese G E, Coelli T J. Prediction of Firm-level Technical Efficiencies with A Generalized Frontier Production Function and Panel Data [J]. Management Science , 1988(30):1078 - 1092.

[3]   Bergen Allen N, David Cummins J, Mary A. Weiss. The Coexistence of Multiple Distribution Systems for Financial Services: The Case of Property-Liability Insurance[J]. The Journal of Business,1997,4:515 -546.

[4]   Bankers R D, Charnes A, Cooper W W. Some Models for Estimating Technical and Scale Inefficiencies in Data Envelopment Analysis [J]. Management Science. 1984 (30): 1078 - 1092.

[5]   Ball R, Robin A, Wu J. Properties of Accounting Earnings under the Enforcement Institutions of East Asian Countries, and Implications for Acceptance of IAS [R]. Working Paper, University of Rochester. 1999.

[6]   Beaver W, Landsman W. Note On the Behavior of Security Returns for Winner and Loser Portfolios[J]. Journal of Accounting and Economics,1981(12):223 - 241.

[7]   Bernard V, Thomas J. Post Earning Announcement Drift: Delayed Price Response of Risk Premium? [J]. Journal of Accounting Research,1989, (Supplement):1 -

48.

[8] Battese Cz E, Coelli T J. Frontier Production Functions,
     Technical Efficiency and Panel Data: With Application to
     Paddy Farmer in India [J]. Journal of Productivity
     Analysis, 1992, 3:153 - 169.

[9] Bagehot W, Lombard Street. A Description of the Money
     Market [M]. Phi-ladelphia:Orion edition,1991.

[10] Bencivenge V , Smith B. Financial intermediation and
     Endogenous Growth [J]. Review of economic Studies,
     1991,58(2):195 - 209.

[11] Cummins J D, Hongmin Zi. Comparsion of Frontier
     Efficiency Methods: An Application to the U. S. Life
     Insurance Industry [J]. Journal of Productivity
     Analysis, 1998.

[12] Cummins J D, Grace M F, Phillips R D. Regulatory
     Prediction in Property Liability Insurance: Risk-based
     Capital, Audit Ratios, and Cash Flow Simulation.
     Journal of Risk and Insurance,1999,66: 417 - 458.

[13] Cummins J D, Mary A. Weiss. Measuring Cost Efficiency
     in the Property-Liability Insurance Industry[J]. Journal
     of Banking and Finance. 1993,17: 463 - 481.

[18] Cummins J D. Efficiency in the US Life Insurance
     Industry: Are Insurers Minimising Costs and
     Maximising Revenues? [J]. Kluwer Academic
     Publisher,1999.

[19] Diacon S. The Most Successful Insurers in the UK Long-
     Term Market [C]. Nottingham University CRIS
     Discussion Paper Series, 2002,Ⅸ.

[20] Cummins D, Tennyson S, Weiss M A. Consolidation and Efficiency in the U. S Life Insurance Industry[EB/OL]. http://fic. wharton. upenn. edu/fic/papers/98/9808. pdf.

[21] Devereux M B, Smith Gregor W. International Risk Sharing and Economic Growth [J]. International Economic Review,1994(35):535 - 551.

[22] Robert E, Granger. Co-integration and Error Correction: Representation, Estimation and Testing [J]. Econometric Journal, 1987,55(2): 251 - 276.

[23] Robert E. Autoregressive Conditional Heteroskedasticity with Estimates of the variance of U. K. Inflation [J]. Econometrical, 1978, 46(4): 156 - 158.

[24] Shaw E, Mckinnoa R I. Finance, Entrepreneurship, and Growth: Theory and Evidence[J]. Journal of Monetary Economics,1993 (32):513 - 542.

[25] Fama E. Efficient Capital Markets: A Review of Theory and Empirical Work[J]. Journal of Finance, 1970(45): 383 - 417

[26] Raymond G. Financial structure and development [M]. New Haven: Yale University Press,1969.

[27] Granger. Modeling Economic Series [M]. Oxford Clarendon Press,1990.

[28] Greenwood J, Jovanovic B. "Financial Development, Growth, and the Distribution of Income" [J]. Journal of Political Economy,1990:1076 - 1107.

[29] Granger C W J. Investigating Causal Relation by Econometric Models and Cross-Spectral Methods [J].

Econonmetrica,1969,37;424 - 438.

[30] Gardner L, Grace M. X-Efficiency in the U. S. Life Insurance Industry[J]. Journal of Banking and Finance, 1993,17; 497 - 510.

[31] Mardock H, Stiglitz. Deposit mobilization through financial restraint, mimeo. Stanford University,1995a.

[32] Hardwick P . Measuring cost inefficiency in the UK life insurance industry [J]. Applied Financial Economics, 1997,7;37 - 44.

[33] Holmstrom B, Tirole J. Market Liquidity and Performance Monitoring[J]. Journal of Political Economy,1993(101); 678 - 709.

[34] Jarrow R A. Market Manipulation, Bubbles, Corners and Shot Squeezes [J]. Journal of Financial and Quantitative Analysis,1992,27(3);311 - 336.

[35] Wurgler J. Financial Market and the Allocation of Capital. [J]. Journal of Financial Economics, 2000(58); 187 - 214.

[36] Jappelli T, Pagano M. Saving, growth, and Liquidity Constraints[J]. Quarter Journal of economic,1994,109 (1);83 - 109.

[37] John R. Direct and Indirect Additivity[J]. Econometric Society, 1969; 53 - 54.

[38] Krugman P. Increasing Returns and Economic Geography[J]. Journal of Political Economy,1991,99; 483 - 499.

[39] King R, Levine R. Finance and growth;shumpeter might be right[J]. Quarter Journal of economic,1993,108(3);

717 - 737.

[40] Kevin M, Shleifer A, Robert V. Detribalization and the Big Push[J]. Journal of Political Economy, 1989, 97 (5): 1003 - 1026.

[41] Guiso L, Sapienza P, Zingales L. Does Local Financial Development matter? [EB/OL]. http://www. nber. org/papers/w8923.

[42] Landsman Z, Sherris M. Risk Measures and Insurance Premium Principles. Insurance [J]. Mathematics and Economics, 2001,29: 103 - 111.

[43] Levine R. Financial Development and Economic Growth [J]. Journal of Economic Literature,1997(7):668 - 726.

[44] Meador J W, Ryan H E, Schellhorn C D. Product Focus Versus Diversification: Estimates of X-Efficiency for the U. S. Life Insurance Industry [R]. Working Paper, Northeastern University, Boston, MA, 1998.

[45] Mary A. Efficiency in the Property-Liability Insurance Industry[J]. Journal of Risk and Insurance, 1991,58: 452 - 479.

[46] McKinnon R I. Money and Capital in Economic Development [M]. Washington DC: The Brookings Institution, 1973.

[47] Rai A. Cost efficiency of international insurance firms [J]. Journal of Financial Services Research, 1996,10: 213 - 233.

[48] Sheila C D, Catlos J, Rodriguez F. Regional Finance: A survey[J]. Regional Studies, 1992,31(9):903 - 920

[49] Stiglitz. How income inequality changed in Germany

following reunification: an empirical analysis using decomposable inequality measures[J]. Review of Income and Wealth, 1996,3(42).

[50] Shazali A M, Alias R. Productivity and Efficiency Performance of the Malaysian Life Insurance Industry [J]. Journal Ekonomi Malaysia, 2000,34:93 - 105.

[51] William H,Green D S. Profitability and Efficiency in the U. S. Life Insurance Industry [J]. Journal of Productivity Analysis, 2004,21:229 - 247.

[52] Yuengert A M. The measurement of efficiency in life insurance: Estimates of a mixed normal-gamma error model[J]. Journal of Banking & Finance,1993,17: 483 - 496.

[53] 爱德华·肖. 金融发展中的金融深化[M]. 邵伏军,译. 上海:上海三联书社,1988:46 - 67.

[54] 雷蒙德·W. 哥德史密斯. 金融机构与金融发展[M]. 周朔,译. 上海:上海三联书社,1990:46 - 79

[55] 谈儒勇. 中国金融发展和经济增长关系的实证研究[J]. 经济研究,1999(10): 53 - 62.

[56] 高铁梅. 计量经济分析方法与建模[M]. 北京:清华大学出版社,2006:143 - 168.

[57] 林毅夫,姜烨. 经济结构、银行业结构与经济发展——基于分省面板数据的实证分析[J]. 金融研究,2006 (1):7 - 22.

[58] 谢亚轩. 金融发展与经济增长实证研究方法综述[J]. 南开经济研究,2003 (1):77 - 80.

[59] 王火根,沈利生. 中国经济增长与能源消费关系研究——基于中国 30 省市面板数据的实证检验[J]. 统计与决策,2008 (3): 125 - 128.

[60]　唐倩.中国金融深化的实证检验[J].财经研究,2000(3):10
　　　　－14.

[61]　战明华,杨义群.货币、金融深化与经济增长的效率——基
　　　　于中国的实证[J].统计研究,2001(8):22－26.

[62]　赵振全,薛丰慧.金融发展对经济增长影响的实证分析[J].
　　　　金融研究,2004(8):94－99.

[63]　梁琪,滕建州.股票市场、银行与经济增长:中国的实证分析
　　　　[J].金融研究,2005(10):9－19.

[64]　韩廷春.金融发展与经济增长——理论、实证与政策仁
　　　　[M].北京:清华大学出版社,2002.

[65]　殷德生,肖顺喜.体制转轨中的区域金融研究[M].上海:学
　　　　林出版社,2000.

[66]　门洪亮,李舒.资本流动对区域经济发展差距的影响分析
　　　　[J].南开经济研究,2004(2):71－75.

[67]　赵旭.关于中国保险公司市场行为与市场绩效的实证分析
　　　　[J].经济评论,2003(4):108－113.

[68]　侯晋,朱磊.我国保险公司经营效率的非寿险实证分析[J].
　　　　南开经济研究,2004(4):118－123.

[69]　恽敏,李心丹.基于 DEA 方法的保险公司效率分析[J].现
　　　　代管理科学,2003(3):7－9.

[70]　姚树洁,冯根福,韩钟伟.中国保险业效率的实证分析[J].
　　　　经济研究,2005(7):56－66.

[71]　吴诣民,何静,李村璞.基于 DEA 方法的中国保险公司效
　　　　率评价[J].统计与信息论坛,2005(5):56－63.

[72]　曹乾.我国保险业运营效率问题研究[J].产业经济研究,
　　　　2006(5):48－57.

[73]　陈璐.中国财产保险业效率实证分析[J].现代财经,2006
　　　　(5):22－27.

[74] 邓庆彪,刘革.中国大陆保险业经营效率的复合 DEA 实证分析[J].财经理论与实践,2006(5):35-40.

[75] 胡颖,叶羽刚.我国保险公司效率影响因素的实证研究[J].暨南学报,2008(4):28-36.

[76] 陈璐.中国保险业效率动态变化 Malmquist 指数分析[J].当代经济科学,2005(5):39-47.

[77] 孙峰.影响保险企业效率的若干因素[J].中国保险,2005(7):8-13.

[78] 吕秀萍.中国保险业效率的理论和实证分析[D].天津:天津财经大学,2007.

[79] 潘正彦.我国保险业市场结构与市场绩效实证分析[J].改革,2004(1):40-46.

[80] 李子奈,潘文卿.计量经济学[M].北京:高等教育出版社,2011.

[81] 彭雪梅.关于保险公司的产出指标[J].中国保险管理干部学院学报,2006(6):33-35.

[82] 康鹏.经济效率研究的参数法与非参数法比较分析[J].经济论坛,2005(9):139-141.

[83] 庞如超.我国财产保险公司信用评级模型构建研究[J].金融理论与实践,2012(6):87-91.

[84] 徐琤.中国区域经济发展中的金融结构差距[J].社会科学,2006(9):23-27.

[85] 郑长德.中国金融发展地区差异的泰尔指数分解及其形成因素分析[J].财经理论与实践,2008(7):39-46.

[86] 张凤超.金融产业成长及其规律探讨[J].当代经济研究,2003(10):68-73.

[87] 金雪军,田霖.我国区域金融成长差异的态势:1978—2003年[J].经济理论与经济管理,2004(8):24-31.

[88] 约翰·冯.杜能.孤立国同农业和国民经济的关系[M].北京:商务印书馆,1986.

[89] 郭岗.新经济地理[M].北京:经济科学出版社,2009.

[90] 樊纲,王小鲁.中国市场化指数——各地区市场化相对进程 2004 年度报告[M].北京:经济科学出版社,2004.

[91] 林毅夫,蔡昉,李周.中国经济转型时期的地区差距分析[J].经济研究,1998(6):3-10.

[92] 韩廷春,夏金霞.中国金融发展与经济增长经验分析[J].经济与管理研究,2005(4):18-24.

[93] 沈军,白钦先.论金融研究方法论的范式转换——兼论对金融发展理论的启示[J].经济评论,2006(5):123-129.

[94] 张元萍.珠三角、长三角及环渤海金融圈发展比较研究[J].华北金融,2007(6):22-34.

[95] 高铁梅.计量经济分析方法与建模 Eviews 应用及实例[M].北京:清华大学出版社,2009.

[96] 白仲林.面板数据的计量经济分析[M].天津:南开大学出版社,2008.

[97] 庞如超.从金融自由化与次贷危机论金融监管[J].四川经济管理学院学报,2008(12):24-26.

[98] 马正兵.金融发展与经济增长:区域效应、时变趋势及发展对策[J].金融与经济,2007(11):9-15.

[99] 庞如超.我国信贷资金区域配置失衡的实证研究[J].上海金融学院学报,2013(8):52-61.

[100] 庞如超.沪深股市与香港股市资本配置效率比较分析[J].商业时代,2011(1):62-64.

[101] 陈强.高级计量经济学及 Stata 应用[M].北京:高等教育出版社,2011.

[102] 汪兴隆.货币资金区域配置失衡的考察及其调整[J].财经

研究,2000(6):60-65.

[103] 米运生,谭莹.中国信贷资本配置效率的空间差异:基于四大区域及省际面板数据的实证分析[J].财经理论与实践,2007(9):35-40.

[104] 陈凯笛.基于金融资源区域分布的区域经济差异实证研究[J].经济研究,2009(8):184-187.

[105] 李钊.金融聚集理论与中国区域金融发展差异的聚类分析[J].金融理论与实践,2009(2):40-45.

[106] 孙永样,黄祖辉.上市公司的股权结构与绩效[J].经济研究,1999(12):24-31.

[107] 李明义,等.我国股票市场资本配置效率研究[J].北京工商大学学报,2007(7):15-20.

[108] 张兵.中国股票市场的渐进有效性研究[J].经济研究,2003(1):3-9.

[109] 唐宗明,蒋位.中国上市公司大股东侵害度实证分析[J].经济研究,2002(4):44-50.

[110] 李至斌.我国股票市场资本配置效率的实证分析[J].宏观经济研究,2004(8):60-63.

[111] 曹红辉.股票市场价格信号引导资金配置的效率分析[J].经济研究参考,2002(77):30-36.

[112] 白重恩,等.中国上市公司治理结构的实证研究[J].经济研究,2005(2):81-92.

[113] 冯玉明.对中国证券市场资本配置效率的实证研究[J].证券市场导报,2003(7):33-36.

[114] 汪辉.上市公司债务融资、公司治理与市场价值[J].经济研究,2003(8):28-35.

[115] 汪炜,蒋高峰.信息披露、透明度与资本成本[J].经济研究,2004(7):107-114.

[116] 李勇.我国股票市场资本配置效率实证分析[J].山西财经大学学报,2009(4):28-34.

[117] 王森.股票市场:中国的资源配置方式及绩效研究[J].经济问题,2002(2):10-14.

[118] 张为国,翟春燕.上市公司变更募集资金投向动因研究[J].会计研究,2005(7):21-26.